开发家庭早教人才
促进和谐家庭建设

刘海荣
二〇〇九·二·七

刘海荣 | 第十届全国人大环资委委员
中国关心下一代工作委员会副主任
中国妇女发展基金会副会长
中国家庭教育学会副会长
中国家庭文化研究会副会长
原全国妇联副主席
原国务院妇女儿童工作委员会委员兼办公室主任

全国儿童
早期教育
培训指定用书 上

儿童早期教育专业教程

中国关心下一代工作委员会儿童发展研究中心专家组
中国国际人才开发中心
组织编写

新星出版社 NEW STAR PRESS

编委会

顾　　　问：严仁英
特 邀 专 家：王如文　刘淑玫　茅于燕　鲍秀兰　籍孝诚（姓氏笔画为序）
编委会主任：佟乐泉　孙力中
编委会副主任：林　格　丁剑虹
主　　　编：中国关心下一代工作委员会儿童发展研究中心专家组
常 务 主 编：程　淮
执 行 主 编：张　霁　杨　琳
执 行 副 主 编：安　娜　邢军益　程皓宇
编　　　委：丁剑虹　万　钫　王如文　王树峰　王静敏　邢军益
　　　　　　刘淑玫　刘洪霞　孙力中　安　娜　林　格　佟乐泉
　　　　　　杨　琳　茅于燕　张　霁　程　淮　鲍秀兰　籍孝诚（姓氏笔画为序）
文 字 整 理：谭梦琳

前言

这是一本供从事早教工作人员学习和应用的书。

近年来，随着我国社会、经济、文化事业的不断发展，计划生育政策的推行和基础教育的普及，新一代儿童的早期教育得到越来越多的关注，成了一个社会热点话题。从事早期教育人员的需求数量不断增加，发展迅速，正在逐步形成一个专门的行当。2010年底，国务院发布了《中国国家中长期教育改革和发展规划纲要（2010～2020）》，强调了幼儿教育的重要作用，接着又出台了发展幼教事业的一系列具体规定，回应了广大群众和幼儿家长的普遍诉求，展现了幼教和早教事业的广阔前景。与此同时，也显现出儿童早教领域专业人才开发工作相对滞后和专业队伍建设不足的现实状况。

在这里需要说明的是，一般来说，早期发展和早期教育所指的年龄段都是从孩子出生直到上小学前大约六个年头。而在这人生最初的横跨六年的时期，儿童的生理发育和心理发展都不断发生着很大的变化，有些情况和特点甚至迥然有异，不可同日而语。因此，用专业术语来说0～6岁又可以细分为新生儿期（出生至28天），婴儿期（29天至一周岁），幼儿期（一至三岁）和学龄前（四至六岁）。也有的专业把后两个时期合称为幼儿期。为了称说方便，我们在本书的叙述中有时直称"几岁～几岁的儿童"。

4～6岁这一段的教育通常会更为大家所熟知，是国家教育体制的组成部分，也有专门培养从事4～6岁幼儿教育工作者的高等学校幼儿教育专业和中等幼儿师范。近年来为这个专业编写的教材和参考书也已汗牛充栋。目前这个学龄前阶段的主要问题是从体制上加大投入，规范标准，使幼儿教育尽快健康发展。

0～3岁这一段的情况则有很大不同。社会上专门针对这个年龄段儿童的早教机构尚不多见，有些散见于幼儿园附设的"亲子班"。已往一些工厂企业办的托儿机构随着改制纷纷解体，父母育儿和家庭托儿的方式在现实生活中也会遇到不少困难和问题。古希腊先哲柏拉图曾经提出儿童在3岁前的教育应当由国家最优秀的公民来实施，而我们在许多情况下还只能"因地制宜"。加之我国还没有一个0～3岁婴幼儿发展的规范标准，也缺乏对0～3岁儿童早教专业明确具体的评定标准和科学实用的培训教材，结果就从业人员的市场来说，能承担0～3岁儿童养育任务人员的需求量大而合格人才匮乏；从指导思想来说，更是莫衷一是，甚至两极分化。"0～3岁婴幼儿早教幼儿园化"有之，"只养不教，树大自然直"亦有之。这些状况，显然对我国下一代的素质养成和健康发展产生着重大的影响。

有鉴于此，国家级人才开发服务机构中国国际人才开发中心与中国关心下一代工作委员会儿童发展研究中心合作，邀集了各方面的专家多次研讨，制定了专门培养0～3岁儿童教养人才的培训提纲，编纂了这本培训教材，以付应用。由于我们的目标主要是培养对0～3岁儿童的早教人才，针对的是早期教育最早的这一段，因此把这样的专业人才称为"早教师"。

这本培训教材有两个特点：

第一个特点是多学科的相互融合。教材的顾问和编者都是从事妇产、儿科、营养、保健、心理、教育等专业有研究和临床经验的权威专家，又在中国关工委旗下的儿童发展中心共同合作多年，具有多学科、跨学科的学术优势，保证了从总体和综合的高度看待与呵护儿童。为早教师们全面养育儿童提供了科学保证。

第二个特点是按年龄从小到大的成长序列编写，年龄越小分段越细。在以成长为序和以学科为序的两种选择中侧重前者。早教师呵护的对象是0～3岁的孩子，具体对象往往年龄段很明确。按同一年龄段从多方面综合叙述的方式更便于早教师们把理论学习和实际操作结合起来，掌握真正有用的本领。

我们相信，在党和国家的亲切关怀下，我国的幼教事业必将迎来迅速发展壮大的新时期。在广大群众的殷切期待和教育工作者的辛勤努力下，人们对儿童早期发展的认识将不断深入，早期教育的经验将不断丰富。这本诞生于本世纪第一个兔年的书也将在广大家长、早教师和科研工作者的共同支持和参与下不断得到修正和完善。

我们这样期待着。

编者

2011年2月

目录

第一章 早教人才概述 / 1
　　第一节　早教人才的基本内涵 / 3
　　第二节　我国早教事业的发展 / 9
　　第三节　早教人才的基本规格 / 14
　　第四节　早教人才开发简述 / 21

第二章 早期教育概论 / 25
　　第一节　历史与价值 / 27
　　第二节　早期教育的理论与流派 / 36
　　第三节　我国早教的现状与问题 / 44
　　第四节　早期教育的发展与未来 / 54
　　第五节　早教实践的项目与案例 / 61
　　第六节　有关早教的法律与法规 / 66

第三章 0～6岁儿童发展与早期教育 / 77
　　第一节　婴幼儿的发展 / 79
　　第二节　早期教育 / 102

第四章 新生儿发展与早期教育 / 113
　　第一节　身心发展 / 115
　　第二节　指导要点 / 122

第三节　饮食营养 / 134

第四节　生活护理 / 144

第五节　身心保健 / 152

第六节　潜能开发 / 163

第七节　环境创设 / 172

第八节　发展测评 / 175

第五章　1岁内儿童发展与早期教育 / 179

第一节　身心发展 / 181

第二节　指导要点 / 187

第三节　饮食营养 / 194

第四节　生活护理 / 201

第五节　身心保健 / 208

第六节　潜能开发 / 227

第七节　家庭微环境创设 / 270

第八节　发展测评与指导（高级）/ 280

第六章　1~3岁儿童发展与早期教育 / 285

第一节　身心发展 / 287

第二节　指导要点 / 291

第三节　饮食营养 / 300

第四节　生活护理 / 306

第五节　身心保健 / 314

第六节　潜能开发 / 321

第七节　环境创设 / 368

第八节　发展测评与指导 / 378

第七章　4～6岁儿童发展与早期教育 / 387

第一节　身心发展 / 389

第二节　指导要点 / 394

第三节　饮食营养 / 403

第四节　生活护理 / 409

第五节　身心健康 / 418

第六节　潜能开发 / 426

第七节　环境创设 / 460

第八节　发展测评与指导 / 470

附录一　早期教育课程理论与实践 / 475

附录二　早期教育基本技能 / 503

附录三　社区活动组织与招生工作 / 533

附录四　大型活动策划与组织 / 541

附录五　家庭教育咨询与指导（高级）/ 549

第一章
早教人才概述

内容提要

・早教人才的基本内涵

・早教事业的发展状况

・早教人才的基本规格

・早教人才的开发培养

重点问题

❶ 儿童期、儿童早期、儿童早期发展、儿童早期教育的含义分别是什么？

❷ 我国新世纪与早教人才相关的人才战略是什么？

❸ 早教人才应该具备哪些基本特征？

❹ 我国早教事业的现状对于早教从业人员有什么样的影响？

❺ 早教人才应具备什么样的职业素质？

❻ 早教人才的知识结构包括哪些内容？

❼ 早教从业人员应该如何规划自己的职业生涯？

第一节
早教人才的基本内涵

> 早教人才，应当具有生理学、心理学、脑科学、教育学等相关专业的基础知识与基本技能，能够针对0~6岁儿童，特别是0~3岁婴幼儿的营养保健、潜能开发、人格塑造、性格养成、心理卫生等方面进行指导及评价，并提供或创造一种丰富的环境，促进儿童健康发育。他们应是面向新生命的人类灵魂发展塑造的领航员。

在我国，早教是随着社会的不断发展，人们对于孩子健康成长发育的重视程度不断提高而在近几年出现的新兴事业，为0~3岁婴幼儿，兼顾4~6岁儿童的健康成长提供服务。由于近年来每个家庭对于孩子养育与教育的投入不断加大，我国儿童早教事业得到迅猛发展，早教人才需求越来越旺盛，我国现行教育体系中高校早期教育专业大多是针对3~6岁儿童教育人才培养，而面向0~3岁儿童的早教人才培养的高校和相关机构很少。社会对于儿童早教人才的需求不断增大，使得儿童早教人才市场的供需矛盾突出。

许多国家0~3岁儿童早期教育已经十分普及，大多作为社区教育的一部分，为家长和孩子提供指导与服务。与国外相比我国现阶段这方面的专业人才十分短缺，早教专业人才市场供给严重不足，而人才需求十分旺盛。因此，我国现阶段培养儿童早教专门人才的社会需求十分迫切。

一、早教的一些基本概念

[一] 儿童期的基本概念

儿童期是自胎儿期至青春期的阶段。根据各年龄组解剖生理特点，儿童期又分为：①围产期，胎儿满28周到生后一周；②新生儿期，从娩出到生后28天；③婴儿期或称乳儿期，从生后28天到1周岁；④幼儿期，1~3周岁；⑤学龄前期，从幼儿期结束到入小学前，即3~6或7岁；⑥学龄期，从入小学到青春发育开始，一般指6或7~12岁；⑦青春期，从第二性征出现到生殖功能基本成熟，一般范围是10~20岁，且女孩一般比男孩早两年。随地区、气候、种族而异，中国大部分地区女孩自10~12岁、男孩自12~13岁开始，分别在18~20岁完成，上述各时期各有特点，但也有连续性。

[二] 儿童生长发育

儿童生长发育贯穿从精卵结合（受精卵）到青春期结束这样一个漫长过程，一般范围是0~18岁，在这个过程中，个体的生理和心理发生着很大的变化，从不成熟到成熟。我们各项工作都是围绕着如何保证和促进儿童的生长发育进行的，目标是使孩子正常、健康地发育，成为一个机能完善的成熟个体。

[三] 儿童早期

儿童的早期是整个发展过程中最重要的阶段，儿童早期从广义来讲是指0~8岁或0~6岁，狭义来讲是指0~3岁。0~3岁这个阶段很重要，它为儿童一生的发展奠定了重要的基础，同时0~3岁也是发育最快的阶段。

[四] 健康

早在1948年世界卫生组织（WHO）宪章就对健康做了明确的定义：健康不仅是要消灭疾病和损伤，更是要实现人的生理、心理、社会能力等综合素质的完好状态。由此可见，健康已不是我们传统意义上讲的只是躯体没有疾病、没有缺陷，而是从疾病控制扩大到人体的综合素质。对于儿童健康的概念应该包括发育这一内涵。

[五] 儿童早期发展

儿童早期发展在儿童保健学中占有重要的地位，不仅仅要关注儿童身体的健康，而是要从儿童的综合素质来考虑；使孩子能正常、健康的发育，成为一个机能完善的成熟个体。儿童早期发展主要包括两大内容：一是体格发育；二是心理行为发展。应通过健康、营养、教育、保护和环境五大方面来促进儿童早期的综合发展。

[六] 儿童早期教育

儿童早期大脑的发育正处在成熟过程中，具有很强的可塑性，脑功能的动态定位特性和智力多元性，决定了智力是全脑功能状态的体现。因此，对儿童早期教育的理念，并不是单纯知识的灌输，而是提供或创造一种丰富适应的环境，促进儿童整个大脑以全面的方式成熟起来，为儿童以后发展打好基础。

二、早教人才的基本描述

[一] 人力资源、人才的概念及我国的人才战略

1. 人力资源的基本概念

人力资源，又称劳动力资源，是指能够推动整个经济和社会发展、具有劳动能力的总和。人力资源既包括劳动年龄（16～60岁）内具有劳动能力的人口，也包括劳动年龄外参加社会劳动的人口。

2. 人才的基本概念

人才是指具有一定的专业知识或专门技能，进行创造性劳动并对社会作出贡献的人，是人力资源中能力和素质较高的劳动者。在人类社会发展进程中，人才是社会文明进步、人民富裕幸福、国家繁荣昌盛的重要推动力量。人才是我国经济社会发展的第一资源。

3. 我国新世纪的人才战略

进入新世纪新阶段，党中央、国务院做出了实施人才强国战略的重大决策，人才强国战略已成为我国经济社会发展的一项基本战略，人才发展取得了显著成就。科学人才观逐步确立，以高层次人才、高技能人才为重点的各

类人才队伍不断壮大,有利于人才发展的政策体系进一步完善,市场配置人才资源的基础性作用初步发挥,人才效能明显提高,党管人才工作新格局基本形成。同时必须清醒地看到,当前我国人才发展的总体水平同世界先进国家相比仍存在较大差距,与我国经济社会发展需要相比还有许多不适应的地方,主要表现在:高层次创新型人才匮乏、人才创新创业能力不强、人才结构和布局不尽合理、人才发展体制机制障碍尚未消除、人才资源开发投入不足等等。当前和今后一个时期内,我国人才发展的指导方针是:服务发展、人才优先、以用为本、创新机制、高端引领、整体开发。到2020年,我国人才发展的总体目标是:培养和造就规模宏大、结构优化、布局合理、素质优良的人才队伍,确立国家人才竞争比较优势,进入世界人才强国行列,为在本世纪中叶基本实现社会主义现代化奠定人才基础。

[二] 早教人才的基本涵义

1. 早教人才概述

早教人才应具有生理学、心理学、脑科学、教育学等相关学科专业知识与技能,能够针对0～6岁儿童,特别是0～3岁的婴幼儿的营养保健、潜能开发、人格塑造、性格养成、心理卫生等方面进行指导及评价,并提供或创造一种丰富适应的环境促进儿童整体健康成长发育的专业人员。可以说早教人才是面向新生命的人类灵魂发展塑造的领航员。早教师不仅要面对婴幼儿,让他们在生命的起始有一个良好的人生开端,也要面对家长,共同为实现新生命生长发育的良好开端而努力。

早教专业人才首先应该热爱孩子、理解孩子、尊重孩子,并具备较强的责任心与亲和力;同时还要有较强的社交能力,特别是与家长、孩子融洽沟通的能力;要具备较强的文字表达、语言沟通、获取信息、综合分析与判断的能力;具备良好的人际关系,专业技能实际操作能力,指导训练能力。

2. 早教专业人才培训与测评适合对象

① 在亲子园、早教机构、育婴家政、托儿所、各地妇联、计生委、妇幼保健院等机构中从事或准备从事婴幼儿照料、护理和教育的有关人员;

② 学前、幼教、护理、外语、艺术、心理等专业大中专院校应届毕业生；
③ 希望婴幼儿获得科学照料、护理技能和国际先进早教理念及方法的父母、准父母等。

3. 早教专业人才培训报名条件

初级（具备下列条件之一）
①具有心理学、教育学、医学或相关专业中专或专科以上学历，2年相关工作经验 ②高中学历，从事心理学、教育学、医学等相关专业工作满3年
中级（具备下列条件之一）
①硕士学历，从事心理学、教育学、医学等相关专业工作满2年 ②本科学历，从事心理学、教育学、医学等相关专业工作满4年 ③取得初级早教专业人才证书后，连续从事早期教育工作2年以上
高级（具备下列条件之一）
①博士学历，从事心理学、教育学、医学等相关专业工作满2年 ②硕士学历，从事心理学、教育学、医学等相关专业工作满3年 ③本科学历，取得本职业家庭教育指导师职业资格证书满4年 ④取得中级早教专业人才证书后，连续从事早期教育工作3年以上

[三] 早教人才市场的基本概念

1. 人力资源市场、人才市场的基本概念

① **人力资源市场** 人力资源市场是指在市场的竞争、价值、供求等规律和机制的作用下，个人自主择业、单位自主用人，中介服务组织提供居间服务，政府部门宏观调控、监督管理和提供公共服务等相关活动的总称。人力资源市场从广义上理解，是一个完整的体系，不仅是指一个服务场所，也不仅仅指人力资源服务机构，而是包括公共服务、市场配置服务、调控监管三方面的完整体系。同时，人才和普通劳动力的区分，决定了人力资源市场是一个多层次的市场。

② **人才市场** 人才市场是人力资源市场的重要组成部分，也是人力资源市场多层次性的重要体现，主要指在统一规范、更加开放的人力资源市场的基础上，发展的专业性更强、针对行业性更明确的部分。主要针对中、高级人力资源提供相关服务。

2. 早教人才市场

早教人才市场，是指面向从事儿童早期教育与发展及其相关工作的中、高级专门人才提供人力资源服务相关活动的总称。早教人才市场在我国现阶段属于新兴行业的人才市场。

思考与练习

1. 简述儿童期、儿童早期的含义。

2. 如何理解儿童早期发展和儿童早期教育？

3. 我国新世纪的基本人才战略是什么？

4. 早教人才应该具备哪些基本特征？

第二节
我国早教事业的发展

> 婴幼儿早期教育是真正的"朝阳产业"。从全球范围看，早期教育已进入快速发展时期。目前婴幼儿早教机构分布呈现明显的地域不平衡，发展中国家虽然人口数量众多，但接受婴幼儿早教服务不论在时间还是档次都处于一个较低的水平，而未来十年将是一个发展的快速阶段。

要了解我国现阶段早教人才的职业发展前景，首先必须了解现阶段我国早教事业的现状和发展趋势，因为专业人才的发展必须依赖于本行业的发展，因此这一节中先分析我国早教事业的发展状况。

一、早教事业发展前景

婴幼儿早期教育是名副其实的新兴事业，发展潜力巨大。从全球范围看，早期教育发展迅速，有关机构预计未来几年内，婴幼儿早期教育的收入将以较快速度增长，目前婴幼儿早教机构呈现明显的地域不平衡性，美、欧、日等发达国家地区集中了85%左右的消费量，而发展中国家虽然人口数量众多，但接受婴幼儿早教服务的消费不论在时间还是档次上都处于一个较低的水平，而未来十年将是一个飞速发展的黄金时段。

国内早教机构大致可以分为几类：一是公办早教机构、托儿所开设的面向

0~3岁幼儿的亲子班；二是近年来新兴的在民政部门注册（民办非企）、教委颁发许可的面向0~6岁儿童的一体化民办早教机构或培训机构；三是在工商部门登记注册的企业性质的早教机构；四是专门从事早教教材、玩教具、相关课程开发的早教内容提供商等等。

国内早教事业在20世纪90年代开始萌芽。2001年开始是早教的大发展时期，政府开始加大对早教的关注程度和投入力度。2003年的"非典"对早教事业造成了重大的影响，国内的早教机构发生了大变动。2005年国内外更大资本的进驻，让早教事业真正"热"了起来。近几年，一些国内外的大品牌已经占据一定市场和地位，并且向中小城市大规模扩展，不少本土的大小早教机构也纷纷成立起来。

随着我国经济的发展，早教事业的发展也将十分迅速且前景广阔，具体原因分析如下：

[一] 近年来的生育高峰期

中国开始进入第四波婴儿潮的时代，从2007年"金猪宝宝"、2008年"奥运宝宝"，到今年实施更为宽松的新计划生育条例，为婴儿潮一再推波助澜。在世界性金融危机的冲击下，许多新婚妇女为规避裁员的风险"突击"怀孕；中国的首批独生子女已步入结婚阶段，近年来我国将会迎来又一个生育高峰。这为早教的受教主体规模扩大提供了前提条件，同时也表明早教事业具有广阔的前景。

[二] 中国人口受教育程度提升以及社会竞争日趋激烈

早在20世纪90年代初，国内就开始有专家提出一系列先进的教育理念，促进孩子们健康快乐地成长。家长们逐渐懂得早教对于孩子日后智力开发、体格发育以及各种能力的培养有着重要的作用。家长们的普遍心理是一切从小开始抓起，尽早地发掘孩子的天赋以及各种潜能，教育与养育结合，在婴幼儿时期就对孩子进行某些有针对性的培养，促进孩子早期发展，为以后成长打下一个良好的基础，为迎接日后的各种挑战做好充分的准备。

[三] 家庭规模的缩小以及家长观念的更新是早教事业发展根本原因

由于现阶段我国的国情促使家庭小型化，家庭规模的缩小也成为早教事业扩大的一个重要因素，除了经济因素以及计划生育的国策外，城镇化水平的提高、人口流动率以及离婚率的加大，这些因素都造成了中国大陆家庭规模的逐渐缩小。而独生子女取代多子女的现状会使父母更加注重对孩子的教育教养，因而对孩子发展教养的投入也会相应增加。而早教作为一种开发潜能的投入也逐渐进入更多家长的视野，这对于早教事业的发展有着不可忽视的作用。

二、现阶段我国早教事业分析

[一] 按受早教主体年龄角度

以北京为例，目前北京城区0～6岁的儿童参加早教班（早教机构之外）的占约1/5，婴幼儿（3岁以下儿童）参加早教班的比例为14%。据统计，目前北京市常住人口中6岁以下儿童约有65万人，以此算来北京市早教事业约有13万消费者的规模。在全国范围内，这一新兴市场的规模则更加庞大。

怀孕期间接受早教的占59.8%，孩子在两岁以内接受早教的占64.92%，2～4岁的孩子接受早教的占63.4%，4岁以上继续接受早教的孩子所占百分比减少到47.6%，大致可以得出结论：接受早教的群体的主体年龄在0～4岁左右。而家长大多为孩子选择音乐、语言、舞蹈、英语、美术等课程，这些课程大多注重培养艺术表达能力、思考能力、语言沟通能力，可见家长很注重孩子能力的培养和潜能的开发。

[二] 按早教主体规模角度

1. 早教主体规模大小初步分析

由于不同规模的城市经济发展水平不同、居民收入的差异以及人口数量的不同，客观决定了不同规模城市的早教事业的发展存在较大的差异。大城市的早教规模最大，省会城市早教规模次之，中小城市及城镇早教规模最小。

2. 城市规模对早教规模的影响

按城市规模的大小排列，早教培训主体的规模也从大到小，大城市和省会城市早教培训主体规模大于中小城市及城镇。不难想象这是由于经济发展的不平衡所造成的。同时师资力量和教学质量随城市规模变小而下降。大城市聚集的人才较多，因此自身力量比较雄厚，教学质量很好，家长最看中的也是这两个因素。

[三] 按市场价位角度

1. 市场上存在众多不同层次的价位主体

据了解，目前中国早期教育水平参差不齐，因此价格也高低不同，差异较大。有以收费高昂著称的早教品牌，也有中档价位以及其他不明品牌的较低价位的。由于中国市场缺乏健全的市场管理和监督机制，导致早教机构没有统一收费标准。

2. 同一机构价位不同

许多连锁早教机构的直营早教中心和加盟早教中心的收费标准也不同，存在一个很普遍的现象：直营早教中心的收费高于加盟早教中心。这主要是由于早教机构总部对加盟早教中心的管理和监督力度较弱，使加盟早教中心的产品质量无法得到切实的保证，对消费者没有较强的吸引力，退而求其次而降低价格，这样做常常会带来自身品牌的危机。

三、我国早教人才市场现状

从我国早教事业的发展现状中我们不难看出，现阶段由于早教事业需求旺盛，早教人才市场处于供不应求的状况，因此合格的早教人才和有一定专长的早教专业人才十分抢手。

由于我国儿童早教事业起步较晚，现阶段国内大多数大中专院校、职业院校没有专门的儿童早教专业，而部分院校早期教育专业则大多以培养面向3～6岁儿童的幼儿教师为主，没有相关的专门针对0～3岁儿童的早教专业。这也是造成我国早教人才市场的人才供给不足的原因之一。当然现在已经有一些高职院校在早期教育专业中开设早教方向，开始尝试培养早教方面的专业人员，但和我国现阶段早教事业对专业人才的巨大需求相比，还只是杯水车薪。

目前绝大多数从事早教的人员基本上既没有经过系统的早教职前培养，也没有经过正规的职后早教继续教育培训，人员素质和职业水准良莠不齐。目前教育领域中从事0～3岁婴幼儿早期教育的合格教师十分缺乏，而提升早教人员的整体素质，促进早教事业人才开发，将有益于早教师职业生涯的发展进而推动我国早教事业的整体可持续发展。

思考与练习

1. 我国早教产业发展迅速的原因是什么？

2. 请从不同角度简要分析现阶段我国的早教事业发展情况。

3. 我国早教事业的现状对于早教从业人员有什么样的影响？

第三节
早教人才的基本规格

作为一个合格的早教人才,首先要具有一定的早教职业素质,如热爱早教事业、热爱孩子、理解孩子、尊重孩子、有较强的责任心等。其次,由于工作对象的特殊性与复杂性,又要求早教教师的知识结构既要"博",又要"专",还要"杂",什么都要懂一点,成为相对的通用型的人才。再次,还得具备以下几方面的能力:①较强的社交能力,特别是与家长、孩子融洽沟通的能力;②较强的文字表达、语言沟通能力;③获取信息、综合分析与判断的能力;④儿童早期教育相关专业技能实际操作能力;⑤指导训练能力与创新能力。最后,作为一名早教教师还必须具有一定的专业技能。

一、职业素质

[一] 素质

"素质"一词本是生理学概念,指人的先天生理解剖特点,主要指神经系统、脑的特性及感觉器官和运动器官的特点,素质是心理活动发展的前提,离开这个物质基础谈不上心理发展。各门学科对素质的解释不同,但都有一点是共同的,即素质是以人的生理和心理实际作基础,以其自然属性为基本前提的。

[二] 职业素质

职业素质是指从业者在一定生理和心理条件基础上,通过教育培训、工作实践、自我成长修炼等途径形成和发展起来的,在职业活动中起决定性作用的、内在的、相对稳定的基本品质。由于职业是人生意义和价值的根本之所在,职业生涯既是人生历程中的主体部分,又是最具价值的部分,因此,职业素质是素质的主体和核心,它囊括了素质的各个类型,只是侧重点不同而已。简单地说,职业素质是从业者对社会职业了解与适应能力的一种综合体现,其主要表现在职业兴趣、职业道德、职业能力、职业个性及职业发展等方面。其中职业道德是职业素质中不可或缺的重要组成部分。

影响和制约职业素质的因素很多,主要包括受教育程度、实践经验、社会环境、工作经历以及自身的一些基本情况(如身体状况等)。一般说来,劳动者能否顺利就业并取得成就,在很大程度上取决于本人的职业素质,职业素质越高的人,获得成功的机会就越多。

职业素质是人才选用的第一标准,也是从业人员职场制胜、事业成功的第一法宝。

[三] 早教人才职业素质

1. 热爱早教事业,诚实守信

作为一个职业人必须热爱自己的工作,并且将工作当做一项事业来完成,这样才能把工作做好,也是任何行业专业人才的必备条件。

儿童早教是一种新兴事业,早教专业人才热爱本职工作、诚实守信是必不可少的起码素质要求。

2. 热爱孩子、理解孩子、尊重孩子,并具备较强的责任心与亲和力

儿童早教是人生开端的指导与教育。必须牢固树立热爱孩子的观念。

热爱孩子必须了解、理解孩子,二者相辅相成,掌握孩子在不同阶段生理、心理等方面的特点,根据不同阶段孩子的生长发育特点给予科学的指导。

尊重孩子,主要是尊重孩子的生存和发展的权利,尊重孩子的人格和自尊心,用平等和民主的态度对待每一个孩子,尽量满足孩子的合理要求。

具备较强的责任心与亲和力。由于儿童早教工作面对的主要对象是0~6岁的孩子，这个年龄段的孩子处在身心快速发育的阶段，保证孩子安全健康是十分关键的，因此强烈的责任心是必不可少的。作为一名与儿童打交道的专业人员，亲和力也是必需的，这样才能让孩子接受你，你才能融入到孩子之中。

3. 遵守相关法律法规与社会公共道德

这是任何一个行业的专业人才必须具备的基本道德要求，也是衡量一个人基本素质高低的尺度。早教师作为从事人生开端指导与教育的专业人才，必须具有较高的社会公共道德水准，遵守相关法律法规更是起码的要求。

总之，早教人才应该说是人类灵魂起始的领路人，要求从业者必须具备较高的职业素质，唯有如此，才能很好地完成这一项很有意义的工作。

二、知识结构

儿童早教专业人才这个职业群体的工作面向的对象，不仅仅包括一群身心发育刚刚开始起步的新生儿与婴幼儿，也包括不同工作经历、不同生活背景的儿童家长。面对工作对象的这种特殊性与复杂性，要求早教人才的知识结构既要"博"，又要"专"，还要"杂"，什么都要懂一点，成为相对的通用型的人才。

在知识结构"博"的方面，可以通过学校学习和进入工作岗位后的继续教育、自学等多种形式拓宽知识面，奠定广博的文化知识基础，以满足不同的新生儿、婴幼儿和家长在这方面的需求。

在"专"的方面，可以通过学习本专业基础知识和实习实训等方面实操知识与技能的强化了解，熟悉并掌握儿童发展与早期教育的基础理论，特别是其中的婴幼儿生理发展、心理发展、营养、脑科学、教育、健康等方面知识，熟悉新生儿、婴幼儿生理与心理发展的基本规律，并将这些理论、规律、原则灵活地应用到实践中去，指导自己的工作。其中0~3岁儿童早期教育主要包括0~3岁儿童的智能发育特征、运动、认知、语言、生活与交往等方面内容。

"杂"则指政治、经济、文化、科学、社会、伦理等方面的知识都要了解一些，有一定动脑动手的技能。

掌握儿童早期教育学科的基本知识，主要包括儿童发展、脑科学、儿童营养等方面的内容，通过对这类知识的学习和掌握，使幼儿教师能够全面理解儿童早期教育的基本原则、儿童早期身心发展的基本规律等。

掌握教育学科的专业知识，特别是在实践中组织亲子活动、婴幼儿早期教育活动时所要掌握的专业知识。由于我国现阶段还没有专门针对儿童早期教育的指导性规范，有些部分可以参考《幼儿园教育指导纲要（试行）》涉及的各领域的基本知识、基本理论和基本技能。例如，健康、科学、语言、艺术、社会五大领域的基本内容、目标、要求和原则。同时更重要的是要掌握其中0~3岁儿童早期智能发育特征、运动、认知、语言、生活与交往等早期教育内容和方法。包括学会组织婴幼儿与家长互动的亲子活动，了解儿童潜能开发的重要意义，学会组织婴幼儿早期教育课程设计与组织的方法，掌握儿童发展测评的基本方法。此外，还要了解早教机构、亲子园管理的基本知识，提升自身素质。

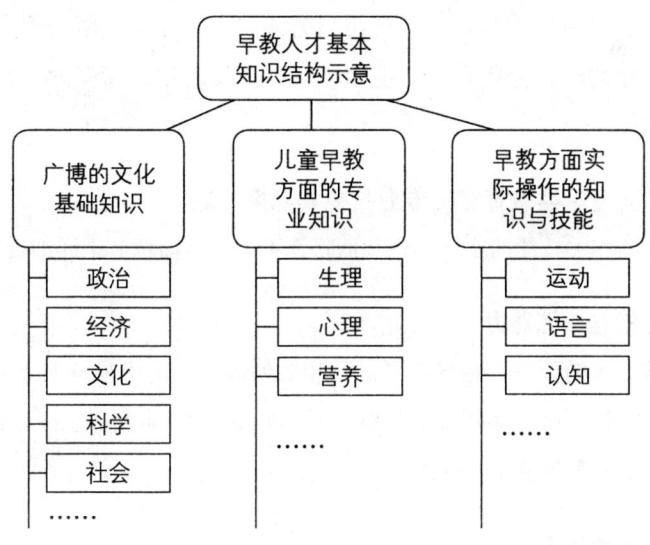

早教人才基本知识结构示意图

三、能力特征

[一] 有较强的社交能力，特别是与家长、孩子融洽沟通的能力

只有具备较强的社交能力才能具有良好的人际关系，而与家长（客户）和孩子（施教对象）的融洽沟通更是必不可少的，这样才能使你的工作不断改进，个人在职业生涯发展过程中不断提升，在本领域的工作中实现可持续发展的目标。

[二] 具备较强的文字表达、语言沟通的能力

孩子是家庭的焦点，作为早教人才除了要和孩子交流沟通外，还要与其家庭成员沟通，进而制定科学的适合孩子个体的早教方案。同时要让其家庭成员都来参与早教，接受适合孩子个体的早教方案。由此可见，较强的文字表达和语言沟通能力在早教工作中非常重要。

[三] 具备较强的获取信息、综合分析与判断的能力

当前，全球信息一体化进程不断加快，反映在儿童早教领域中就是新的概念不断出现。在儿童早期教育这样一个在我国还处于起始阶段的新兴行业中，相关标准和规章制度还相当欠缺，因此在获取新的信息的同时必须具备一定的综合分析和判断能力，寻找为我所用的新概念、新方法，不要盲目跟风。

[四] 儿童早期教育相关专业技能实际操作能力

具体的相关技能的实际操作我们将在本书的后面章节中详细讲述。

[五] 指导训练能力

早教人才需要能够指导孩子进行相关的训练，高级早教人才同时也应该能够指导家长开展一些相关的训练。具体相关指导训练能力方面知识我们将在本书后面的章节中详细讲述。

[六] 创新能力

创新能力是指运用知识和理论，在科学、艺术、技术和各种实践活动领

域中不断提供具有经济价值、社会价值、生态价值的新思想、新理论、新方法和新发明的能力。从表现形式看，创新能力就是发明和发现，是人们创造性的操作化。从心理学的角度看，创新能力是创新素质，包括创新意识、创新思维、创新技能和创新情感的培养和形成过程。

对于早教人才来说，在熟练掌握并运用早教专业理论知识与技能实际操作和相关指导训练能力、方法的基础上，进行创新是十分重要的。因为婴幼儿个体差异的存在，早教环境、客观条件的差异性都决定了早教人才不能使用千篇一律的早教课程，因此对于高级早教人才来说，创新能力是必备的能力之一。我们在学习和工作的过程中要特别注重创新能力的培养与提升。

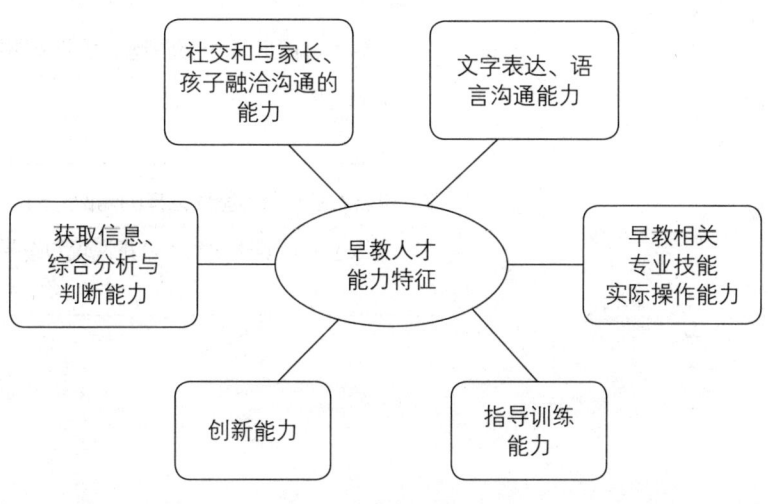

早教人才6大主要能力特征图

四、专业技能

早教人才的专业技能主要有以下几部分构成：

・婴幼儿游戏、教育活动的设计组织实施；

・游戏、教育环境的创设与布置；

・婴幼儿玩（教）具的选择与制作；

・为家长服务和与家长沟通的艺术；

- 信息技术（多媒体技术）在早教活动中的应用；
- 婴幼儿发展测评与个性化指导；
- 社区早教（亲子）活动的策划、组织、实施；
- 家庭婴幼儿早教指导等。

具体内容我们将在本书后面的部分为大家详细讲述。

思考与练习

1. 早教人才应该具备哪些基本职业素质与能力特征？

2. 早教人才应该具备什么样的知识结构？你认为哪些知识对于早教人才来说较为重要？

第四节
早教人才开发简述

> 由我国早教事业的发展情况不难看出,随着社会分工的不断细化和我国国民经济的不断发展,早教事业发展潜力巨大。对于早教领域相关专业从业人员来说,这一职业是不错的选择,具有良好的职业生涯发展前景。

一、早教人才的培养

按照我国现行教育与培训体系,早教人才的培养主要是以如下两种方式:1.与现行中高等职业教育、高等教育相关专业(主要针对幼儿师范类专业)结合,通过院校培养专门的早教人才;2.面向现有早教事业从业人员开展在职人员的继续教育培训(主要是职业素质与专业技能水平提升培训)。

以上两种培养方式各有短长,第一种方式培养出的人员一般理论水平较高,知识结构体系完整,接受新知识的学习能力较强,但其在实践方面的不足,特别是在处理早教实际问题中经验较少,需要经过一段时间的工作经验积累才能成为合格的早教人才。在这种人才培养过程中应该加强实践的环节,让学生有机会多接触实际的早教案例,并增加实习环节让学生真正接触早教中心的相关亲子活动、教学活动,使之对早教有感性的认识。

第二种方式培养出的人员由于前期理论方面的知识可能会有所不足,但实践方面经验相对丰富。因此在培训过程中主要应突出理论知识培训和对实践经验的总结提高,但是由于在职培训时间较短,因此如果要在培训过程中有较大的提高,个人的自学能力就显得十分重要。

我们认为对于以上这两种培养方式不必拘泥于一种，在有条件的情况下，可以相互结合，互为补充，同时也可以尝试创新培养方式。这样才更有利于早教事业的人才开发，有利于早教从业人员提升综合素质，从而更加有利于我国早教事业的整体健康、快速、可持续地发展。

二、早教人才的职业生涯发展

[一] 与职业生涯发展有关的概念

职业生涯就是一个人的职业经历，它是指一个人一生中所有与职业相联系的行为与活动，以及相关的态度、价值观、愿望等连续性经历的过程，也是一个人一生中职业、职位的变迁及工作、理想的实现过程。职业生涯是一个动态的过程，无论成功与否，每个工作着的人都有自己的职业生涯。

职业生涯发展规划也可叫职业生涯设计，如做出个人职业的近期和远景规划、职业定位、阶段目标、路径设计、评估与行动方案等一系列计划与行动。职业生涯设计的目的绝不只是协助个人按照自己资历条件找一份工作，达到和实现个人目标，更重要的是帮助个人真正了解自己，为自己订下事业大计，筹划未来，拟订一生的方向，进一步详细估量内、外环境的优势和限制，设计出合理且可行的职业生涯发展方向。

[二] 早教人才的职业生涯发展

我国早教事业的发展前景在本章第二节已经做了分析，不难看出随着社会分工的不断细化和我国国民经济的不断发展，早教事业潜力巨大。对于早教领域相关专业从业人员来说，这一职业是不错的选择，具有良好的职业生涯发展前景。

三、早教人才参评标准

初级早教专业人才（具备下列条件之一）

① 具有心理学、教育学、医学或相关专业中专或专科以上学历，2年与儿童相关工作经验，经过本职业本等级正规培训达到标准学时，并取得结业证书。

② 高中学历，从事心理学、教育学、医学等相关专业工作满3年，经过本专业本等级正规培训达到标准学时，并取得结业证书。

中级早教专业人才（具备下列条件之一）

① 硕士学历，从事心理学、教育学、医学等与儿童相关专业工作满2年，经过本专业本等级正规培训达到标准学时，并取得结业证书。

② 本科学历，从事心理学、教育学、医学等与儿童相关专业工作满4年，经过本专业本等级正规培训达到标准学时，并取得结业证书。

③ 取得初级早教专业人才证书后，连续从事早期教育工作2年以上。

高级早教专业人才（具备下列条件之一）

① 博士学历，从事心理学、教育学、医学等与儿童相关专业工作满2年，经过本专业本等级正规培训达到标准学时数，并取得结业证书。

② 硕士学历，从事心理学、教育学、医学等相关专业工作满3年，经过本专业本等级正规培训达到标准学时，并取得结业证书。

③ 本科学历，取得本职业家庭教育指导师专业人才证书满4年，经过本专业本等级正规培训达到标准学时，并取得结业证书。

④ 取得中级早教专业人才证书后，连续从事早期教育工作3年以上。

思考与练习

1. 现阶段我国早教人才培养的方式主要有哪些？各有什么利弊？

2. 早教人才如何进行自己的职业生涯规划？

问题与讨论

1. 简述早教人才的基本含义。

2. 简述人力资源市场、人才市场的基本概念。

3. 早教人才应该具备哪些职业素质与能力特征？

4. 早教人才应该如何进行自己的职业生涯规划？

第二章
早期教育概论

内容提要

- 早期教育的历史与价值
- 早期教育的理论与流派
- 我国早教的现状与问题
- 早期教育的发展与未来
- 早教实践的项目与案例
- 有关早教的法律与法规

重点问题

❶ 为什么说早期教育是人才强国战略的奠基工程？

❷ 怎样正确认识早期教育对儿童个体发展的价值与意义？

❸ 福禄贝尔、蒙台梭利、皮亚杰、维果斯基对早教有哪些理论贡献？

❹ 我国早期教育的现状与存在的问题是什么？

❺ 早期教育未来的发展有什么特点和趋势？

❻ 美国的"头脑启动"计划和我国的"2049计划"有什么特点？

❼《儿童权利公约》《中国国家中长期教育改革和发展规划纲要》关于早期教育的主要内容有哪些？

第一节 历史与价值

早期教育，为一个国家提供了通过增强国民素质来提高其在全球经济中竞争力的最佳契机。仅从智力资源开发而言，在拥有近3亿儿童的中国，如果每个儿童的智商能提高5～10个百分点，它所产生的巨大的综合效应，就会像原子核聚变一样，对于家庭的幸福、民族的兴旺、国家的昌盛将产生不可估量的作用。

我国古代早期教育的思想可以追溯到殷周时代。古代先哲们对早期教育的意义与价值的认识，对早期教育关键期的论述，重视环境对儿童成长的熏陶，以及顺应儿童天性等教育主张，对于今天的早期教育仍然有一定的借鉴意义。

西方许多思想家和教育家关于早期教育的思想尽管在哲学基础和价值取向上与我国的教育思想家不尽相同，但在教育实践上却十分相似，主张儿童教育应尽早地开始，早期教育应注重符合孩子的年龄特点，强调自然的、快乐的、以身体、道德、语言、游戏等内容为重点的教育，家庭环境和父母的教育对幼儿的培养和成长具有十分重要的作用等。中外早期教育家的思想、观点和理论对世界早期教育的发展产生了深远的影响。

迈进21世纪，人类社会正飞速地经历着前所未有的关键性的历史转折。在经历了农业革命、工业革命之后，人类将迎来信息革命和知识经济时代。纵观全球性的科技与教育发展动向，不难发现，目前世界各国主要在两个领域为可持续发展而进行着激烈的人才竞争：一是高新技术领域，二是婴幼儿潜能开发与早期教育领域。前者是人类认识自然、促进社会发展的尖端科学，后者是人类认识自身、开发潜能的前沿科学。

早期教育，应当是我国继控制人口数量之后，着力提高人口素质、实现人才强国战略的一项奠基工程，这是社会的需求、时代的召唤，也是历史赋予早教工作者的光荣使命。

一、我国古代早期教育的思想

我国早在西周时期就有胎教的主张。南北朝时期颜之推（公元531年～约595年）所著《颜氏家训》可以被看做中国古代早期教育的代表性著作。宋代理学家朱熹（公元1130年～1200年）所著《童蒙须知》，对早期教育也都产生过很大影响。

[一] 早期教育的价值与最佳时机的论述

春秋时期孔子在《论语·颜渊》中强调："少若天成，习惯自然"，要求人们从摇篮时起就要自觉"克己复礼"。西汉初期的政治家贾谊从加强中央集权的需要出发，认为对皇太子的教育应尽早实施，"太子之善，在于早谕教与选左右"。强调当婴幼儿的赤子之心尚未受到外界熏染，先入为主，对他实施教育，才会收到最佳的效果，"心未滥而先谕教，则化易成也"。宋代理学家"二程"（程颐、程颢）则从"存天理、灭人欲"的角度强调早期教育的重要意义。程颢在《二程语录》中指出：早期教育（"胎教与保傅之教"）比学校和社会教育（"痒序乡党之教"）更为重要。若早期"所见皆不善"，那么他的天理必然受到遮蔽，以后尽管有可能获得良好的学校教育，也难以成为圣贤之人了。颜之推在《颜氏家训·教子》中指出："幼而学者，如日出之光；老而学者，如秉烛夜行。"充分肯定了早期教育的重要价值。

我国古代思想家和教育家已经发现教育关键期的存在，因而主张要不失时机地对儿童进行教育。孟子就主张教育要"时雨化"之（《孟子·尽心上》）。战国后期的教育名著《学记》也主张"及时而教""不陵节而施"

"当其可,谓之时",其中的"时""节""可",指的都是教育的"关键期"或"最佳时机"。此外,《学记》中说:"时过然后学,则勤苦而难成。"颜之推则现身说法:"吾七岁时,诵《鲁灵光殿赋》,至于今日,十年一理,犹不遗忘。二十之外,所诵经书,一月废置,便至荒芜矣。"(《颜氏家训·勉学》)。颜之推主张:"人生幼小,精神专利,成长以后,思虑散逸,固须早教,勿失机也。"(《颜氏家训·慕贤》)

[二] 重视环境对儿童的熏陶作用

孔子在《论语·季氏》中强调:"损者三友,益者三友。""孟母三迁"择邻是《列女传·邹孟轲母》中记载的世代相传的典故。墨子说:"染于苍则苍,染于黄则黄,所人者变,其色亦变。"(《墨子·所染》第三)颜之推在后来更发展了这一思想,认为"是以与善人居,如人芝兰之室,久而自芳也;与恶人居,如人鲍鱼之肆,久而自臭也。"(《颜氏家训·慕贤》)又说:"人在少年,神情未定,所与款狎,熏渍淘染,言笑举动,无心于学,潜移暗化,自然似之,何况操履艺能,较明易习者也。"(《颜氏家训·慕贤》)主张在人生"神情未定"、可塑性相当大的少儿时期,即施以良好的"熏渍淘染""潜移暗化",以使其自然而然地形成良好的个性和品德。朱熹认为,慎择幼儿的教师应自慎择乳母开始,"生子必择乳母"。因为乳母与婴幼儿接触的时间较长,对婴幼儿的影响也较大,作为婴幼儿的最初教育者,"乳母之教,所系尤切"。

[三] 强调早期教育要根据儿童的"天性",符合儿童自身的特点

明代哲学家王守仁认为:"大抵童子之情,乐嬉游而惮拘检,如草木之始萌,舒畅之则条达,摧挠之则衰萎。今教童子,须使其趋向鼓舞,中心喜悦,则其进不能已。譬之时雨春风,沾被卉木,莫不萌动发越,自然日长月化;若冰霜剥落,则生意萧索,日就枯槁也。"(《全书》卷二《训蒙大意示教读刘伯颂等》)因此,王守仁特别反对当时普遍存在的违背儿童天性、不顾儿童年龄特征的教育方法。他从教育内容和教育方法两个方面抨击了当时的一些"训蒙者",告诫他们不以儿童"乐嬉游"的

天性为依据，而仅仅以"句读"为内容，不"导之以礼""养之以善"，甚至于采取"鞭挞绳缚，若待拘囚"的做法，非但不能取得良好的教育效果，还会使学生走向反面。诗歌、习礼、读书这三门功课对陶冶儿童的性情最有益处：诗歌能把儿童本能的活动转移为有韵律、有节奏的音乐和舞蹈活动；习礼可以使儿童做到有礼貌，知礼节，并从娴习礼节的动作中陶冶情操；读书可以开拓儿童视野，增广知识。这三点从现代的早期教育观点来看，也不无借鉴之处。

二、西方早期教育的历史沿革

西方许多思想家和教育家关于早期教育的思想尽管在哲学基础和价值取向上与我国的教育思想家不尽相同，但在强调早期教育的重要性和教育实践上却十分相似。

古希腊的哲学家和教育家柏拉图在其所著《理想国》中主张，教育应尽早开始。他认为在幼年时期儿童所接触到的事物对他有着永久的影响。柏拉图特别强调儿童在3岁以前的教育应由国家最优秀的公民来实施。3~6岁儿童的教育内容主要是讲故事、做游戏、学音乐等。

17世纪著名的捷克教育家夸美纽斯是历史上第一次肯定早期教育的地位，并且将它纳入他所创立的系统而完整的学制中的教育家。他在《母育学校》这本家庭早期教育学专著中，进一步强调早期教育的价值和父母的义务。他说，任何人在幼年时代播下什么样的种子，到老年就要收获同样的果实。教育幼儿宜尽早开始，为人父母者应在早期为孩子奠定虔敬、德行及智慧的基础。

18世纪法国启蒙思想家卢梭在教育名著《爱弥儿》中，主张对儿童进行适应自然发展过程的"自然教育"，他认为儿童出生时就有学习能力，教育要服从自然的永恒法则，听任人的身心的自由发展。

德国著名的早期教育家福禄贝尔于1840年创立了世界上第一所早教机构，他在《人的教育》中集中阐述了关于儿童的发展和教育理论，设计了给儿童游戏的玩具"恩物"，被誉为"早期教育之父"。

意大利女教育家蒙台梭利，在20世纪初期推动了早期教育的发展，她在1907年创办了"儿童之家"，著有《童年的秘密》《蒙台梭利方法》。她强调环境对儿童心理发展的影响，认为教育应该为儿童提供"有准备的环境"。蒙台梭利从医学、心理学和教育学的综合视角，提出了"人生的头三年胜过以后发展的各个阶段，胜过3岁以后直到死亡的总和"的观点。

20世纪中期，世界逐渐进入了新技术革命的时代，涌现了一批杰出的儿童心理学家和教育家，如皮亚杰、斯金纳、布鲁纳、苏霍姆林斯基、布卢姆、班图拉、加德纳等，使得儿童观、发展观、教育观日益变得科学而合理。20世纪80年代以后，随着脑科学、心理学、教育学等学科的发展，0~3岁被认为是儿童大脑生长发育最快的时期，也是人一生中的最佳发展期。儿童的发展与早期教育越来越受到国际社会和一些国家的重视，特别是迈进21世纪，人类社会逐渐进入信息化时代，2002年第56届联合国大会儿童特别会议提出了"让每个孩子拥有最佳人生开端"的理念。0~6岁婴幼儿的早期教育越来越成为国际社会共同关注的重点。

三、早期教育是实现人才强国战略的基础工程

迈进21世纪，人类社会正飞速地经历着前所未有的关键性的历史转折。人类将迎来信息革命和知识经济时代，各国要想在激烈的国际竞争中占据有利地位，必须实施人才强国战略，而早期教育作为促进儿童潜能发展的重要途径，社会发展的推动力，人类认识自身、开发潜能的前沿科学，应当肩负起这一光荣使命。

[一] 早期教育是促进儿童潜能发展的重要途径

用生命全程观来考察儿童发展，人们已普遍认为，婴幼儿期是生理发育、智力开发、形成个性的关键期。如联合国儿童基金会在《世界儿童状况》（2001）中报告，大脑发育的7种能力，如观察力、情感调控、条件反射、语言能力、符号学习、数量比较、与同龄人相处的能力等，其中前5种能力发展的关键期都在两岁前，后两种在5岁前（见下图）。

大脑发育：几个关键阶段

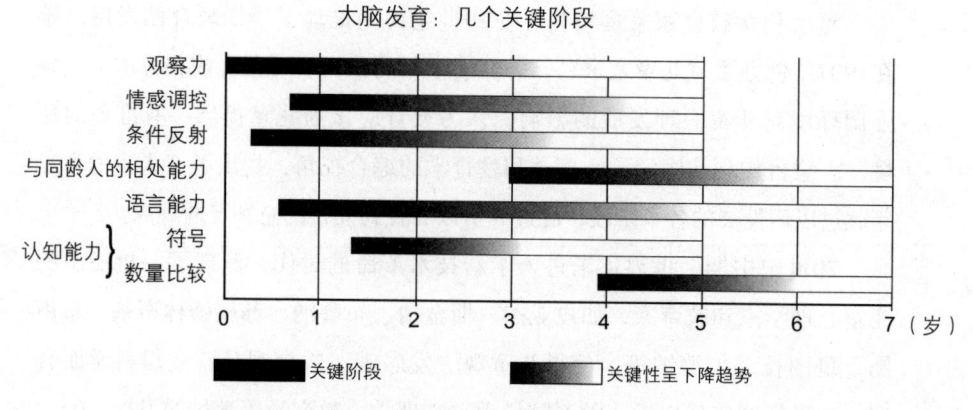

能力	关键阶段范围（岁）
观察力	0–5
情感调控	0–4
条件反射	0–5
与同龄人的相处能力	3–5
语言能力	0–6
认知能力 {符号	1–4
认知能力 {数量比较	4–5

■ 关键阶段　　▨ 关键性呈下降趋势

图　儿童能力发展关键阶段 [资料来源：麦凯恩和马斯塔德所著《扭转大脑资源流失状况：儿童早期研究》第31页，1999年4月于安大略省。]

在成长的关键期或最佳发展期里学习某种能力，就会事半功倍，而错过了关键期，某些能力就很难发展起来，或者说很难达到他本来应该达到的水平。关于动物发展关键期的研究，已有两项获得了诺贝尔奖（劳伦茨的小鹅"母亲印刻"研究与休贝尔和威萨尔的"盲猫"实验）。

因此，早期教育是促进儿童潜能发展的最重要的途径。在发展的关键期里，每个正常的婴幼儿都有一次遗传赐予的智力飞跃的机会，都有可能培养成个性健康、聪明智慧的人。问题在于我们能否把握住孩子成长的关键期，不失时机地开发出他本来就拥有的身心潜能。

[二] 早期教育是效益最高的教育

国外一些经济学家在进行大量的调查研究后，认为婴幼儿潜能开发与早期教育是社会发展的推动力。联合国儿童基金会在《世界儿童状况》（1998）报告中指出，全球有2.26亿儿童发育迟缓。研究发现，发育迟缓将损害智力发育。在出生后6个月内发育迟缓的儿童，8岁时的智商比正常儿童低11分。此外，由于营养不良、发育迟缓，一些国家在生命、残疾和生产力的损失相当于5%以上的国民生产总值（GDP）。

2001年，联合国儿童基金会执行主任指出："要想让未来的社会成为健康、幸福和丰富多彩的乐园，那么最佳的投资时机便是在奠基阶段，对人而言，最理想的年龄段莫过于出生后的头三年。……但如果孩子出生后没有一个好的开端，那么他们可能永远也不会充分挖掘或实现自身的潜能了。"

因"个体经济计量学"（Microeconometrics）而获得2000年诺贝尔经济学奖的芝加哥大学教授詹姆斯·赫克曼（J. Heckman）指出："世界各国政府都应当调整教育的投入结构，加大对教育效益最高的早期教育的投入。"美联储主席本·伯南克（Ben Bernanke）在2007年对企业界的领袖们发表演说时也指出：越来越多的研究表明，投资于早期儿童发展具有高的回报，不仅可以促进后继的学业成绩，而且可以降低解决社会问题的代价。他们的论点基于动态人力资源积累生命周期模型的研究。研究表明，早期教育是效益最高的教育，对学前儿童教育投资1美元的回报率是大学毕业后职业教育的8倍，见下图：

各年龄段投资个人发育的回报率

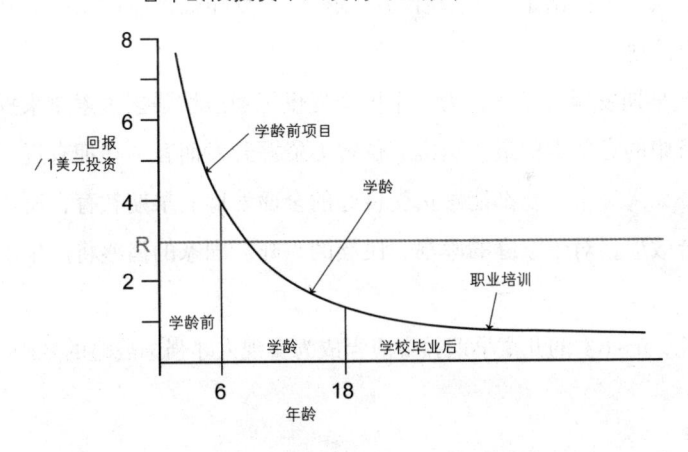

图 对学前儿童教育投资1美元的回报率是大学毕业后职业教育的8倍

[三] 早期教育应当成为人才强国战略的奠基工程

纵观全球性的科技与教育发展动向，我们发现，目前世界各国主要在两个领域为可持续发展而进行着激烈的人才竞争：一是高新技术领域，二是婴幼儿潜能开发与早期教育。前者是人类认识自然、促进社会发展的尖端科学，后者是人类认识自身、开发潜能的前沿科学。

今天，在世界范围内，新一轮的竞争——为可持续发展而进行的人才竞争正在这个崭新的前沿领域悄悄地展开。

1993年，新西兰就启动了以前首相名字命名的3岁前婴儿教育的国家计划——"普卢凯特计划"。新西兰教育部在《面向21世纪的教育》报告中明确指出："教育必须从出生开始。"

在秘鲁，有一个3岁前的"娃娃之家"工程。

甚至在非洲国家加纳，也有一个以"儿童不能等待"为题的0～6岁儿童发展的国家行动计划。

1997年，美国总统克林顿为"保证每个美国公民拥有世界上最好的教育"，"在21世纪的知识经济竞争中获得成功"，在关于"知识经济"的《国情咨文》中提出了"头脑启动计划"——从生命诞生的第一天就开始的婴儿教育计划。

儿童早期发展与教育，为一个国家提供了通过增强国民素质来提高其在全球经济中的竞争力的最佳契机。仅智力资源开发而言，在拥有近三亿儿童的中国，如果每个儿童都能够接受良好的全面发展的早期教育，所产生的巨大的综合效应，对于家庭的幸福、民族的兴旺、国家的昌盛将产生不可估量的作用。

因此，0～6岁的儿童早期教育应当成为实现人才强国战略的基础工程。

思考与练习

1. 我国古代早期教育有哪些重要的思想观点?

2. 简要概述西方早期教育思想。

3. 为什么说早期教育是人才强国战略的奠基工程?

第二节
早期教育的理论与流派

理论与实践的交互作用是推动学科发展的基本动力。在我们进行一种教育实践时,首先应当弄清楚的是这种教育实践或经验背后蕴含的教育原理或教育哲学是什么,或者说,我们必须自觉地从教育哲学——最高层次的教育理论上清醒地把握我们的教育实践。"那些不应用哲学去思考问题的教育工作者必然是肤浅的。"而任何真正的教育哲学都是自己时代精神的精华。捕捉时代精神,我们才能把握早期教育的正确方向。

西方早期教育思想最早可以追溯到古希腊时期,其代表人物为著名的哲学家、教育家柏拉图,而早期教育的理论与流派真正形成却始于19世纪,其代表人物为德国教育家福禄贝尔。随后的20世纪也出现了一些具有代表性的理论与流派,如蒙台梭利的早期教育观、皮亚杰与维果斯基的建构主义,以及陈鹤琴的"五指活动"课程等,这些教育思想和实践对世界范围内的早期教育都产生了深远的影响。

一、福禄贝尔与恩物教育

福禄贝尔(1782—1852)是德国著名教育家,近代早期教育的奠基人,被誉为"早期教育之父"。著有《人的教育》《早教机构教育》。他主张人的教育必须是适应自然的,教育的目的是发展,是指导儿童发展自由的人格。他倡导的教育原则是：统一的原则、顺应自然的原则、发展的原则和创造的原则。

福禄贝尔创建了世界上第一所早教机构。福禄贝尔认为，尽管家庭和母亲在早期教育中占有重要地位，但许多母亲并不能胜任其子女的教育，因此，有必要建立公共的早期教育机构来弥补家庭教育的缺陷。福禄贝尔强调，早教机构是"发展幼儿活动本能和自发活动的机构"，"它并不是一所学校，在其中的儿童不是受教育者，而是发展者"。他把这种幼儿机构称为"幼儿的花园"，即早教机构。

福禄贝尔明确提出了早教机构的任务。早教机构应当通过直观的方法来培养儿童，使他们参加各种必要的活动，发展他们的体格，锻炼他们的感官，使儿童在游戏和活动中发展。

福禄贝尔强调游戏在早教机构教育中的地位和作用。认为游戏是儿童年生活中最快乐的活动，是表现和发展儿童自动性、创造性的最好的活动形式。在福禄贝尔看来，一个游戏着的儿童，一个全神贯注地沉醉于游戏中的儿童，正是幼儿期儿童生活最美好的表现。从某种意义上说，早教机构应当是幼儿游戏的乐园。

福禄贝尔强调作业的重要性。他提出，作业活动是幼儿的体力、智力以及道德和谐发展的一个主要方面。通过作业活动，可以对幼儿进行初步的教育。他倡导儿童必须接触自然、参加力所能及的作业和劳动。在他的早教机构里，有供儿童播种和栽植的小园地，

福禄贝尔在早教机构教育实践中创制了一套供幼儿使用的玩具，并称之为"恩物"。"恩物"的基本形状是圆球、立方体和圆柱体。该套"恩物"仿照大自然事物的性质、形状和法则，作为幼儿认识万物的初步手段，适合早期教育的要求，与幼儿天性的发展相适应，从而在欧洲乃至世界各国得到了广泛的流行。

福禄贝尔的教育理论与实践对世界早期教育理论体系的形成和发展以及早教机构的发展产生了深远的影响。

二、蒙台梭利的早期教育观

玛利亚·蒙台梭利（1870—1952）是杰出的意大利早期教育家。医生出身的蒙台梭利接受了卢梭、裴斯泰洛齐、福禄贝尔等人的自然教育和自由教育的观点，并根据自己的实际观察和研究，提出了一种新的教育理念。她认为儿童存在着与生俱来的"内在生命力"，具有自我学习、使自我趋于完美的潜能。教育的任务是激发和促进儿童"内在生命力"的发现，并按其自身规律获得自然和自由的发展。蒙台梭利的早期教育观点，主要有以下几个方面：

[一] 以儿童为中心

"追随儿童"（follow the child），是她最重要的儿童观和教育观。教师只是"有准备的环境"的一部分，教育的核心应当由教育者让位给孩子，就像哥白尼把宇宙的核心由地球让位给太阳一样。蒙台梭利的哲学是"观察你的儿童，适应他的个别需要"。她的梦想是使教育适应每个儿童的需要。因此，蒙台梭利倡导的是个性化的教育，而蒙氏教具的设计和使用，也使个性化教学的实施成为可能。

[二] 让儿童自发、主动的学习

蒙台梭利提出了"精神胚胎"的概念。她认为只要提供适宜的环境，儿童便可自行成长出健康丰富的精神世界，这个过程也不需要教育者特别去设计指导。蒙台梭利认为专注于某种活动是儿童自我发展的主要方式，并将其称为"工作"。儿童的自发活动看起来是单调乏味的重复，实际上孩子的工作是在塑造自己的精神世界，这是解决孩子成长中各种问题的万能钥匙，是儿童发展的秘密所在。蒙氏教法从日常生活练习着手，配合良好的学习环境、丰富的教具及教学材料，使幼儿达到自我教育的目的。

[三] 把握发展的敏感期

在蒙台梭利看来，在幼儿的心理发展中会出现各种"敏感期"，如秩序、细节、行走、手的动作、语言等敏感期。她说："正是这种敏感期，使儿童用一种特有的强烈程度去接触外部世界。在这个时期，他们对每样事情都易学会，对一切充满了活力和激情。"人的智力发展正是建立在幼儿敏感期所提供的机会上的。

[四] 摒弃以表扬和批评作为教育手段的做法

蒙台梭利认为，依赖于外界奖惩的儿童，已经丧失了自我约束的能力；而对奖惩并不在乎的儿童，才能在精神上获得自由。良好的发展源于儿童内在"精神胚胎"的强大动力。

[五] 主张混龄教育

所谓混龄教育，即把3~6岁年龄不同的孩子编在一个班级里。蒙台梭利认为把人根据年龄分隔开来是不符合人性的事情，这样会把人与人之间互相学习的关系变成互相竞争的关系。她认为混龄的班级环境与现实社会生活更接近，孩子在这里能够很自然地接受彼此的差异，学习如何与强者和弱者相处，并且互相帮助。

蒙台梭利是一位偏重于实践的教育家，严格说来，还谈不上完整的教育思想，因而"蒙台梭利教学法"的提法，似乎更为妥当。

三、皮亚杰、维果斯基与建构主义课程

发生认识论创始人让·皮亚杰（1896—1980），是儿童发展与教育心理学的巨匠。他所创立的关于儿童认知发展的学派被人们称为"日内瓦学派"。皮亚杰关于知识和心理建构的基本观点是，儿童是在与周围环境相互作用的过程中，逐步建构起关于外部世界的知识，从而使自身认知结构得到发展的。

前苏联著名心理学家维果斯基（1896—1934）的"文化-历史发展理论"，强调认知过程中学习者所处社会文化历史背景的作用，并提出了"最近发展区"的理论。维果斯基认为，个体的学习是在一定的历史、社会文化背景下进行的，社会可以为个体的学习发展起到重要的支持和促进作用。维果斯基区分了个体发展的两种水平：现实的发展水平和潜在的发展水平，这两种水平之间的区域即"最近发展区"。"教学必须走在发展的前面"，是

他关于教育与发展之间关系的著名论断。

皮亚杰和维果斯基被认为是建构主义心理学的代表人物,对当代早期教育有着深刻的影响。意大利著名的瑞吉欧教育、美国的高瞻课程方案都受到建构主义心理学的影响。

意大利瑞吉欧的早期教育机构曾被美国《新闻周刊》誉为"全世界最好的幼儿学校"。瑞吉欧教育主张:儿童的学习不是独立建构的,而是在与家长和教师、同伴的相互作用过程中建构的,是在特定的文化背景中建构知识、情感和人格的。透过瑞吉欧的早期教育活动,我们能看到对建构理论独特的诠释,对最近发展区的创造性应用,对儿童中心论的独特理解,在这里,孩子们可以"用一百种语言,一百只手,一百个念头,一百种思考方式、游戏方式及说话方式"来探索环境、表达自我、发展自身的潜能。瑞吉欧教育的哲学,是早期教育既要顺应儿童的自然发展,强调儿童自主的活动,又要将儿童的发展纳入有目的有计划的轨道,在适当的时机通过教学去促进儿童的发展,即在幼儿自发生成的学习与教师有目的有计划的教学之间取得平衡。

美国高瞻课程(HIGH/SCOPE)是最有影响的皮亚杰式早期教育方案。在世界各地已经有几千所运用HIGH/SCOPE课程的学校。高瞻课程的最大特点是以主动学习为核心,围绕发展必需的一系列"关键经验"创设学习环境,引发幼儿与环境相互作用的活动,从而支持儿童的学习。在HIGH/SCOPE方案的实施中,一日活动的安排设计要考虑三个方面的事情:包含"定计划—做—回忆"这三个环节,帮助幼儿在这一过程中探究、设计和完成自己制定的计划,以及在学习过程中做出自己的决定;提供小组和集体、教师和幼儿、幼儿和幼儿、教师和教师等多种相互作用的方式;给幼儿提供自主活动的时间和在教师指导下活动的时间,包括户内活动、户外活动、参观旅行、在不同活动区的活动等等。对一日活动若能做较好的安排,就能给教师和幼儿提供一个多功能的结构。在此结构中,教师和幼儿都能充分发挥主动性和创造性,实现了幼儿快乐与有价值发展的理想模式。

四、陈鹤琴与"五指活动"课程

陈鹤琴（1892—1982），浙江上虞人，我国近现代著名教育家、儿童心理学家。他是"五四"运动后新教育事业的先驱，是我国现代早期教育的奠基人。他提出了"活教育"理论，构建了现代中国早期教育"五指活动"课程理论，提出"整个教学法"，被誉为"中国幼教之父"。

1914年（民国3年），陈鹤琴从清华毕业，考取公费（"庚款"）留学美国，与陶行知同行，就读于约翰斯·霍普金斯大学、哥伦比亚大学，获哥伦比亚大学师范学院教育学硕士学位。在美国留学期间，陈鹤琴选听了孟禄的"教育史"、克伯屈的"教育哲学"和桑代克的"实验教育心理学"等课程。其中，杜威的学生和门徒克伯屈教授实验主义和进步主义教育思想给他留下了深刻印象，回国后致力于我国旧式教育制度的改革。1923年，陈鹤琴在自己家中创办了中国第一所幼稚园。他的主要著作有《儿童心理之研究》《家庭教育》《我的半生》等，合著《智力测验法》《测验概要》等，已经编入《陈鹤琴教育文集》。

陈鹤琴教育思想主要观点包括以下三个方面：

[一]"活教育"理论

他指出"活教育"的目的就是"做人、做中国人、做现代人"，认为应该"爱国家、爱人类、爱真理"。这也是我们当今对孩子进行德育教育的目的之一。陈鹤琴强调"活教材"的作用，主张把大自然、大社会作为出发点，让儿童在与自然、社会的直接接触中，在亲身观察中获取经验和知识。把孩子引向生活，同时也将生活还原给孩子。陈鹤琴强调"活教育"教学，但不完全否定课本，他所追求的是让自然、社会、儿童生活和学校教育内容形成一个有机联系体。他还提倡"做中教，做中学，做中求进步"，"凡是儿童自己能够想的应该让他自己想；凡是儿童自己能够做的，应当让他自己做"。"活教育"理论促进了当时的教育改革，尤其是幼稚教育向科学化、合理化、系统化方向的转变。

[二]"五指活动"课程观

陈鹤琴以人的五个连为一体的手指作比喻，创造性地提出了"五指活动"课程观。具体说来包括以下五个方面：

健康活动：饮食、睡眠、早操、游戏、户外活动、散步等；社会活动：朝夕会、周会、纪念日、集会、每天的谈话、政治常识等；科学活动：栽培植物、饲养动物、研究自然、认识环境等；艺术活动：音乐（唱歌、节奏、欣赏）、图画、手工等；语文活动：故事、儿歌、谜语、读法等。

陈鹤琴指出："五指是活的，可以伸缩，互相联系。课程是整个的、连贯的，依据儿童身心的发展，五指活动在儿童生活中结成一个教育的网，有组织有系统，合理地编制在儿童的生活中。"这五个方面是相互联系的，就像人的五个手指，共同构成了具有整体功能的手掌。早期教育课程的全部内容包括在这五指活动之中，但是这五个方面是有主次之分的。陈鹤琴认为，儿童健康是幼稚园课程第一重要的，其次应十分注意培养儿童良好的行为习惯。陈鹤琴认为："人类的动作十分之八九是习惯，而这种习惯又大部分是在幼年养成的；所以幼年时代，应当特别注意习惯的养成。"此外，幼稚园应特别注意音乐，因为音乐可以陶冶儿童的性情，鼓励儿童进取。幼稚园应创设音乐环境，培养儿童对音乐的兴趣，发展他们欣赏音乐的能力和技能。

[三] 整个教学法

陈鹤琴先生在对学前儿童心理和教育长期研究的基础上，提出了适合学前儿童发展的课程组织法。这就是"整个教学法"。陈鹤琴认为，"整个教学法，就是把儿童所应该学习的东西整个地、有系统地去教儿童学"。因为学前儿童的生活是"整个的"，学前儿童的发展也是"整个的"，外界环境的作用也是以整体的方式对儿童产生影响的，所以为儿童设计的课程也必须是整个的、互相联系的，而不能是相互割裂的。

游戏法是整个教学法的具体化。游戏具有统整作用，在游戏中，学前儿童的身体能获得充分锻炼，展开丰富的想象，缓解紧张的情绪，体验活动的愉悦。游戏是学前儿童最喜欢的活动。游戏是学前儿童的重要生活。儿童在游戏中、在活动中学习，能收到事半功倍的效果。学前儿童的课程最容易游戏化，采用游戏化方式组织课程，有利于学前儿童健康发展。

由于学前儿童都是具有差异的不同个体，每个儿童都是相对独立的，他们的智力发展水平不一，兴趣不同，应采用小团体式教学，使处于不同发展水平的儿童在相互作用中都获得长进。

陈鹤琴"活教育"理论等曾一度遭到简单的否定，但随着时间的推移，人们越来越发现其中国化新教育探索的独特创造。他提出的"五指活动"课程观，为后来形成幼儿园五大领域教育模式奠定了基础；他提出的"整个教学法"也对后期提出整合教学法，强调游戏在早期教育中的重要性产生了重大的影响。因此，陈鹤琴先生无可争议地被誉为"中国早期教育之父"，为早期教育的中国化、科学化、民主化、大众化做出了卓越贡献。

思考与练习

1. 简要概述福禄贝尔的恩物教育。

2. 蒙台梭利的早期教育观主要包括哪几个方面？

3. 皮亚杰和维果斯基的建构主义对当代早期教育有何重要影响？

4. 陈鹤琴的早期教育思想有哪些？

第三节
我国早教的现状与问题

要想让未来的社会成为健康、幸福和丰富多彩的乐园,那么最佳的投资时机便是在奠基阶段,对人而言,最理想的年龄段莫过于出生后的头三年。但如果孩子出生后没有一个好的开端,那么他们可能永远也不会充分挖掘或实现自身的潜能了。

1904年清政府颁布了第一部早期教育法规《奏定学堂章程》,从此,中国的早期教育在制度上得以确立。新中国成立以来,尤其是改革开放以来,又相继颁布了一系列相关的法律法规,我国的早期教育事业整体上都得到了很大的发展,但也存在一些比较突出的问题,如早期教育普及率低、城乡差距大、教育资源分配不公、"入园难"、"入园贵"等,这些问题都严重困扰着当前我国早期教育事业的发展。同时,当前也存在一些早教方面的错误理念。要实施科学的早期教育,必须逐步解决这些问题,并且在此基础上纠正那些错误的理念,以便使早期教育得到更好的发展。

一、公共政策与早期教育

1904年清朝政府颁布的《奏定学堂章程》是中国近代第一个正式公布的学校教育制度,包括蒙养院。从此,中国的早期教育在制度上得以确立。在《奏定学堂章程》中,专有《蒙养院章程家庭教育法章程》部分,共分四章:第一章蒙养家教合一,第二章保育教导要旨及条目,第三章屋场图书器具，第四章管理及人事。这是我国第一部早期教育法规。

新中国成立以来，尤其是改革开放30年以来，我国早期教育事业得到了很大发展，总体说来是成就和问题并存。当前我国早期教育发展存在的突出问题主要可以归纳为以下三点：第一，早期教育普及率低。迄今为止只有40%的3～6岁儿童能上早教机构或学前班；第二，早期教育发展城乡差距大，中西部贫困地区的早期教育迄今没有改变"一穷二白"的面貌；第三，城市早期教育差异化现象突出，优质早期教育资源分配严重不公，一些地方"入园难"、"入园贵"的问题突出。可以这么说，早期教育已经成为我国教育格局中最薄弱的环节。要解决好这些凸显问题，应注意以下三方面：

[一] 明确早期教育事业中社会公共福利和教育的双重性质

明确早期教育的定位，是政府明确责任、保障早期教育事业发展经费来源的前提。不同于基础教育、高等教育等其他阶段的教育，早期教育兼具"社会公共福利性"和"教育性"。

首先，它具有社会公共福利性质。早在上世纪80年代末我国早期教育事业就属于"托幼服务"的范畴，被定位为"社会公共福利事业"，它能够解除父母的后顾之忧，适应妇女就业的需要，为社会提供不可或缺的公共服务产品；其次，它具有教育性。由教育部颁布的有关早期教育的政策文本，如2001年教育部颁布的《幼儿园教育指导纲要（试行）》中即指出：早期教育是基础教育的组成部分，是学校教育和终身教育的起始阶段。这明确强调了早期教育的教育性质。经费投入是教育事业发展的基本保障。鉴于早期教育的双重性质，政府应承担起早期教育投入的责任。政府应高度重视早期教育在社会系统中的地位和作用，明确政府对于早期教育的责任，统筹安排早期教育事业发展经费在全部教育财政经费支出中应占的合理比例，建立政府主导、社会参与、公办民办并举的办园体制。加大政府投入，激励建立起政府、社会、家庭成本合理分担机制，对家庭经济困难幼儿入园给予补助，大力促进早期教育事业的长足发展。

[二] 加大投入，公办民办并举，基本普及早期教育

《国家中长期教育改革和发展规划纲要（2010—2020年）》（以下简称《纲要》）指出：到2020年，我国幼儿在园人数4000万（2009年是2658万），学前一年毛入园率95%（2009年是74%），学前两年毛入园率80%（2009年是65%），学前三年毛入园率70.05%（2009年是50.9%）。要实现国家中长期教育改革和发展规划纲要目标，就要统筹城乡早期教育机构的合理布局，统筹公办早教机构和民办早教机构的合理布局，真正建立公办民办并举的办园体制，大力发展公办早教机构，积极扶持民办早教机构。要保证政府对早期教育的投入，使公办园为婴幼儿家庭提供早期教育公共服务；同时，提倡教育家办园，积极发展优质民办早期教育，满足家长多样化的选择性的教育服务要求。因此，民办早期教育机构必须要办出特色，我们以前常说"以质量求生存，以特色求发展"，对当下的民办学前机构来说，应该是"以特色求生存，以创新求发展"，有特色才能真正满足家长们的选择性需求，办有特色是质量的集中体现。但是，培养孩子的特长不等于办园特色，特色是一个教育机构的个性，主要体现在办学思想、教育理念、质量方针及教学方法等诸多方面。《纲要》提出，通过积极发展公办和民办早期教育，到2020年，实现普及学前一年教育，基本普及学前两年教育，有条件的地区普及学前三年教育的目标。

教育事业发展主要目标

指　　标	单　位	2009年	2015年	2020年
学前教育				
幼儿在园人数	万人	2658	3400	4000
学前一年毛入园率	%	74.0	85.0	95.0
学前两年毛入园率	%	65.0	70.0	80.0
学前三年毛入园率	%	50.9	60.0	70.0

国家中长期教育改革和发展规划纲要（2010—2020年）

[三] 重点发展农村早期教育，促进早期教育多元发展

努力提高农村早期教育普及程度，着力保证留守儿童入园。采取多种形

式扩大农村早期教育资源，改扩建、新建早教机构，充分利用中小学布局调整富余的校舍和教师举办早教机构（班）。发挥乡镇中心早教机构对村早教机构的示范指导作用。支持贫困地区发展早期教育。

目前，早期教育业态多种多样，因此，对早期教育机构应进行分类管理，根据不同类别提供多种准入制度。如建立0～3岁托幼中心、0～6岁早教培训中心、早教机构等不同的注册标准。鼓励在社区建立小型托幼中心，方便居民就近入托，缓解入园难的压力，同时又可促进大学生创业或就业。用新的分类标准和准入制度，对未注册的民办早教机构进行分类注册并规范管理，保障婴幼儿受到安全、适宜的早期教育。

二、民办早教机构的发展

2000年第五次人口普查发布的统计表明，中国3岁以下的婴幼儿共计7000万，其中城市婴幼儿1090万。而2007年"金猪宝宝"、2008年"奥运宝宝"的出生，则迎来了新中国成立后第四波生育高峰。据不完全统计，截至2009年底全国0～6岁的婴幼儿已接近1亿。

在婴幼儿数量高速增长的同时，我们也看到以80后为代表的中国年轻父母们在秉承中国传统教育优先、孩子优先的思想同时，面对未来社会发展中人才领域的激烈竞争以及希望自己的孩子拥有最佳人生开端等诸多需求与愿望。

年轻父母对早期教育日益重视，0～3岁早教事业雨后春笋般迅速崛起、蓬勃发展。目前，国内早教机构大致可以分为几类：1.公办早教机构、托儿所开设的面向0～3岁幼儿的亲子班；2.近年来新兴的在民政部门注册（民办非企）、教委颁发许可的面向0～6岁儿童的一体化民办早教机构或培训机构；3.在工商部门登记注册的企业性质的早教机构；4.专门从事早教教材、玩教具、相关课程开发的早教内容提供商等。

2002年12月，全国人大常委会通过了我国民办教育第一部专门法律——《中华人民共和国民办教育促进法》，2010年最新颁布的《国家中长期教育改革和发展规划纲要（2010—2020年）》中明确指出，"早期教育对幼儿习惯养成、智力开发和身心健康具有重要意义。遵循幼儿身心发展规律，坚持科学的保教方法,保障幼儿快乐健康成长……积极发展早期教育……建立政府主导、社会参与、公办民办并举的办园体制。积极发展公办早教机构,大力扶持民办早教机构……"

庞大的市场需求以及政府政策的大力鼓励与支持,推动了中国民办早教机构的发展。同时,早教事业日益发展与成熟,一些具有代表性和独特性的教学理论及教学方法被一些早教机构在实际教学中很好地利用和发展,反过来又推动着自身教育理论不断地自我完善。国家教育部网站教育统计数字显示,2009年全国民办早教机构已达到83119所,约占全国早教机构总数的62%,比2008年增长了7%,在园幼儿9820338人,约占全国在园幼儿总数的40%。

三、早教理念与早教误区

要实施科学的早期教育,首先我们应认真审视当下流行的各种早教理念与早教误区,以期获得正确的认识,更好地开展早期教育。

[一] "把幸福还给孩子"VS早期教育"小学化"

0~6岁是大脑发育和个性形成的关键期。在关键期提供幼儿适宜的教育,将帮助幼儿实现最佳人生开端。随着社会的发展,人们越来越认识到早期教育的重要性。但与此同时,也开始走向另一个极端——唯恐孩子"输在起跑线上"。当前各种以牟利为目的的商业性炒作加剧了这种"早期教育恐慌",一些早教机构为迎合家长一些不科学的育儿需求,开办一些不符合儿童身心发展需要的兴趣班、特长班,将小学阶段的某些教育内容放到了学前,出现了早期教育小学化、成人化的倾向。一些家长把教育的关注点放在让孩子识多少字,背多少古诗,会做多少算术题上;一些家长为满足自己的虚荣心和盲目攀比的心理,把孩子"赶"去学习各种"才艺",如此等等。这些做法违背了幼儿学习和身心发展规律,既不利于幼儿的健康成长,也给幼儿原本快乐的童年蒙上了阴影。在当今社会转型、充满变革又略显浮躁的时代,功利主义教育十分流行,而应试教育、功利主义教育下的孩子们并不幸福!

改变这种小学化、成人化的教学方式，还孩子们一个快乐幸福的童年，刻不容缓，因为早期教育的根本目的是让孩子拥有幸福的人生。现代的早期教育应开发婴幼儿的身体潜能、智慧潜能、人格潜能，为培养既能创造人类的新文明，又能度过幸福人生的英才奠定基础。我们应把握开发0～6岁儿童创造潜能发展的关键期，同时要让孩子们健康幸福地成长。

幸福的人生须始于幸福的童年。要让孩子的"成长指数"和"幸福指数"一个都不能少，应当培养孩子成为一个"幸福人"。"幸福人"是全面和谐发展的人，而和谐发展有三个层次：第一是心智和谐，就是智力品质和非智力品质和谐发展；第二是身心和谐，即身体与心理的和谐发展；第三是个体和自然、和社会的和谐发展。要"把幸福还给孩子"，培养"幸福人"，须讲究教育方法的科学性，即要帮助幼儿找到最佳起点，实现跳一跳"摘果子"，让孩子的每一步都从自己的现有水平或最佳起点出发，顺应幼儿自身的发展规律。既不能急功近利，超越儿童的发展需要"揠苗助长"，亦不能压抑幼儿的发展需求"压苗阻长"。这才是科学的儿童发展观。

[二] 心智和谐发展vs重"智"轻"非"

众所周知，影响儿童成长乃至成才的两大心理因素是智力因素和非智力因素。可以说，在儿童成长过程中，智力因素作为操作系统，每时每刻都在起作用；而非智力因素往往在关键时刻，起着决定性的影响。著名科学家爱因斯坦曾经说过："智力上的成就在很大程度上依赖于性格的伟大，这一点往往超出人们通常的认识。"然而，目前在婴幼儿早期教育中，尽管许多有识之士多次呼吁应重视儿童的非智力品质培养，但在相当一部分家长中，仍然存在着重"智"轻"非"的倾向。这里，固然有相互攀比、随波逐流者，但在一些家长的思想深处，认为将来只要孩子有知识、有能力，就能成就一番事业者也大有人在，从而忽视了孩子良好的行为习惯和优秀个性心理品质的培养与教育。

美国心理学家推孟曾比较过智商在140以上的150名"神童"，为什么在成年后成就如此悬殊，其结论是令人深思的：这些早年的"神童"成年后的智商并没有多大变化，而主要差异在于他们的个性心理品质。在自信、进取心以及坚持精神等非智力品质方面，成就显著的一组远远高于成就低的那一组。仅仅为造就"神童"而进行的智力教育，是有失偏颇的教育。人们常说，天才多怪人，许多天才人物由于接受了不恰当的早期教育，尽管有个人事业的辉煌，却因其病态的人格而没有幸福的人生。然而从教育的最终目的来说，应当是使孩子拥有幸福而完整的人生。要达到这一目的，我们必须对孩子进行全面而和谐的教育：既重视早期智力开发，又重视健全人格的塑造；既大胆、合理地开发孩子的身心潜能，又使其个性得到充分而和谐的发展。

"三岁看大，七岁看老"，在3岁前这人之初的教育奠基工程中，全面、和谐就显得更加重要。当前，尤其应当重视3岁前婴儿的非智力品质的培养，如独立与自信、好奇心与求知欲、专注与坚持精神、阅读兴趣与习惯、驾驭情绪与情感的能力以及关心他人、与人合作的态度。这些心理品质、习惯和能力，将对孩子的一生产生重大影响。

[三] 重视知识和技能学习VS强调创造智慧的培养

在对孩子的智能培养上，许多家长一方面迫于未来竞争的压力，另一方面为了应对目前依然存在的应试教育，往往把早期教育内容的重点放在学习知识和技能上，而忽视质疑、独立思考和创造力的培养。

温家宝总理曾多次指出，只有一流的教育才有一流的人才，才能建设一流的国家。笔者认为，我们有60年的教育辉煌，也有60年的教育遗憾！辉煌是什么呢？我们新中国的教育从无到有，特别是早期教育，60年取得了巨大的成就，可以说是突飞猛进地发展。但是遗憾是什么呢？这个遗憾就是钱学森讲过的："中国没有一所大学是按照培养科学创造发明的人才的模式去办学，没有自己独特的创新的东西，老是'冒'不出杰出人才。"其实，不光是大学，中学、小学甚至包括早教机构，这可能就是目前早期教育的现状。

【案例】

当我们向家长询问"孩子回家后您最常问的问题是什么"时，许多家长的回答是："今天吃了什么？""今天学了什么？""识了几个字？"

"算了几道题?""念了几首儿歌?""学了几个英文单词?"等等。当问到"有没有问过孩子'今天,你向老师和小朋友问了什么有趣的、有价值的问题了吗?'"时,几乎没有家长回答"问过"。这正是当今中国教育的悲哀!只重视知识和技能的学习、应试能力的训练,忽视质疑、独立思考和创造力的培养。

因此,鼓励幼儿"提出有趣的、有价值的问题"是教育的核心目标之一。我们看到有的游戏活动,叫"每周一问"——鼓励幼儿多提出有趣的、有价值的问题,引导幼儿通过各种途径来寻找问题的答案或自己想象的解决问题的方案,然后进行互动式讨论。孩子们甚至会提出一些颠覆性的设想。

如"人为什么不能像小树那样晒晒太阳就饱了,就能长高了?"——解决方案:发明一种营养液,喝了就管饱、晒晒太阳就能长高!(这样整个农业就消失了!餐饮业就都关门了!);矿工井下作业安全问题解决方案:"把地底下的煤直接变成煤气,矿工叔叔就再也不用下井啦!"(几千万矿工就要转业了!就像有了短信,电报业一夜之间就消失了一样);"空调病"解决方案:摩天大楼顶上安装"向日葵式的反射太阳热能的机器"(这样整个空调产业就消失了!)。儿童的想象力和创造力远远超出成人的想象。幸福的童年应当是人类精神的工厂、创造的天堂。在这里,孩子们像哲学家那样去提问,像科学家那样去思考,像艺术家那样去创造。他们是想象和创造的巨人!今天,如果我们的孩子能运用想象力和创造力的"思想成果"去解决问题,那么,明天当他们创业时,谁又能怀疑他们将超越今天的世界500强企业呢?!"中国制造"变成"中国创造"便指日可待!

——摘自程淮《核心智慧论的理论模型与实践初探》

要让幼儿生活在一个真实的环境里,而不仅仅是童话世界中。要培养他们运用自己的眼睛,来真切地观察现实,运用自己的大脑,在想象中发挥创造性地改变这一现实的能力和强烈的行动意识。这样,他们才能秉承古老的智慧,吸纳现代的文明,成为崛起的新一代。

[四] 全面和谐发展与富有个性发展

个性化教育，是当代教育发展的重要特征，是世界性的潮流与趋势。"让每个人的个性得到充分自由的发展"，是新世纪教育改革与发展的主旋律。了解作为主体的人的个性及其发展规律，根据儿童不同的个性，施以适宜的个性化教育，以促进每个儿童富有个性的全面和谐的发展，这是当代教育必须深入研究的重要课题。

个性化教育是能满足每个儿童发展需要，使其德智体美诸方面潜能得到全面和谐的发展，尤其是具备适应未来社会发展的各种身心素质。具体来说，人类潜能大致划分为三大潜能，即身体潜能、智慧潜能、人格潜能。身体潜能主要包括两方面：一是儿童体格、体型、体质、体能发展的潜在的可能性；二是人体能保持正常生命功能可承受的生理变化的极限。智慧潜能包括认知、语言、惊喜、艺术潜能，尤其是创造智慧潜能。人格潜能是指非智力的心理潜能，是人类最高层次的潜能。它包括需要、动机、兴趣、情感、意志、性格、气质、习惯、态度、理想、信念、品德、价值观、人生观、世界观、自我意识等心理品质。

科学的早期教育既强调"全面和谐发展"，又强调"富有个性发展"。"全面和谐发展"是尊重儿童的全面发展权，"富有个性发展"则是尊重儿童的自由发展权，两者不可偏废。在这里还应把握好两个尺度，既不能"揠苗助长"，又不能"压苗阻长"。这才是科学的儿童发展观。这是我们对教育的哲学思考，也是我们对如何促进"教育的公平"（全面发展的机会）和"公平的教育"（自由发展的选择）做出的回答。

思考与练习

1. 目前我国早期教育存在的主要问题有哪些？如何有效解决这些问题？

2. 目前我国早教发展中存在哪些误区？科学的早期教育应该具备哪些特点？

第四节
早期教育的发展与未来

> 每个儿童都应该有一个尽可能好的人生开端,每个儿童都应该接受良好的基础教育,每个儿童都应有机会充分挖掘自身潜能,成长为一名有益于社会的人。

一、政府公共服务与早期教育:人人享有最佳人生开端

作为世界教育发展的新的共同的关注点,早期教育是效益最高的教育,它为一个国家提供了通过增强人口素质来提高其在全球经济中的竞争力的最佳契机。1993年,新西兰就启动了以前首相名字命名的3岁前婴儿教育的国家计划——"普卢凯特计划"。在秘鲁,有一个3岁前的"娃娃之家"工程。甚至在加纳,也有一个以"儿童不能等待"为题的0~6岁儿童发展的国家行动计划。1997年,美国总统克林顿为"保证每个美国公民拥有世界上最好的教育","在21世纪的知识经济竞争中获得成功",在关于"知识经济"的《国情咨文》中提出了"头脑启动计划"——从生命诞生的第一天就开始的婴儿教育计划。

在中国,发展婴幼儿早期教育,是重大的民生问题,是为人民谋幸福的大事,理应受到政府、社会的普遍重视。是我国继控制人口数量之后,提高人口质量、促进儿童早期发展的一项重要的奠基工程。

2007年在《中共中央国务院关于全面加强人口和计划生育工作统筹解决人口问题的决定》中明确了"大力普及婴幼儿抚养和家庭教育的科学知识,开展婴幼儿早期教育……"等重要工作方针;2010年初,教育部、卫生

部、国家人口计生委、全国妇联等七大部委联合下发了《全国家庭教育指导大纲》，在"明确职责分工"一条中指出"人口计生部门负责0～3岁儿童早期发展的推进工作，逐步纳入公共服务范畴"；2010年，最新颁布的《国家中长期教育改革和发展规划纲要（2010—2020年）》也明确提出"加大教育投入……提高国家财政性教育经费支出占国内生产总值比例，2012年达到4%。……早期教育实行政府投入、社会举办者投入、家庭合理负担的投入机制"。开展政府公共服务，促进儿童早期发展，已逐步成为各级政府的共识和实际行动。

北京市政府将在未来5年内投资50个亿，新建300所早教机构，改扩建300所早教机构，以提高适龄儿童的入园率，缓解入园难的问题。再如，北京、内蒙古、四川等人口计生及教育部门开展了多项具有鲜明地方特色的儿童早期发展政府公共服务项目。发放家庭育儿指导教材和工具、举办专家讲座/育儿沙龙、开展社区亲子活动、开辟网上家长学校和开展面对面跟踪测评指导服务，取得了一定的成效，深受广大婴幼儿家庭的欢迎。

二、政府、非政府组织、企业三方合作的新格局

当前，早期教育不仅仅是家庭和早教机构的个体行为，而被越来越多的政府机构以及非政府组织所广泛关注。可以预见，在未来的儿童早期发展服务体系中，政府、非政府组织以及企业三方合作的新格局将逐渐清晰。政府公共服务主要满足老百姓对早期教育普及性的需求，从而解决教育公平的问题；非政府组织以及企业机构则是依靠其教育特色，从而满足老百姓对早期教育选择性的或多元化的需求。而"政府主导、媒体引导、专家指导、政企协作、家庭参与"五种要素综合运作的模式，将成为有效促进儿童早期发展的重要机制和新的格局。

所谓"政府主导"主要是指由政府部门将早期教育作为为百姓办实事的常规工作，构建早期教育公共服务体系，并给予专项经费支持。例如北京市西城区、朝阳区、平谷区计生或教育部门开展了"幸福成长计划"等早教公共服务项目，充分体现了政府部门领先的执政理念和超前的工作意

识：既关注发展的"经济指数"，又关注百姓的"幸福指数"，体现了落实党中央提出的转变发展方式的理念，由"一心一意谋发展"转变为"一心一意谋幸福"，因为"科学发展"是手段，而为人民"谋幸福"是目的。同时，政府将通过立法、制定行业准入机制和监管规则，加强对行业的宏观管理和调控。

"媒体引导"是指通过媒体报道进行科普宣传，使早期教育理念和方法深入人心。例如，内蒙古乌海市人口计生委开展的0～3岁婴幼儿早期发展项目中，选择了六名"国庆宝宝"进行按月入户跟踪指导服务，并将每次的指导内容通过报纸、电视媒体传播给更多的家庭，通过故事的方式引导乌海市广大家庭科学育儿。

"专家指导"则是通过组建多学科的专家团队为家庭提供指导服务。

"政企协作"则是指发展早期教育事业所涉及的各有关部门包括政府职能部门、非政府组织（民间团体）以及企业机构充分发挥各自的资源优势，通力协作为民服务。

"家庭参与"则是把对婴幼早期教育的重视转化为实际的行动，通过开展各种形式的早期教育服务，如托幼机构的正规教育和诸如会员制的跟踪测评指导、育儿沙龙以及宝宝大赛等广大家长喜闻乐见的非正规的形式，提高家庭参与热情，最终达到使儿童受益的目的。

三、多学科跨学科研究对早期教育发展的影响

当代中国儿童发展与早期教育的理论与应用研究，已经到了一个重要的历史时期。儿童发展与早期教育研究的单打一的时代已经结束。可以说，强调儿童发展的任何一个方面，如营养、保健、心理、教育等等，几乎总是正确的。然而，就像我们研究了鸟的每一根美丽的羽毛并不等于了解鸟的整体飞行原理一样，问题的关键是，如何将有关儿童发展的多学科的种种理论、方法和技术进行有机地整合，如何将最新科研成果直接传递给亿万家长，成为全面而科学的早期教育的实用工具，真正成为提高民族素质、促进儿童幸福成长的行动指南。因此，在儿童发展与早期教育领域，进行多学科、跨学

科的研究与具体实践，是现实而又紧迫的战略任务。多学科、跨学科研究的目的主要在于通过超越以往分门别类的研究方式，实现对问题的整合性研究。整合研究，构成了当代儿童发展与早期教育研究领域中新的科学前沿。

早期教育作为促进儿童发展的最重要的途径，其在人类发展中的作用是其他任何学科所无法取代的。然而，随着社会不断发展，早期教育的发展遇到新的更为复杂的综合性问题，原有的有限的学科知识无法给予满意的解答，早期教育科学体系的不断成熟与其他学科的发展息息相关。开展多学科跨学科研究将对早期教育发展与进步产生深远影响，具体表现在以下几方面：

[一] 从整体上全面了解儿童

早期教育学的研究对象是全部教育现象，其中最主要的就是教育对象——儿童。现实中的儿童是完整的人，需要全面的关怀。儿童身心各方面的发展是一个有机的整体。要尊重并满足儿童各种潜能的发展需要，培养身体潜能、智慧潜能和人格潜能全面和谐发展的"完整儿童"，就必须全面了解儿童，而这仅仅依靠早期教育本身是不够的，还要人类学、生理学、心理学、社会学等多种学科研究的共同推进。

[二] 深入了解儿童发展与早期教育的规律

在对儿童发展与早期教育进行跨学科的整合研究的时候，我们发现，当代科学正以高度分化又高度综合并以综合为主要趋势发展着。当生命科学家们在各自不同的前沿领域将研究深入到分子水平时，突然发现，每一个正常细胞中都存在着原癌基因（Protooncogene）。令人惊叹不已的是，细胞的原癌基因不仅在特定的条件下能使细胞本身发生癌变，而且在正常的生理状态下具有调节细胞的生长、分化、发育和信息传递的功能。而后者正是生理学的核心问题。这一惊人的发现意味着，每一个正常细胞里都埋藏着毁灭自己的种子。而这些令人生畏的种子却又竟然承担着调节正常生命活动的重任。两位美国科学家因此被授予科学界的最高奖——1989年度的诺贝尔生理学或医学奖。如果说在生命科学领域中各门学科如生理与病理、基础与临床之间的鸿沟正在被分子生物学这把利剑所填平，那么在儿童发展与早期教育这一应用科学领域，就更需要进行多学科和跨学科的综合研究。学科之间的交叉、渗透、融合，是当代科学发展的特征和历史之必然。

当我们剖析有关儿童发展与早期教育研究的横断面时，就会发现，从K.Z.Lorenz关于小鹅"母亲印刻"的发现，到D.H.Hubel和T.N.Wiesel的"盲猫实验"，这些诺贝尔奖级的从宏观或微观水平上揭示"发展的关键期"概念的科学材料，都为早期教育的科学基础提供了跨学科的研究成果。

现代遗传科学表明，遗传的秘密就在于细胞核里的遗传物质——脱氧核糖核酸（DNA）可以通过"二传手"核糖核酸（RNA）指导蛋白质的合成，再由蛋白质引发各种生命活动，这被称为生命的"中心法则"。而中心法则的逆向信息流的发现，则意味着当新环境的变化导致机体内环境稳态的改变时，这种影响可以从RNA→DNA的反转录，最终使遗传基因的表达发生改变。这不仅补充了中心法则的遗传信息流向，而且从基因水平揭示了遗传与环境的相互关系。毫无疑问，这些诺贝尔奖级的科学成果为早期教育提供了科学依据。

研究发现，某些先天的基因会造成人具有一些不良行为的倾向，如内向、成瘾、暴力等。如美国威斯康星大学临床心理学家Terrie Moffitt和Avshalom Caspi研究梯队对产生单胺氧化酶A（MAOA）的基因变异和反社会行为的关系进行了研究，具有低活性MAOA基因类型的男性具有暴力倾向或更多的反社会行为。如果他们在幼年期受过严重的虐待（包括在成长过程中父母喜怒无常、强迫性教养和惩罚性教养等），这种暴力倾向就更明显。承认并重视这种差异，就会对这些因遗传而具有某种不利倾向的儿童，进行早期关键性的帮助和保护，有利于提高国民的生活质量，保持社会的和谐、稳定与发展。

教育经济学家研究发现，没有一种投资比投资儿童的大脑潜能开发有更大的社会效益和经济效益。因为实施一年的早期教育计划，可使儿童将来的工资收入提高2.53倍，学前时期向儿童教育的投资可使社会获得翻四番的回报。

当代儿童发展与早期教育研究对诸如此类的科学成果急需加以整合，特别需要从多科学中汲取有益的营养，以形成自己新的生长点；从跨学科的角度进行整合研究，深入探求早期教育的科学规律。

因此，有必要组织各学科的专家对儿童发展与早期教育进行方法学的深入探讨，以便在实践中创立一系列新的方法，特别是整合的研究方法。这些新方法很可能蕴藏着本质上崭新的原理，而新的原理将孕育着新的思想和新的应用技术。

[三] 高屋建瓴地解决错综复杂的教育问题

美国教育心理学家布鲁纳曾在回顾自己的亲身经历时说："不顾教育过程的政治、经济和社会文化来论述教育理论的心理学家和教育家，是自甘浅薄的，势必在社会上和教室里受到蔑视。"这说明教育受人的价值观的支配和影响，而价值观的变化反映了社会文化的变化，同时也影响着社会文化的变化。社会文化不仅决定了个体幼儿的发展方向，也决定了幼儿机构的发展方向。因此，世界上不存在一种最好的能适应不同社会文化背景中所有儿童的教育方案，而各种不同教育方案才能很好地适合不同社会文化背景中的儿童。脱离社会文化及其变化去探讨教育是没有意义的。

当前，国外各种著名课程模式，如蒙台梭利教育法、加德纳多元智能教育方案等，虽然在国内如火如荼，然而，它们也有其时空局限性，我们应理智面对，吸取精华，使其在我国社会文化背景下进行本土化实践。

教育改革中的"钟摆理论"也启示我们：教育改革的钟摆必须跟随本国社会文化变革的基本趋向而摆动，而不是追随其他国家的社会文化和教育的变革而摆动。

我国正处在社会变革与转型的快速发展期，面临着中华民族的伟大复兴。笔者认为，转型时期的中国有两大特点：第一，在经济发展的基础上，政府和社会更加关注民生，关注老百姓的生活幸福，要"让老百姓生活得更有尊严、更加幸福"，已成为新时期党和政府的重要任务。即由"一心一意谋发展"，关注GDP的经济指数的增长，转变为"一心一意谋幸福"，关注老百姓的幸福指数的提高。因为科学发展是解决如何发展的问题，获得幸福,这是为谁发展的问题。科学发展是过程,获得幸福是目的;第二,我国将由一个人才大国变成人才强国。我们不仅要培养大批合格的劳动者,而且需要培养大批创新拔尖人才。2009年,为应对国际金融危机,英国首相布朗作了一次科技报告。他一开始就讲,英国这样一个不大的国家,仅剑桥大学就培养出80多位诺贝尔奖获得者,这是值得自豪的。他认为应对这场危机最终起决定作用的是科技,是人才和人的智慧。要实现中华民族的伟大复兴,也必须依靠人才,特别是一大批大师级的拔尖人才。作为人才强国战略的基础工程,早期教育的发展必须顺应这些社会需求,才能跟上我国新时期社会文化变革的趋势。因此,强调把幸福还给孩子、让孩子拥有最佳人生开端,培养儿童的创新精神和创造智慧,即"幸福+创造",才是顺应我国政治、经济、文化、社会发展所需要的教育理念和教育举措。

总之,只有建立在国内政治、经济、文化等基础上,我们才能成功地解决各种错综复杂的教育问题,促进我国早期教育事业的健康发展,并进一步形成与世界先进早期教育对话的本土化的早期教育理论和实践模式。

思考与练习

1. 近年来,我国政府在早期教育公共服务体系的建立和完善方面有哪些重要的举措?

2. 如何理解早期教育中政府、非政府组织、企业三方合作的新格局?

3. 多学科跨学科研究对早期教育的发展有哪些影响?

第五节
早教实践的项目与案例

> 纵观全球性的科技与教育改革动向，特别是在两个领域，世界各国为可持续发展而进行着激烈地人才竞争：一是高新技术领域，一是婴幼儿的潜能开发与教育。前者是人类认识自然、促进社会发展的尖端科学，后者是人类认识自身、开发潜能的前沿科学。

一、美国"开端计划"

"开端计划"（Head Start Project）发端于1965年，是美国联邦政府迄今为止规模最大的早期儿童发展项目，至2005年，开端计划已经在40年间共为2300多万名儿童提供了包括早期教育、婴幼儿保健在内的各种综合性服务，被誉为美国早期教育的"国家实验室"，对美国早期教育产生了十分重要的影响。目前，美国正在对开端计划进行改革、完善，为美国本土早期教育发展提供更多新的动力。

开端计划兴起于美国的民权时代，是"反贫困之战"的产物。20世纪60年代，美国有1/5的家庭处于贫困状态中，他们在教育、工作、卫生、保健等社会服务方面都受到了不公平的待遇。在这种社会背景下，由经济机会办公室负责人萨金特·施赖弗主持，联邦政府提出了一种教育补偿计划——"开端计划"，即通过关注儿童的早期发展，扩大弱势群体受教育的机会，消除贫困的恶性循环。1965年，开端计划作为一个为期6周的暑期计划开始实施，第一年就受到了热烈欢迎，参加开端计划的儿童数量达到50多万。1969年，开端计划的管理工作从经济机会办公室转交给当时的美国卫生、教育和福利部，同时把非贫困儿童也纳入其服务范围。

20世纪70年代初至90年代末是开端计划稳步发展的阶段。在这一阶段，开端计划不断发展和完善其服务项目，使从中获得实惠的儿童数量逐年递增。1980年参加开端计划的儿童为376 300名，到1999年达到826 016名。在这一发展时期，开端计划主要表现出以下特点：第一，完善立法；第二，拓展服务项目；第三，不断创新。

进入2000年后，开端计划继续保持着稳定发展的状态。2007年的美国政府改革，重新提出把开端计划的入学条件从国家贫困线的100%增加至130%，同时把居无定所的儿童及家庭也纳入其服务范围。布什政府近年来围绕开端计划进行的一系列改革建议都在于最大限度地促进处境不利儿童的入学准备，真正实现"不让一个孩子落伍"。可以这么说，开端计划对促进美国国民素质的提高以及社会稳定发挥了不可估量的作用。

评析：作为世界公认的超级大国，美国不仅经济发达，社会保障、法律制度同样十分健全。"开端计划"的实施是美国政府以立法的形式促进教育机会均等的一次果敢行动，其目的是为了缓解现实社会中存在着的国民社会政治经济地位的不平等现象，解决教育公平性问题。对于今天倡导教育公平的中国而言，这种以立法的形式实施、监督和管理早教项目的做法值得我们借鉴。

二、新西兰"普鲁凯特计划"

在新西兰，以前首相名字命名的"普鲁凯特计划"（Plunket）属于一项国家行动计划，主要研究0～3岁儿童早期教育，现已取得很重要的研究成果。新西兰教育部在《面向二十一世纪的教育》报告指出："教育必须从出生开始。"目前，新西兰已经有82%的3～4岁的儿童加入了早期儿童教育计划。

普鲁凯特计划不仅仅面向贫困儿童，而是面向所有家庭的所有儿童。该方案为家庭提供的服务主要包括：家访咨询、帮助家长理解和支持幼儿的游戏、分享儿童保育和教育的经验、提供初步的社区健康服务、为有特殊需要的儿童和家长提供支持。政府雇佣幼儿保育和教育的专业工作者开展"确保开端"的项目。

至今，超过90%的新生儿父母都在某些方面得到了普鲁凯特优秀的儿童健康服务的帮助。

评析：新西兰是一个教育较发达的国家，教育经费开支占到了政府开支的第三位，特别是早期教育发展尤为迅速。早在1972年，新西兰开始了婴儿成长跟踪。1993年普鲁凯特计划启动。到了2002年新西兰又制定了一项从2002年至2012年的早期教育十年战略计划。由此可见，一个国家早期儿童事业的发展，离不开政府的主导。早期教育不仅仅是家庭的行为、早教机构的行为，更应该成为一个国家的行为。

三、中国"六婴跟踪－百婴跟踪－2049计划"

改革开放使中国的经济发展取得了举世瞩目的成绩。然而与美国、新西兰等西方国家相比，中国早教项目的火种在上世纪90年代中期才被点燃。1994年底，在首都北京，由市妇联与几位早期教育专家共同发起的"人生第一年——北京六婴成长跟踪指导行动"正式启动，六婴跟踪指导行动在京随机抽取6位刚出生的"元旦儿"，由专家指导抚育过程，进行潜能开发跟踪指导。当6位宝宝到1岁的时候，按照全国标准化测试工具的测试，孩子的平均智能发育商达到了142，而普通1岁孩子当时的平均智商为90到109。借于六婴跟踪项目所取得的显著成效，1996年，国家人口计生委等五个部门联合授予"北京六婴跟踪"国家级一等奖。

与此同时，"六婴跟踪"也使得国内迅速掀起了一阵早教热潮。1996年，广州市政府特邀国内早教领域著名专家成立"百婴潜能开发项目"专家指导小组，对广州100名新生儿进行了跟踪指导和研究，并对行业从业者和家长进行了培训。1年后，当百名婴儿周岁时，他们的智能发育商平均达到116。而3年后，达到128。"广州百婴"的再次成功，让中国很多政府部门和广大家长看到了婴幼儿早期教育的重要性。

从20世纪八九十年代起，随着在世界范围内对早期教育研究的深入，特别是脑科学的兴起，世界各国开始重视儿童的早期教育。许多国家都把婴幼儿潜能开发与教育作为人才强国战略的奠基工程，为婴早期教育赋予了承担民族与国家未来的使命。因为儿童是成长着的民族、成长着的国家。丧失教育使命的社会是没有未来的！

进入1998年，当全国上下都在策划为庆祝祖国五十华诞献礼的时候，一批中国儿童早期教育的有志之士们已将目光投向了共和国百岁华诞——2049年，投向了婴幼儿潜能开发与教育这一崭新领域。他们以一颗与时代脉搏一起跳动的敏感的心和神圣的使命感、强烈的责任感和紧迫感，潜心策划了一个以开发婴儿身心潜能、提高人口素质为宗旨的行动计划——"中国2049计划"，即百万婴儿潜能开发跟踪指导计划。1998年8月12日，中国家庭教育学会、中国人口学会生殖保健分会、中国妇婴保健中心、中国儿童卫生保健疾病防治指导中心和北京幸福泉儿童发展研究中心五家单位联合签署了"联合倡议书"，决定联合主办"中国2049计划"——0～3岁婴幼儿潜能开发跟踪指导计划。该计划旨在为共和国百岁华诞的2049年培育百万英才，即从1998年起，在全国范围内，以滚动方式跟踪指导100万0～3岁婴幼儿及他们的父母，将儿童营养、保健、心理、教育等多学科的知识与技能综合起来，和谐地开发婴幼儿的身心潜能，把中国人的受教育年龄提前到零岁，为共和国的百岁华诞培养百万英才奠定坚实的基础。

评析：纵观全球性的科技与教育改革动向，特别是在两个领域，世界各国为可持续发展而进行着激烈的人才竞争：一是高新技术领域，一是婴幼儿的潜能开发与教育。前者是人类认识自然、促进社会发展的尖端科学，后者是人类认识自身、开发潜能的前沿科学。就前者而言，我国目前只有少数领域处于领先地位，但在0～3岁婴幼儿的潜能开发与教育领域，全世界刚出生的婴儿都处在同一条起跑线上。在这一领域，我国反而有很大的优势。这不仅在于我国有一整套从计划生育、儿童保健到家庭教育等强有力的政府与群众团体的工作网络，而且具有民族兴旺、望子成龙的民族传统心理，特别是中华民族有几千年的文明史，有大量优秀的民族文化与教育的资源，这比一些发达国家有着更大的优势。我们希望未来能看到中国更多的"2049计划",看到中国更多的政府部门、民间团体和企业机构能携起手来,将婴幼儿的潜能开发与早期教育作为科教兴国、迎接新世纪知识经济竞争的一项战略任务。这是社会的需求,时代的召唤,也是历史赋予我们的光荣使命。

> **思考与练习**
>
> 美国"开端计划"产生的原因是什么?有何重要意义?

第六节
有关早教的法律与法规

儿童幸福需要最高一级的政治行动,我们决心采取这样的行动,……对儿童的权利,对他们的生存及对他们的保护和发展给予高度优先。

一、《联合国儿童权利公约》

[一] 背景及意义

1989年11月20日,联合国通过了《联合国儿童权利公约》,并将每年的11月20日定为"世界儿童日"。1989年第四十四届联大上我国成为通过该公约草案的共同提案国之一。迄今为止,已有包括我国在内的190多个国家签署并被批准成为履行国际《儿童权利公约》的成员国。

[二] 内容简介

《儿童权利公约》共54条,实质性条款41条,其中被提到的儿童权利多达几十种,如姓名权、国籍权、受教育权、健康权、医疗保健权、受父母照料权、娱乐权、闲暇权、隐私权、表达权等。但其最基本的权利可以概括为四种,即:

- 生存权——每个儿童都有其固有的生命权和健康权。家庭和社会应该给他们创造良好的生存环境、生存条件。
- 发展权——充分发展其全部体能和智能的权利。儿童享有受教育、发展自身才能的权利。社会要给他们良好的发展空间和发展机会。

- 受保护权——儿童有受保护的权利,当他们遇到灾难、危险、困难、不公正等情况时应该受到保护。诱拐、买卖、遗弃、虐待等都是侵犯儿童的保护权。儿童有不受危害自身发展的、被保护的权利。
- 参与权——儿童有参与社会、参与家庭的权利,有权发表自己的意见,对影响自己利益的事有发表自己意见的机会,有权参与各种家庭及社会活动。人们在考虑孩子年龄适应度的前提下,应尊重孩子参与权。

儿童是权利主体。儿童一出生,就享有《儿童权利公约》所赋予的各项权利。社会中的所有成年人,都必须尊重儿童,并负有保护儿童权利的责任。

二、《中华人民共和国教育法》

[一] 背景及意义

该法于1995年3月18日经第八届全国人民代表大会第三次会议通过,并经中华人民共和国主席令第45号公布,自1995年9月1日起施行。这是新中国成立以来我国制定的第一部教育基本法,这是我国教育史上具有里程碑意义的大事。它的颁行,标志着我国开始进入全面依法治教的新时期。

[二] 内容简介

《中华人民共和国教育法》全文共十章84条,涉及面广,内容丰富,对教育事业各方面进行了总体规范,具有全面性、导向性、原则性等。基本原则为:

- 对受教育者进行政治思想道德教育的原则
- 继承和吸收优秀文化成果的原则
- 教育公益性原则
- 教育与宗教相分离原则
- 受教育机会平等原则
- 帮助特殊区和保护弱势群体的原则
- 建立和完善终身教育体系原则
- 鼓励教育科学研究原则

・推广普通话原则

・奖励突出贡献原则

《中华人民共和国教育法》是教育的根本大法，它所规定的内容是我们全面依法治教的基本法律依据，是我国依法治教之本，是教育法律法规体系中的"母法"，具有最高的法律权威。

三、《中华人民共和国民办教育促进法》

[一] 背景及意义

为实施科教兴国战略，促进民办教育事业的健康发展，维护民办学校和受教育者的合法权益，2002年12月28日中华人民共和国第九届全国人民代表大会常务委员会第三十一次会议通过了《中华人民共和国民办教育促进法》，并自2003年9月1日起施行。《中华人民共和国民办教育促进法》是我国改革开放30年来民办教育实践的高度概括和总结，它把民办教育成功的经验和做法，总结成国家的法律，这对进一步规范指导民办教育实践与办学行为，具有极强的针对性和重大的意义。

[二] 内容简介

《中华人民共和国民办教育促进法》共分八章54条，对民办学校办学的优惠政策规定得更具体、更明确，有利于民办学校的发展。主要内容包括：学校的设立、学校的组织与活动、教师与受教育者、学校资产与财务管理、管理与监督、扶持与奖励、变更与终止、法律责任等，从各个方面给民办教育指明了方向。

例如，《促进法》第十一条明确规定："举办实施学历教育、早期教育、自学考试助学及其他文化教育的民办学校，由县级以上人民政府教育行政部门按照国家规定的权限审批；举办实施以职业技能为主的职业资格培训、职业技能培训的民办学校，由县级以上人民政府劳动和社会保障行政部门按照国家规定的权限审批，并抄送同级教育行政部门备案。"

四、《中华人民共和国未成年人保护法》

[一] 背景及意义

十届全国人大常委会第二十五次会议于2006年12月29日审议通过了修订后的《中华人民共和国未成年人保护法》。新修订的《未成年人保护法》自2007年6月1日起施行。这次修订从我国现阶段的国情出发，针对未成年人保护方面存在的突出问题，进一步明确了未成年人的权利、保护未成年人的原则和政府执法主体的地位，充实了家庭、学校、社会和司法四大保护的内容，强化了法律责任。该法的修订充分体现了党的十六届六中全会精神，体现了党和国家对未成年人的关心和爱护。

[二] 内容简介

《中华人民共和国未成年人保护法》共七章72条，其中，明确规定了未成年人享有的合法权利有：生命健康权、人身自由权、姓名权、肖像权、名誉权、荣誉权、财产所有权、财产继承权、著作权、专利权、批评、建议、申诉、控告、检举权、取得国家赔偿权、宗教信仰自由权、民族风俗习惯权、通信自由和通信秘密权、受教育权。

五、《中华人民共和国母婴保护法》

[一] 背景及意义

《中华人民共和国母婴保健法》1994年10月27日第八届全国人大常委会第十次会议通过，由中华人民共和国主席令第33号公布，自1995年6月1日起施行。《中华人民共和国母婴保健法》是建国以来妇幼卫生工作实践经验的科学总结。这是我国第一部保护妇女儿童健康、提高出生人口素质的法律，标志着我国妇幼卫生工作进入法制管理的新阶段。

[二] 内容简介

《母婴保健法》共七章38条，其中第五条以及第六条明确提出："国家鼓励、支持母婴保健领域的教育和科学研究，推广先进、实用的母婴保健技术，普及母婴保健科学知识"，"对在母婴保健工作中做出显著成绩和在母婴保健科学研究中取得显著成果的组织和个人，应当给予奖励"。同时明确了医疗保健机构为孕产期保健服务包括下列内容：

- 母婴保健指导：对孕育健康后代以及严重遗传性疾病和碘缺乏病等地方病的发病原因、治疗和预防方法提供医学意见；
- 孕妇、产妇保健：为孕妇、产妇提供卫生、营养、心理等方面的咨询和指导以及产前定期检查等医疗保健服务；
- 胎儿保健：为胎儿生长发育进行监护，提供咨询和医学指导；
- 新生儿保健：为新生儿生长发育、哺乳和护理提供医疗保健服务。

六、《中华人民共和国教师法》

[一] 背景及意义

《中华人民共和国教师法》由中华人民共和国第八届全国人民代表大会常务委员会第四次会议于1993年10月31日通过，自1994年1月1日起施行。这部法律的基本精神就是用法律来维护教师的合法权益，保障教师待遇和社会地位的不断提高，加强教师队伍的规范化管理，确保教师队伍整体素质不断优化和提高。

[二] 内容简介

《中华人民共和国教师法》共九章43条，分别从权利和义务、资格和任用、培养和培训、考核、待遇等方面做了明确的规定，其中规定教师的权利有：

- 教育教学权
- 科学研究权
- 指导评价权
- 获取报酬权
- 民主管理权
- 进修培训权

教师的义务有：
- 遵守宪法、法律和职业道德的义务
- 完成教育教学工作的义务
- 进行思想品德教育的义务
- 关心爱护学生，促进学生的全面发展的义务
- 保护学生合法权益，促进学生健康成长的义务
- 不断提高思想觉悟和教育教学水平的义务

七、《幼儿园教育指导纲要（试行）》

[一] 背景及意义

为进一步贯彻第三次全国教育工作会议和全国基础教育工作会议精神，落实《国务院关于基础教育改革与发展的决定》，推进幼儿园实施素质教育，全面提高幼儿园教育质量，从2001年9月起试行。

《幼儿园教育指导纲要（试行）》颁布标志着我国幼儿园教育改革又进入一个新阶段。《幼儿园教育指导纲要》共四部分，分为幼儿园教育的重要性、教育内容与要求、组织与实施、教育评价等四方面，对于幼儿园教育事业进行指导。

[二] 内容简介

《幼儿园教育指导纲要（试行）》共分四个部分，分别从健康、语言、社会、科学、艺术等五个领域，促进幼儿情感、态度、能力、知识、技能等方面的发展。并明确指出："幼儿园教育要与0～3岁儿童的保育教育以及小学教育相互衔接"。同时规定，对幼儿发展状况的评估，要注意以下几点：

- 明确评价的目的是了解幼儿的发展需要，以便提供更加适宜的帮助和指导。
- 全面了解幼儿的发展状况，防止片面性，尤其要避免只重知识和技能，忽视情感、社会性和实际能力的倾向。
- 在日常活动与教育教学过程中采用自然的方法进行。平时观察所获得

具有典型意义的幼儿行为表现和所积累的各种作品等，是评价的重要依据。
- 承认和关注幼儿的个体差异，避免用单一的标准评价不同的幼儿，在幼儿面前慎用横向的比较。
- 以发展的眼光看待幼儿，既要了解现有水平，更要关注其发展的速度、特点和倾向等。

八、《中国国家中长期教育改革和发展规划纲要（2010—2020年）》

[一] 背景及意义

2010年7月29日公布的《国家中长期教育改革和发展规划纲要（2010—2020年）》公开征求意见稿中，教育部首次提出了"积极发展早期教育……建立政府主导、社会参与、公办民办并举的办园体制。积极发展公办早教机构，大力扶持民办幼儿园……"等内容。

[二] 内容简介

《国家中长期教育改革和发展规划纲要（2010—2020年）》共二十二章70条，分别从学前教育、义务教育、高中阶段教育、职业教育、高等教育、继续教育、民族教育，以及教育体制改革、保障措施方面对国家教育的方方面面都做出了明确的规定。其中对学前教育做了如下规定：

- 基本普及学前教育。学前教育对幼儿身心健康、习惯养成、智力发展具有重要意义。遵循幼儿身心发展规律，坚持科学保教方法，保障幼儿快乐健康成长。积极发展学前教育，到2020年，普及学前一年教育，基本普及学前两年教育，有条件的地区普及学前三年教育。重视0~3岁婴幼儿教育。
- 明确政府职责。把发展学前教育纳入城镇、社会主义新农村建设规划。建立政府主导、社会参与、公办民办并举的办园体制。大力发展公办幼儿园，积极扶持民办幼儿园。加大政府投入……加强学前教育管理，规范办园行为。制定学前教育办园标准，建立幼儿园准入制度。完善幼儿园收费管理办法。严格执行幼儿教师资格标准，切实加强幼儿教师培养培训，提高幼儿教师队伍整体素质，依法落实幼儿教师地位和待遇。……充分调动各方面力量发展学前教育。
- 重点发展农村学前教育，努力提高农村学前教育普及程度，着力保证留守儿童入园。

教育部明确把0～3岁婴幼儿教育归结至学前教育部分中，并特别指出"重视"二字，这个意义是非常重大的。这意味着婴幼儿早期教育的重要性和必要性有了权威的理论依据。

九、《北京市学前教育条例》

[一] 背景及意义

《北京市学前教育条例》是北京市第十一届人民代表大会常务委员会第二十七次会议于2001年6月22日全票通过的，2001年9月1日正式生效。《条例》一个很重要的内容是将接受学前教育儿童的年龄由3～6岁向下延伸到零岁，体现了北京市对儿童早期教育的重视。因为0～3岁的教育是人生很重要的一个阶段，人的许多素质都是在这个阶段形成的。

[二] 内容简介

《北京市学前教育条例》共六章30条，明确地把0～3岁儿童纳入学前教育范畴。北京市在迅速发展的新形势下，吸取国内外学前教育的成熟理论和经验，《条例》突破了传统的幼教体制，带来了新的亮点：

- 走出幼儿园，办起大教育。《条例》引入了大教育观念，把家庭、社会、幼儿园三方面的教育都纳入其中。规定"父母或者其他监护人对学龄前儿童的教育负有首要责任"，倡导从事家庭看护学龄前儿童的从业人员（即家政服务员）"在所在社区及相关专业机构接受有关保育与教育的知识及方法的培训"。
- 游戏为内容，防止小学化。《条例》规定，"学前教育应当遵循学龄前儿童的年龄特点和身心发展规律，实行保育与教育相结合，以游戏为基本活动形式，寓教育于生活及各项活动之中。"
- 纳入政府计划，明确各级责任。《条例》明确规定："各级人民政府应当加强对学前教育的领导，将学前教育纳入本地区国民经济和社会发展计划。"
- 依托社会力量办幼教。《条例》明确了北京发展学前教育的方针是"以社会力量办学为主体"，并制定了相关的扶植政策。

《北京市学前教育条例》的出台不仅完善了北京市教育立法，保障学前教育健康发展，而且对促进首都人口素质的提高，促进北京市率先实现首都教育现代化，都将产生积极深远的影响。

思考与练习

1. 《联合国儿童权利公约》的主要内容是什么？意义何在？

2. 《幼儿园教育指导纲要》的主要内容及意义是什么？

3. 简述《国家中长期教育改革和发展规划纲要（2010—2020年》中有关早期教育的内容。

4. 《北京市学前教育条例》的意义及主要内容是什么？

问题与讨论

1. 简述我国古代早期教育思想的主要内容。

2. 早期教育的主要理论与流派有哪些？各流派的核心观点是什么？

3. 目前我国早期教育存在的问题有哪些？如何解决这些问题？

4. 简述《幼儿园教育指导纲要》的主要内容以及《国家中长期教育改革与发展规划纲要（2010—2020年）》中有关早期教育的内容。

第三章

0~6岁儿童发展与早期教育

内容提要

· 婴幼儿的生理发展

· 婴幼儿的心理发展

· 婴幼儿早期教育的概念和作用

· 婴幼儿早期教育的原则

· 婴幼儿早期教育的特点——依据心理发展又促进心理发展

重点问题

❶ 婴幼儿生理发展的特点是什么?

❷ 婴幼儿心理发展的特点是什么?

❸ 婴幼儿早期教育的概念和作用是什么?

❹ 婴幼儿早期教育的原则是什么?

❺ 婴幼儿早期教育的特点是什么?

第一节 婴幼儿的发展

婴幼儿的发展不仅是指婴幼儿的身体生长发育，应该包含婴幼儿生理发育（身体生长发育）和心理发育两部分，这两部分发育对于婴幼儿的发展同等重要，都要重视。

一、生理发展特点

[一] 体重增长规律

体重是衡量婴幼儿体格发育和营养状况最重要的指标。目前，我国正常新生儿的平均出生体重为3.20～3.30千克。大多数新生儿出生后会出现生理性体重下降，3～4天时达最低点，7～10天左右可以恢复到出生时的体重，体重下降最多的可达200～300克。生理性体重下降的原因多半因为新生婴儿不能立即适应母体外的环境，表现为多睡少吃，吸乳不足，而肺和皮肤又蒸发大量水分，大小便的排泄也相当多，从而导致体重减轻。如果体重下降太多或10天以上尚不能恢复到出生时的体重，就应查找原因，分析是否由于母乳不足、喂养不合理或患病等因素所致，以便及早采取措施。

婴儿满月时一般增重0.5～1.5千克，平均0.9千克左右，生后第2和第3个月平均增重约1.25和0.9千克，4～6个月平均每月增0.45～0.75千克，7～12个月平均每月增0.22～0.37千克，全年共增重约6.5千克。由此可见，生后头3个月增长速度最快，以后随月龄增长而逐渐减慢。一般生后3个月的体重约为出生体重的2倍，1周岁体重约为出生体重的3倍。

1岁后体重的增长速度进一步减慢,并且能独立行走,活动量增加。因此,从外表看,1岁后的小儿不如从前那么胖了。这是正常现象,不能以此认为孩子营养不充分或者有病。一般1～2岁内全年体重增长约2.0～2.5千克,2～3岁全年增长约2.0千克,因此2岁小儿的体重应为10～12千克,3岁小儿的体重应为12～14千克。

对婴幼儿来说,定期测量体重十分重要。体重不按常规增加或者下降,除患病以外,大都是由于护理不当或营养供给不足,必须及时纠正。测量次数:6个月以内的婴儿最好每月一次,6～12月每2月一次,1～2岁每3个月一次,3～6岁每半年一次,6岁以上每年一次。每次测得的数字,要记录下来并与正常小儿的标准作比较。

在儿童保健中,常用生长曲线图来系统监测小儿体格发育情况。生长曲线图既显示了正常小儿的生长规律,又标明了正常的变动范围,并且使用简便,不同文化水平的人都可以学会使用。家长通过曲线图对自己小儿的生长情况能有所了解,有利于早期发现问题,及时纠正。图1、图2是体重曲线图,在第3百分位至第97百分位之间属正常范围。具体使用方法是:在测量月龄的位置上找到相应体重所在的位置并画点,凡落在第25～75百分位范围内

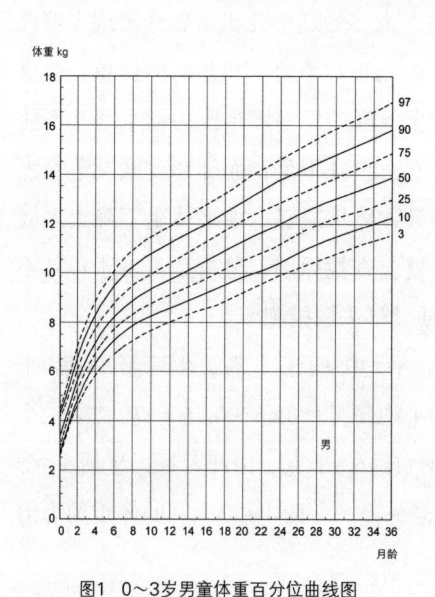

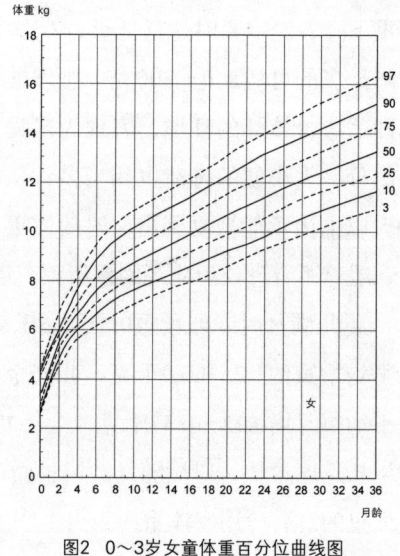

图1 0～3岁男童体重百分位曲线图

图2 0～3岁女童体重百分位曲线图

属中等，在第75～97百分位之间为中上等，在第97百分位以上者为上等；在第3～25百分位之间为中下等，在第3百分位以下为下等。如果婴儿的体重超过第97百分位或低于3百分位，或几次测量描记的点连接起来的曲线变平或下降，都应找医生检查，以便及时发现问题并给予纠正。

[二] 婴幼儿身高增长规律

身高是指从头顶到足底的垂直距离，它可反映全身的生长水平和速度。由于3岁以下小儿站立时测量难以准确，所以采取仰卧位测量，测得结果为身长。

婴儿出生时身长约50厘米。在生后前半年增长最快，前3个月每月平均增长3.5厘米，3～6个月每月平均增长2.0厘米，6～12个月每月平均增长1.5～1.0厘米。一般到1岁时共增长25厘米。身长的增长规律与体重一样，1岁后逐渐减慢，1～2岁内全年身长约增长10～12厘米，以后每年递增5～8厘米不等。与出生时身长相比，1岁时约为出生时的1.5倍，4岁时约为2倍。

由于身长受种族、遗传和性别的影响较为明显，个体间的差异较大，父母千万不要因为测量结果比正常标准的平均数稍低而焦虑不安。要将孩子的身高与同种族、同社会文化背景、同性别、父母平均身高相同的儿童做比

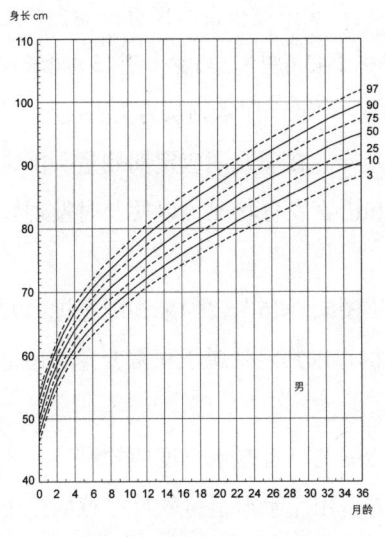

图3 0～3岁男童身高百分位曲线图 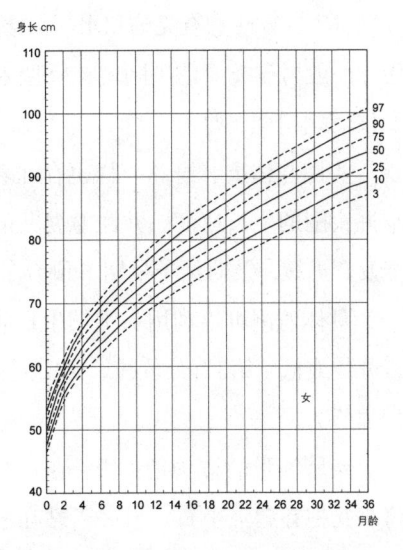　　　图4 0～3岁女童身高百分位曲线图

较，才有参考的意义和价值。用百分位数表示孩子的身高水平时，将第3～97百分位的范围列为正常（图3、图4）。当身高低于第3百分位时被视为矮小，在第97百分位以上则是过高。这时就需要找医生帮忙来判断孩子的生长是属于正常变异，还是真的出了问题。

此外，由于生长是一个连续的动态过程，因此定期对身高进行测量来了解增长的速度有时比绝对身高更为重要，更容易发现问题。如果每年的增长速度低于正常应有增长值的70%，或生长曲线逐渐偏离原有的走势而逐渐变平，都需要找医生查查原因。

[三] 婴幼儿头围增长规律

头颅的大小是以头围来衡量的，头围的增长与脑的发育有关。年龄愈小，头围增长速度愈快。正常新生儿出生时头围约34厘米左右，第1个月增长最快，平均增长2.8厘米；第2个月增长1.9厘米；第3个月增长1.4厘米，以后逐渐减慢，4～6个月共增长3.0厘米，7～9个月共增长2.0厘米，10～12个月共增长1.5厘米。生后第1年全年约增长13厘米，第2年约增长2厘米，第3年约增长1厘米，可见婴儿期是脑发育最快的一年。

婴幼儿期定期测量头围，可以及时发现头围过大或过小的异常现象。如果头围过大，要注意有无脑积水、佝偻病等疾病；头围过小常常伴有智能发育迟缓。一般男孩头围1岁时小于43.6厘米，2岁小于45.6厘米、3岁小于46.8厘米；女孩1岁小于42.6厘米、2岁小于44.6厘米、3岁小于45.6厘米则认为头围过小。

头围与体重、身高一样也存在着个体差异。在婴儿期应定期测量头围，掌握头围的生长速度，并注意婴儿的动作和语言发育状况，以便及时发现智能发育迟缓，及时给予早期干预治疗。

具体监测可以利用头围的生长曲线图（图5、图6），如果头围超过第97百分位或低于第3百分位线，则需要请医生检查以判定是属于正常变异，还是病理情况。

头围测量的方法是：用一条不易热胀冷缩的、有毫米刻度的软尺，一人将小儿抱在腿上坐直，另一人站在小儿右方，用左手拇指将软尺零点固定于

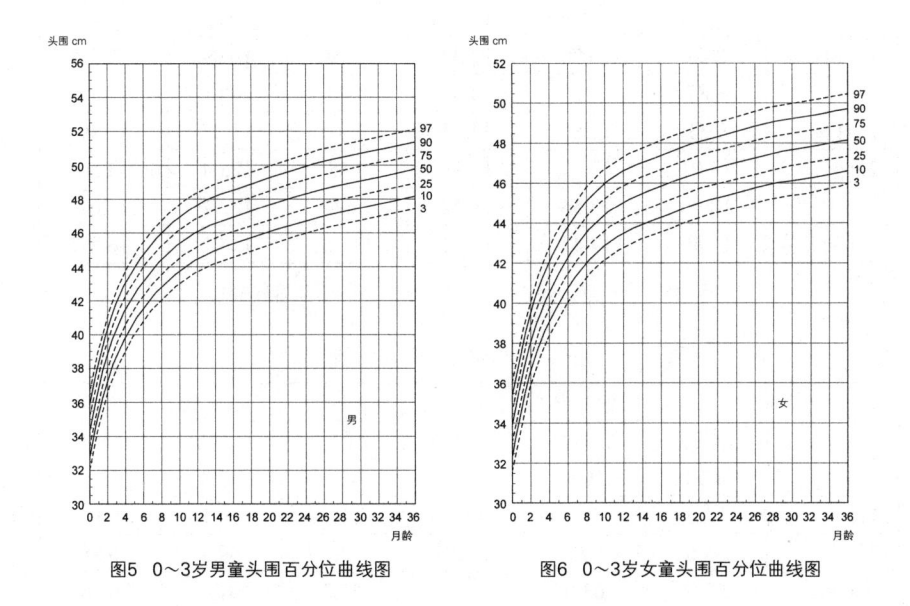

图5　0~3岁男童头围百分位曲线图　　　　图6　0~3岁女童头围百分位曲线图

头部右侧齐眉弓上缘处，软尺从头部右侧经过枕骨粗隆最高处沿眉弓上缘而回至零点，读数。注意软尺应紧贴皮肤，左右对称，有发辫者将发辫松开，并将长发在软尺经过处上下分开。

表1　0~3岁正常儿童体重参考标准（kg）

	男　童			女　童		
	下限值	平均值	上限值	下限值	平均值	上限值
初生	2.54	3.30	4.06	2.48	3.20	3.92
1月~	3.84	5.10	6.36	3.67	4.81	5.95
2月~	4.72	6.16	7.60	4.44	5.74	7.04
3月~	5.40	6.98	8.56	5.02	6.42	7.82
4月~	5.94	7.56	9.18	5.51	7.01	8.51
5月~	6.26	8.02	9.78	5.99	7.53	9.07
6月~	6.66	8.48	10.30	6.16	7.84	9.52
7月~	6.92	8.82	10.72	6.37	8.21	10.05
8月~	7.16	9.10	11.04	6.72	8.56	10.40
9月~	7.23	9.29	11.35	6.71	8.75	10.79
10月~	7.50	9.54	11.58	7.02	8.96	10.90
11月~	7.68	9.78	11.88	7.21	9.21	11.21
12月~	8.08	10.16	12.24	7.42	9.52	11.62

15月～	8.48	10.70	12.92	7.99	10.09	12.19
18月～	8.87	11.25	13.63	8.43	10.65	12.87
21月～	9.31	11.83	14.35	9.01	11.25	13.49
2.0岁～	10.01	12.57	15.13	9.58	12.04	14.50
2.5岁～	10.90	13.56	16.22	10.31	12.97	15.63
3.0～3.5岁	11.40	14.42	17.44	11.15	14.01	16.87

注：表1～3中的数字来源于1995年九市城区儿童体格发育调查

表2 0～3岁正常儿童身高参考标准（cm）

	男童			女童		
	下限值	平均值	上限值	下限值	平均值	上限值
初生	47.0	50.4	53.8	46.6	49.8	53.0
1月～	52.3	56.9	61.5	51.7	56.1	60.5
2月～	55.6	60.4	65.2	54.6	59.2	63.8
3月～	58.4	63.0	67.6	57.2	61.6	66.0
4月～	60.7	65.1	69.5	59.4	63.8	68.2
5月～	62.4	67.0	71.6	60.9	65.5	70.1
6月～	64.0	68.6	73.2	62.4	67.0	71.6
7月～	65.5	70.1	74.7	63.6	68.4	73.2
8月～	66.5	71.5	76.5	65.4	70.0	74.6
9月～	67.9	72.7	77.5	66.5	71.3	76.1
10月～	68.9	73.9	78.9	67.7	72.5	77.3
11月～	70.1	75.3	80.5	68.8	74.0	79.2
12月～	71.9	77.3	82.7	70.3	75.9	81.5
15月～	74.7	80.3	85.9	73.3	78.9	84.5
18月～	76.5	82.7	88.9	75.8	81.6	87.4
21月～	79.2	85.6	92.0	78.5	84.5	90.5
2.0岁～	82.3	89.1	95.9	81.3	88.1	94.9
2.5岁～	86.3	93.3	100.3	84.8	92.0	99.2
3.0～3.5岁	89.4	96.8	104.2	88.7	95.9	103.1

表3 0～3岁正常儿童头围参考标准（cm）

	男童			女童		
	下限值	平均值	上限值	下限值	平均值	上限值
初生	31.9	34.3	36.7	31.5	33.9	36.3
1月～	35.5	38.1	40.7	35.0	37.4	39.8

2月~	37.1	39.7	42.3	36.5	38.9	41.3
3月~	38.4	41.0	43.6	37.7	40.1	42.5
4月~	39.7	42.1	44.5	38.8	41.2	43.6
5月~	40.6	43.0	45.4	39.7	42.1	44.5
6月~	41.5	44.1	46.7	40.4	43.0	45.6
8月~	42.5	45.1	47.7	41.5	44.1	46.7
10月~	43.0	45.8	48.6	42.4	44.8	47.2
12月~	43.9	46.5	49.1	43.0	45.4	47.8
15月~	44.5	47.1	49.7	43.6	46.0	48.4
18月~	45.2	47.6	50.0	44.1	46.5	48.9
21月~	45.5	48.1	50.7	44.5	46.9	49.3
2.0岁~	46.0	48.4	50.8	45.0	47.4	49.8
2.5岁~	46.6	49.0	51.4	45.6	48.0	50.4
3.0~3.5岁	47.0	49.4	51.8	46.2	48.4	50.6

[四] 婴幼儿动作发育规律

婴幼儿动作的发展是神经系统发育的一个重要标志。因为人和其他动物不同，很多动物一降生动作发育即已成熟，如小鸡、小羊等初生下即能走能跑。而人初降生动作发育很不成熟，要在1~2年内迅速发展起来。人的动作发展和心理、智能的发展是密切相关的。尤其在婴儿期，由于言语能力有限，心理发展的水平更多的是通过其动作表现反映出来的，也就是说心理的发展离不开动作和活动，只有动作发育成熟了，才能为其他方面的发展打下基础。

婴儿从先天的无条件反射到形成复杂动作技能的发展过程，并不是随随便便、杂乱无章的，而是遵循着一定的原则，有着比较严密的内在规律。它的发育特点是：

1. 动作的发展相对落后于感觉的发展

婴幼儿降生后先有视、听等感觉的发展，在这个基础上促进了婴幼儿活跃的动作反应，在成人的帮助下可以逐渐的促进婴幼儿接近、抓握他（她）们看到的物体，这就对其动作的发展起到了促进作用。

2. 动作的发展

婴幼儿动作的发展是从整体到分化，从不随意到随意，从不准确到准确的。他们最初对外界的动作反应是未分化的整套的活跃反应，即全身性的活动。如1～2个月的婴幼儿，当成人走近他（她）、逗他（她）时，会引起他（她）全身的乱动，手足不停的挥舞，以后随着神经系统和肌肉的成熟，逐渐发展到各种分化的随意动作，即局部精确的动作。如婴幼儿从4～5个月开始学习抓东西，开始手眼不协调、全身用力、手不能抓到物体，渐渐地可以摸到，再发展到手眼可协调地、准确地抓到想要的东西。

3. 动作发展的顺序和主动肌张力发展的顺序相一致

婴幼儿动作发展的顺序是从上到下（即从头到脚）、从中心到外周、从大肌肉到小肌肉。婴幼儿最早协调的动作是头部的动作，如吸吮反射、眼及头追随物体的转动，以后是手的抓握，躯干的动作，如翻身、坐和爬行，最后是腿和脚的动作，即站立和行走。从中心到外周的发展表现为，婴幼儿先出现肩、腰部分的动作，以后才出现肘、腕、膝、踝等部分的动作。例如，婴幼儿看到物体时，开始是移动肩肘，用整个手臂接触物体，以后才会用手腕和手指接触并抓取物体，这就是从大肌肉的动作发展到小肌肉的动作。

从婴幼儿动作发展的进程看，主要是躯体的移动即直立行走和手的动作。

躯体动作发展的顺序首先是抬头，1个月以内的婴幼儿俯卧时头不能抬起，以后俯卧时逐渐地可将头抬起，到3个月小儿俯卧时不仅头可抬起，胸部也可离开床面，用双上肢支起头胸部和床面约呈90度角。3～4个月时开始翻身，先是由仰卧到侧卧，约5个月时可从仰卧翻到俯卧。约6个月时可独坐，7～8个月时开始学爬行。爬行在婴幼儿动作发展中很重要，爬行不仅可促进全身动作的协调发展，锻炼肌力，为直立行走打下基础，而且可较早地正面面对世界，增加空间的搜寻，主动接受和认识事物，促进婴幼儿认识能力的发展。

国外研究还发现，爬行对婴幼儿情感的发展也有益处。过去由于我国的文化背景和抚养方式的影响，家长常不重视婴幼儿爬的动作发展，一方面是不了解爬在运动和智力发展方面的重要意义，另一方面是怕婴幼儿发生危险。随着文化及经济的发展，人们的生活方式也有所变化，婴幼儿学爬行将会受到大家的重视。

10个月的婴幼儿可扶着站，扶着迈步行走。1岁左右开始独立行走，从摇摇晃晃的行走到独立稳定的行走。直立行走在人的发展中占有很重要的位置，这时婴幼儿已能够控制自己的部分动作，能够到处走动，也就有了独立性和主动性。他（她）可以主动地接触各种物体，扩大认识范围，更有利于各种感觉器官和言语器官的发展。婴幼儿能独立行走后，想到哪就到哪，在多方面和事物的接触过程中，对事物的分析综合能力就发展了，这就为早期的思维活动提供了可能性。婴幼儿独立行走还为建立运动与视觉的联系，为空间知觉的形成准备了条件。婴幼儿自从能独立行走后，大运动的发展更加迅速并趋于成熟。如婴幼儿慢慢地会跑，会自己上、下楼梯，双足跳起，单足站立，到3岁左右，活动基本和成人差不多了。

手的动作主要是精细运动的发展，这在婴幼儿智能发育中非常重要。手是认识事物某些特征的重要器官，是使用和创造工具的工具，是人类进化的重要标志。通过手的动作，可使婴幼儿进一步认识事物的各种属性和联系，使婴幼儿知觉的完整性和具体思维能力得到发展。因此，促进手的动作发展是早期教育的一个重要内容。

手的动作发展顺序如下：3个月前婴幼儿的手不能主动张开，但可触摸，一般是被动的；3个月后，婴幼儿的手可有意识的张开，就有了随意的抓握。开始是大把的不准确的抓，以后是准确的、五指分开的、手眼协调的抓握。进一步两只手同时抓握，或相互交换手中的物体，从只能抓大的物体到拇食指相对的精细捏取（图7），从无意识的松手到有意识的放下。以后婴幼儿的

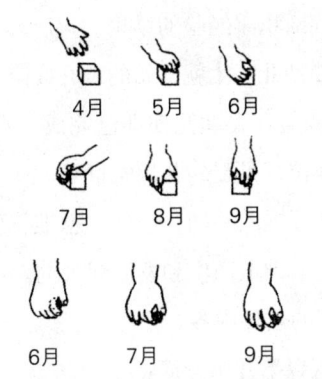

6月：大把抓 7月：拇他指捏取 9月：拇食捏取
图7 幼儿抓握动作的发展顺序

手逐渐灵活，可主动地、随心所欲地摆弄各种物品，主动地学习和创造各种活动，这时就开始体现了手的工具作用。

以上是婴幼儿动作发展的一般规律，虽然婴幼儿动作的发展都遵循着这一共同的规律，但具体到每一个婴幼儿，其发展速度却各不相同。由于动作发展是诱导心理发展的必要前提，对婴幼儿的空间认识、概念形成，自我认识和社会交往均有一定的作用，加上无论是躯体的大运动，还是手的精细运动，在出生后头三年都是迅速发展的时期，所以要抓住这个时机，创造条件，促进婴幼儿动作的正常发育，使婴幼儿更快地获得运动经验，以利于婴幼儿心理的发育。

二、心理特点（基本按月）

[一] 婴幼儿感知觉发育规律

感觉是指对直接作用于感觉器官的事物的个别属性（颜色、声音、气味等）的反应。知觉是在感觉的基础上产生的对作用于我们感觉器官的事物的各个部分和属性的整体的反应。感知是一个基本的心理过程，通过这一过程，人们获得外界环境的知识，所以这是认知过程的重要组成部分。

人通过感知觉从外界刺激中获取关于周围环境的信息，这不是被动接受的过程，而是一个主动、积极、有选择性的过程，感知发展就是指在这一过程中的能力的增长。这种能力的增长是感知系统与外界反复接触、反复练习，并通过自身调节和逐渐积累经验的结果。

感知觉的发育是从婴幼儿降生就开始的，并在降生的头几年内发展迅速，绝大部分的基本感知觉能力在婴幼儿期即已完成。在婴幼儿早期的认识活动中，感知觉占着主导的地位，是婴幼儿探索世界、认识自我过程的第一步，是以后各种心理活动产生和发展的基础，记忆、思维、想象等心理活动都是直接的或间接的在感、知觉的基础上产生和发展起来的。所以促进感知觉的发育是早期教育、促进智能发育的重要内容。

感知觉的发育主要有以下几个方面：

1. 视觉

视觉刺激为人和他们所处环境的联系中提供极端重要的信息。在这方面各个领域的研究都比较多。过去认为婴幼儿在两周左右才能看见东西，现在大量的研究证明，视觉最初发生的时间应当在胎儿中晚期，4～5个月的胎儿即已有了视觉反应能力以及相应的生理基础，当用强光照孕妇腹部时，会发现胎儿闭眼及胎动明显增强。34周的早产儿视觉功能已和足月新生儿相似。而新生儿已具备了一定的视觉能力，获得了基本视觉过程。新生儿已经能看见明暗及颜色，而且视觉已相当敏锐，出生几天的新生儿即能注视或跟踪移动的物体或光点，新生儿行为能力检查已清楚证明了这一点。眼电图显示，新生儿目光追随物体有共轭功能，这说明两眼的肌肉已能协调运动，追随物体。1个月内的新生儿还不能对不同距离的物体调节视焦距，似乎有一个固定的焦点，动力视网膜镜显示最优焦距为19厘米。一般认为2个月以前的婴儿，最佳注视距离是15～25厘米，太远或太近便不能看清楚，2个月以后婴儿开始按物体的不同距离调节视焦距，4个月时已能对近的和远的目标聚集，眼的视焦距调节能力即已和成人差不多。

新生儿对复杂图形的觉察和辨认的视觉能力约为正常成人的1/30，在以后的半年中，这种能力将有很大提高，到6个月时仍比成人差。婴幼儿视觉功能的特点是：看到运动的物体能明确地做出反应，如闪烁的光、活动的球及活动的人脸等。新生儿容易集中注视对比鲜明的轮廓部分，如白背景下的黑边线，他对黑线条附近对比最强烈的地方注视时间更长。婴幼儿容易注视图形复杂的区域、曲线和同心圆式的图案。婴幼儿出生2个月内，颜色视觉有很大发展，2个月时已能对某些不同的波长做出区分。3～4个月时颜色视觉基本功能已接近成人，以后在辨别颜色的准确性方面继续发展。婴幼儿对颜色的反应虽然和成人一样，但却表现出对某些颜色的偏爱，他们偏爱的颜色依次为红、黄、绿、橙、蓝等，这就是我们经常要用红色的玩具来逗引婴幼儿的依据。

2. 听觉

关于听觉系统的研究近年来也进展很快，那种"一切婴儿刚生下来时都是耳聋的"观点早已过时。现在的研究证明，5～6个月的胎儿即开始建立听觉系统，可以听到透过母体的频率为1000赫兹以下的外界声音，生后随着新生儿耳中羊水的清除，声音更易传递和被感知。婴儿出生后头几天听觉敏感度有很大的提高，新生儿听觉阈限高于成人10～20分贝，婴儿在高频区的听力要比成人的好。

婴儿不仅能听到声音，对声音的频率也很敏感，他们可以分辨200～250周波/秒之间的差别，能区别语言和非语言，而且能区别不同的语音，显然这有助于语言的学习。现在的研究还发现，婴儿有很强的音乐感知能力，新生儿喜欢音乐而讨厌噪音，3个月时就已能静静地躺在那儿倾听音乐，2～3个月时婴儿已能初步区别音乐的音高，3～3.5个月时已能区别音色，6～7个月时已能区别简单的音调。而且早期受音乐训练的人，成人后对绝对音高的感知能力更强，所以我们认为有必要尽早对小儿进行音乐训练。

3. 嗅觉、味觉、触觉等

嗅觉是一种较为原始的感觉，在进化早期曾具有重要的保护生存、防御危险的价值。随着文明的发展，作用日渐减弱，仅和日常生活中感知事物的过程有关。在胎儿7～8个月时嗅觉器官即已相当成熟，新生儿生后即已有了嗅觉反应，他们嗅到母乳的香味就会将头转向母乳奶垫，3～4个月时就能稳定地区别不同的气味。起初婴儿对特殊刺激性气味有类似轻微的受到惊吓的反应，以后渐渐地变为有目的地回避，表现为翻身或扭头等，说明嗅觉变得更加敏锐。

味觉是新生儿出生时最发达的感觉，它具有保护生命的价值，味觉感受器是在胚胎3个月时开始发育，6个月时形成，出生时已发育的相当完好。新生儿味觉是相当敏锐的，能辨别不同的味道，他们对甜味的反应一开始就是积极的，对咸、酸、苦的反应则是消极的。把不同的物质放在婴儿的舌尖上，可以看到不同的反应，对苦和酸的食物会产生皱眉、闭眼等表情。人类味觉系统在婴儿和儿童期最发达，以后就逐渐衰退，这与味觉在人类种系演化进程中的趋势是一致的。

触觉是婴儿认识世界的主要手段，在其认知活动和依恋关系形成的过程中占有非常重要的地位。婴儿出生后就有触觉反应，如母亲的乳头接触到婴儿的嘴或面颊时，他（她）就会做出觅食和吸吮动作，把物体触到他的手掌，他就会握住，抚摸他的腹部、面部等，他即可以停止哭泣等。在婴儿4～5个月后视触协调能力发展起来，他（她）可以有意识地够到物体，并通过触觉来探索外在世界。

4. 知觉

知觉是对感觉的加工过程。知觉的发生较晚，约在生后4～5个月时才出现明显的知觉活动，手眼协调的动作也是在此时出现的。有研究表明，约在3～4个月时已出现对形状的知觉，4个月的婴儿对物体有整体的知觉，能把部分被遮蔽的物体视为同一物体，科学家们还做了细致的深度知觉的研究，比如一个著名的"视崖"试验表明，当3～5个月尚不能爬行的婴儿被放在视崖深侧时，他（她）的心率明显减慢，而7～8个月已能爬行的婴儿总是避开看上去像是陡坡或悬崖的一侧（即深侧），即使母亲逗引他（她），而且是绝对安全的，大多数婴儿也不肯爬过去，说明他们已经有了深度知觉。另外，空间知觉、距离知觉、自我知觉等也在婴儿时期逐步地发展起来了。

以上这些感知觉发育的研究为我们的早期教育活动提供了科学的依据，使我们认识到丰富的环境刺激对婴儿的认知活动有着非常重要的意义。

[二] 婴幼儿语言发育规律

语言是人和其他动物相互区别的主要标志之一，是人类相互交往的工具，也是表达个体思想的工具。语言的发展在婴幼儿认知和社会的发生发展过程中起着重要作用，婴幼儿如能掌握部分语言，就得到了一种有效的认识工具，可以通过同成人的交往增进对外部世界的知识，也可借助语言把这些知识更好地储存起来，以供应用。

语言的发育过程可分为几个阶段：

1. 语言感知阶段

人类的语言是有声语言，语声是语言的物质外壳，词语的意义是靠声音表达出来的，而婴儿分辨和发出语声是一个发展的过程。2周左右的婴儿能区分人的语声和其他声音，如钟声、哨声等。这种区别不同声音的能力是他（她）以后学习语言的前提。2个月时，他（她）对说话时的情绪表现似乎就有所反应，如以愤怒声斥责他（她）时会哭，用和蔼的声音安慰他（她）时会笑。4个月时婴儿就能区别男声及女声，6个月时即能区分出不同的语调。

2. 发音阶段

0～3个月是婴儿的简单发音阶段，婴儿出生后的第一声啼哭就是最早的发音，也是今后语言的基础。第4周开始，婴儿的哭声可以作为一种用来表示身体状态以得到注意的手段。开始它多是表示一种消极状态的，如饿、冷、热、湿、寂寞等。到2～3个月就有了表示积极状态的声音，如舒服、高兴时的发音。成人逗他时婴儿的发音主要是一些元音，如啊、哦、噢等，婴儿情绪越好发音越多。

4～7个月是婴儿连续音节阶段。在这个阶段小儿明显地变得活跃起来，发音增多，在他兴奋时发音更多，可出现一些重复的、连续的音节，像是咿呀学语，如爸—爸、打—打、哞—哞等，但并无所指，这些音为以后正式说出词和理解词做了准备。

3. 语言-动作联系阶段

7个月以后，婴儿不仅发音增多，而且对某些特定的音会产生反应，比如对自己的名字有反应，8～9个月的婴儿可以形成第一批语言-动作的条件反射，如说"欢迎"婴儿会拍手，说"再见"婴儿会摆手等，有了这种条件反射，婴儿就有了学习与成人交往的可能。从11个月开始是语言-动作的条件反射形成的快速时期，此时婴儿听懂的词越来越多，他（她）可以按照指示去做一些事情，并开始模仿成人发音。这时还不是正式的说话，他可能是用一定的声音表示一定的意义，也可说是学说话萌芽阶段。在这个阶段如果认为婴儿不懂话，不会说话而不和他（她）说话，则常会造成婴儿言语发育迟缓。反之，如能注意和婴儿多说话，使婴儿每次感知某事物或某动作时都能听到成人说出关于这个事物或动作的词，在他（她）的大脑中就会逐步建立起关于这个事物或动作的形象和词之间的暂时联系，从而促进婴儿言语的发展。

4. 学说话阶段

经过一年的语言准备，婴儿从1岁左右起开始正式学说话，1岁到1岁半语言的发展主要还是对言语的理解，可以听懂一些简单的故事了，但说出的词比较少，一般都是单字词。这时婴儿说话的特点是：多为单音重复，如奶奶、猫猫、灯灯等，而且婴儿的单字可有多种用意，如"瓶瓶"可能是"拿瓶子喝水"、"把瓶子拿走"、"水在瓶子里"等多种意思，这些意思只有在具体情景中成人才能理解。这时期婴儿能说出的词大多是名词。

1岁半到3岁，婴儿的语言发展非常迅速，一般都已掌握了本民族的基本语言。从说单字到出现双字词，然后会说简单句，即主要包括主谓语或谓宾语的短句。如"妈妈上班"、"姐姐走了"、"送送奶奶"等等。2～3岁，婴儿开始出现一些复合句，但仍是比较短的，为6～10个字。

总之，到3岁末婴儿已掌握了最基本的词汇，也就是说掌握了最基本的语言。它使婴儿的心理活动开始有了概括性，使婴儿有可能开始认识直接经验所得不到的事物。它也使婴儿的行为活动开始有了随意性，即由于词的调节作用，使人的行为服从一定的目的，成为有意识有目的的自觉活动。它还使婴儿开始产生意识和自我意识，意识到客观现实的存在和自己的存在，意识到客观事物之间及自己与客观事物之间的联系，如果没有词的抽象概括是达不到思维的。

语言能力是智能水平的主要标志之一，也是智能发展的基础，因此，语言发育应是家长和早教人员十分关注的问题，要给婴儿创造一个丰富的语言环境，使婴儿的语言得到很好的发展。

[三] 婴幼儿注意、记忆、思维的发育

1. 注意

注意指的是对一定对象的有意识的指向性，是一种定向反射。注意分为有意注意（随意注意）和无意注意（不随意注意）。婴儿在看一图画时，听见铃声立刻抬头找是无意注意，而集中注意另一新鲜的事物是有意注意。

注意是婴儿心理发展中的一个重要内容，是婴儿探究世界的"窗口"。

注意能使婴儿有选择地接受外在环境中的信息，及时发觉环境的变化并调节自己的行为，还能使婴儿为应付外界刺激而准备新的动作，集中精力于新的情况。注意与婴儿的感知觉密切相关，与记忆有关，而且是学习的先决条件，制约着婴儿的学习效果。

注意在婴儿期是不断发展的。新生儿已具备注意的能力，研究发现新生儿的注意有偏好，他们对图形比对杂乱的刺激点或线条更容易集中，对人的面孔的注视比图形的注视时间更长。

1～3个月婴儿，当有发亮的东西或色彩浓艳的东西出现在视野内，他就会发出喜悦的声音或睁眼注视。这个阶段的婴儿具有选择性注意的特点，喜欢注视曲线胜过直线，偏好对称的物体超过不对称物体。

3～6个月婴儿，随着头部运动自控能力的加强，扫视环境更容易。婴儿视觉注意更加发展，更加偏爱有意义的物象，如喜欢注视母亲以及喜欢的食物或玩具，较多注视数量多而小的物体，对更复杂、更细致的物象保持更长的注意时间。注视后辨别差异的能力和转换注意的能力增强。

6～12个月婴儿，随着活动能力增强，注意已不完全集中在视觉方面，而是从更多感觉通道和活动中表现出来。如注意更多表现在抓取、吸吮、倾听，操作和运动选择上。随着婴儿的成长，对新异事物的兴趣增加，产生探索性行为和注意。

1～3岁以后，随着语言能力发展，他们能听懂很多话，言语活动支配婴儿注意选择，幼儿可以将注意力集中在成人用词表达的对象上，如集中在听故事、看图书和看电视等活动上。而且，随着年龄的增长，婴儿的注意可逐渐明确，时间会逐渐延长。据天津和平保育院的调查，对有兴趣的事物1岁半的婴儿只能注意5～8分钟，1岁9个月婴儿能集中注意8～10分钟，2岁婴儿能集中注意10～12分钟。2岁半婴儿能注意集中10～20分钟。

为了培养婴儿注意力，在不同时期提供适合婴儿注意发展特点的环境刺激，如开始是以视觉和听觉刺激为主。物体和图像要简单、清晰。要多多俯视宝宝，使他看最爱看的人脸。然后，让宝宝注意更加细小，多样化较复杂的物体。从视听的注意发展为对活动和操作的注意，最后发展对语言的注意。在孩子注意某种事物和活动时，不要随意打扰他，每次尽量让宝宝集中注意一件事，如果孩子没有兴趣了，再转移到另一件事。在日常生活中，应尊重婴儿注意的选择，这样能更好引起他的兴趣。只有了解婴幼儿注意发展规律，才能正确促进他们的注意能力的发展。从而提高孩子的认识和记忆能力使宝宝更加聪明起来。

了解以上这些婴儿注意发展的规律，是我们进行早期教育所采用的一些方法和时间的依据，只有这样，才能使婴儿的学习活动效果更好。

2. 婴儿的记忆力及其培养

记忆是人们将感知过、操作过、思考过和体验过的事物保存在大脑中。人们一切知识经验的积累、技能与技巧的掌握，习惯的形成都与记忆有密切的关系。记忆在人类的学习、生活和工作中极为重要。

记忆从时间上可分为瞬时记忆、短时记忆和长时记忆。从过程上可分为识记、保持、回忆。识记指识别和记住事物的过程，是一种反复感知的过程。保持是指已获得的知识经验在大脑中巩固的过程。回忆分为再认和再现两种形式。再认是指过去感知的事物再出现时能将其认出来。再现则是指过去感知过的事物不在眼前，而在脑中把它再现出来。

记忆是婴儿心理活动在时间上得以延续的根本保证，是经验积累或心理发展的重要前提，是婴儿发展过程中重要的心理活动之一，因此，心理学家对婴儿记忆的发生和发展做了广泛而深入的研究。婴儿从什么时候才开始有记忆的呢？现在有许多研究，一般多认为人类个体的记忆在胎儿时期已经产生。在孕期8个月起，给胎儿听音乐，出生后通过吸吮方法证明，对所听的音乐有记忆力。

新生儿最早的记忆是对母亲抱或吃奶姿势的记忆。吃母乳的婴儿，只要抱成他（她）固定的姿势，就会寻找奶头，说明经过多次反复，婴儿已对这一姿势有了记忆。

在2～3个月时，当婴儿注意的物体从视野中消失时，他（她）能用眼睛去寻找，这表明婴儿已有了短时记忆。

在4～5个月时，婴儿就已能记住喂奶和经常抚爱自己的人（多是母亲），能把她与陌生人区别开，即能够对熟悉的人再认。但这时的再认只能保持几天，如多日不见就不能再认了。婴儿记忆时间的长短是随着月龄的增加而发展的。

5～6个月以后能记住妈妈的模样，见到妈妈时，表现欢乐、四肢舞动、面带笑容，甚至发出笑声。有人对8～12个月的婴儿做过试验，让婴儿看着把一个玩具放在同样两块布中的一块下面，用一块大幕布遮隔一下，遮隔的时间分别为1秒、3秒、7秒，然后让婴儿找玩具。结果发现，8个月的婴儿间隔1秒就记不得了，即找不出玩具了。间隔3秒时，12个月的婴儿都能记住并找出玩具，间隔7秒时，70%的12个月的婴儿能记住并找出玩具。

1～3岁后，随着语言的发育婴儿的记忆能力逐渐增强。1岁多的婴儿能记住自己用的东西和一部分小朋友的名字，2岁时能记住简单的儿歌。这时期婴儿的记忆保持时间明显延长，记忆能保持几个月，如父母离开几个月后再回来时，婴儿仍能够再认。2岁以后的小儿才能出现再现的回忆。

婴儿记忆的特点主要是机械记忆，由于婴儿知识和生活经验有限，理解能力很低，他们只能采用简单重复方式进行记忆，不可能像成人一样通过理解后记忆。但婴儿大脑皮层反应性强，感知一些不能理解的事物也能够留下较深的记忆。婴儿机械记忆能力比成人强，而且有很大的记忆容量和发展潜能。

婴儿的记忆能力和特点是教育的基础。家长可有意识教婴儿一些知识和动作，如操作玩具，认识周围的物体和人物，学唱歌、认字、跳舞及一些基本的生活常识等，增强他的记忆能力。但教任何东西，都必须在孩子情绪饱满的时候，要重视"寓教于乐"，把学习当成一种游戏，引起孩子的兴趣，让孩子在不知不觉中学到知识，不能让孩子感到是一种负担。

3. 思维

思维是人脑对客观事物的概括和间接的反映，这是一种以感知觉、表象、语言等为基础的高级认知过程，是智能的核心。思维所具有的概括的、间接的特性是互相联系的，它使得个体能够通过分析、综合、抽象、概括等各种内部操作活动来认识那些没有直接作用于感觉器官的事物，把握事物的本质和规律。

人的思维活动是一个复杂的认知过程，由于思维是和第二信号系统即语言的发育分不开，所以它的发生较迟。一般认为婴儿在9～12个月时就产生了思维能力；但是比较低级的思维，主要表现是婴儿此时能有目的地运用动作来解决问题，比如找到一个藏在某地方的物体。这种思维可称为前语言的思维，主要是具体形象的思维，是和婴儿手的抓握和摆弄物体分不开的。

1岁以后，婴儿在言语发育的基础上才开始向抽象逻辑思维发展，但这时仍是以直觉行动为主，概括水平还是很低的。我们可以根据婴幼儿的这些特点，注意调动婴儿感觉器官的作用，不断丰富其对环境的感性知识和经验，并启发其思维，培养他（她）们用基本的语言进行简单抽象思维，为思维的发展打好基础。

[四] 婴幼儿情绪、情感和个性的发育

1. 情绪、情感

情绪、情感是以人的需要和主观态度为媒介的心理活动，是人对客观事物的态度的一种反映。情绪是这种反映的比较短暂的状态，情感则是比较稳定和持续的状态。由于客观事物是多样的、变化的，所以人的主观体验也是不同的。人的需要有天然需要，如吃、喝、睡等，人还有社会性的需要，如社会生产、社会交际等，这是人所特有的。一般来说，能够满足人的需要的事物就会引起肯定的态度和体验，如快乐、满意、爱等。如果违反人的需要和意愿，就会引起否定的态度和体验，如愤怒、哀怨、憎恨等。

儿童年龄越小，情绪在生活中的地位越高，这是婴儿心理的特点。首先，情绪对婴儿适应生存有着特别的意义。婴儿天生就具有情绪的反应能力，生后很早就表现出了他（她）的情绪反应，是其重要的适应生活的方式。如婴儿吃饭后就安静，饥饿或尿湿时就不安、哭闹等。2～3个月婴儿吃饭、睡好后就会微笑，当成人逗他（她）时，就会全身活跃或笑出声。情绪情感直接影响婴儿的行为，对婴儿的认识活动起着激发和推动的作用。5～6个月开始婴儿对新鲜的玩具特别感兴趣。以后，只有婴儿感兴趣的东西可更能引起他（她）的注意。婴儿在愉快的情绪下做什么事都积极，也乐于学习，而情绪不好时，则什么也不听、不学、不做。这就是人们常说的"婴儿凭兴趣做事"。

另外，情绪情感是婴儿进行人际关系的重要手段。婴儿生后不久，对人即有了泛化的认识，他（她）见任何人都微笑，6~7个月开始表现怯生情绪，并产生了与亲人相互依恋的情感。8~10个月婴儿出现分离焦虑的情绪，这种情绪在13~15个月最强，1岁半以后逐渐减弱。1岁多的婴儿即可出现对人、对物的关系的体验，如有同情感。2岁时已出现快乐、兴高采烈、爱亲人、爱小朋友、害怕、厌恶、苦恼、甚至嫉妒等情绪的表现。

在婴儿的情感活动中，依恋是一个重要的情感。依恋是指婴儿与母亲之间的一种特殊的持久的感情联系，它是母亲与婴儿之间的充满深情的积极的相互关系。它的形成与母亲经常满足婴儿的需要，给予愉快的强化刺激有关，也是婴儿在与人交往中对人的从泛化到分化的社会性认识的结果。

依恋感情的表现形式是婴儿喜欢同他（她）所依恋的人接近，此时他会感到安慰、舒适和愉快。在他遇到陌生环境而产生惧怕和焦虑时，依恋对象（母亲）的存在或出现会使他（她）感到安全，这种依恋的安全感一旦建立，婴儿就会更加自由自在地去探索周围的新鲜事物，就会愿意尝试与别人交往，会更广泛的去适应社会。因此，母亲与婴儿的这种相互依恋的感情是婴儿与别人交往和探索外部世界的"安全基地"。这种早期的母-婴依恋的质量对日后婴儿认知发展和社会性的适应都有重要意义。这就是我们说的安全依恋，这种安全依恋不仅可以促进婴儿的智力发育，而且还将导致一个人对人信赖、自我信任、并成功的依恋自己的同伴和后代，和人们形成良好的人际关系。

在我们的生活中也可以看到由于缺乏耐心的照料，不注意母子感情交流，出现一些不安全的依恋类型或无依恋的现象。没有建立母-婴安全依恋感情的婴儿，在后来的生活中多不善于与人相处，或不能很好地面对现实。各国对孤儿院儿童的研究充分证明了这一点。

所以，对每一个家长和早教人员来说，育儿绝不是单纯的喂养，要在喂养中建立良好的亲子关系，要经常使婴儿保持愉快的情绪，以促进他们对外界知识的探索与学习，使婴儿的身体、心理均得到健康的发展。

2. 个性

个性是指个性倾向性和个性心理特征。个性倾向性即人对现实的态度，人在认识和改造客观世界中的趋向和选择，它包括需要、动机、自我意识、理想、信念和世界观。

个性心理特征是人经常表现的、比较稳定的、典型的心理特征，它包括能力、气质和性格。

根据婴儿的特点，在这里我们仅介绍自我意识的发展、气质和性格的发展规律。

自我意识。自我意识是指人对自己及自己与他人关系的认识，它的发生和发展是一个复杂的过程。自我意识不是天生的，而是受社会生活条件制约的，是在后天的学习和实践中形成的。

出生后头5个月的婴儿没有自我意识，不认识自己身体的存在，所以他们吃手、吃脚，把自己的手脚当物体来玩。以后婴儿逐渐认识到手和脚是自己身体的一部分，开始出现自我感觉。5～8个月的小儿，对镜像显示出了兴趣，他（她）会注意镜中出现的某一形象，但他（她）仍不能区分自己的形象与他人形象的差异。9～12个月婴儿能够认识到自己是镜像动作的来源，能区分自我形象和他人形象。1岁左右，婴儿学会了走路，逐渐认识了自己能发生动作，如球的滚动是自己踢的，可以把自己和别人及别的物体区分开，认识到了自己能力的存在，这就是最初级的自我意识。

1岁到1岁半，随着婴儿言语的发展，婴儿知道了自己的名字，并能用名字称呼自己，这表明婴儿开始能把自己作为一个整体与自己的动作区别开。2岁到3岁，当婴儿掌握了代词"我"以后，自我意识的发展进入了一个新阶段。这时婴儿不再把自己当做一个客体来认识，而是把自己当做了一个主体。到3岁以后，婴儿才开始出现自我评价的能力。

自我意识在个体社会性发展中处于中心地位，其形成和发展影响着社会性其他方面的形成和发展。因此，我们应了解这一过程，促进婴儿自我意识的产生和发展,以便婴儿更快更好地适应社会。

气质。气质是人在进行心理活动时在行为方式上表现出的强度、速度、稳定性、灵活性和指向性等动态的心理特征。它是个性心理特征的重要组成部分,是一个人比较稳定的心理特征。

婴儿在生后的早期就明显表现出某种气质的特征,这主要是由高级神经活动的类型决定的,也就是说有一定的先天遗传的影响。比如,有的婴儿生后就很活跃、活动较多,对什么事都反应强烈、较急躁。有的小儿则较安静,活动相对少,对事物反应平静而缓慢。还有的小儿介于这两者之间。一般我们把婴儿的气质类型分为三种,即活泼型、安静型和中间型。

气质类型本身无好坏之分,每种气质类型都有积极的方面和消极的方面,气质类型也不决定一个人的智力水平和发展趋向。但是由于气质影响小儿的活动方式,所以它经常地、强烈地影响着父母的反应,影响着婴儿的个性形成,亲子关系,早期社会交往以及认知等各个方面的发展,对婴儿早期教养有着不可忽视的重要影响。

气质虽然是婴儿最早表现出来且变化最为缓慢的个性心理特征,但其本身也在与外界环境相互作用中发生着一定的变化,也就是说气质也是可以改变的。特别是婴儿期神经系统正处于不断发展变化中,具有较强的可塑性,可通过环境经验和成熟过程中来调整,所以,后天环境和教育对气质发展的影响是至关重要的,家长及保教人员应当了解每个婴儿的气质特征,以不同的方式给予教育,注意帮助婴儿发扬气质特征中积极的方面,克服消极的方面,促使每个婴儿形成个人特有的活动风格。

性格。性格是指一个人对客观现实的某些态度以及与这些态度相适应的比较牢固的行为方式。性格是个性的核心。性格不是遗传决定的,是在生活环境和教育的影响下形成的。

人的性格是非常复杂的,它有很多特征:有对现实态度的特征,即对人、对劳动、对工作、对自己的态度;有意志方面的特征,如遵守道德规范,对自己行为有自觉的控制水平,以及在困难条件下和工作中的毅力等;有情绪方面的特征,如不同的情绪体验、控制水平、自我调节能力等。这些特征的综合反映一个人的性格。

性格是有好坏之分的，婴儿时期是个性初步形成的时期，是奠定基础的关键时期，因此，要充分重视婴幼儿良好个性品质的形成。当然在3岁前，婴儿的社会生活还比较少，对集体观念、自我评价等问题尚未形成，有些方面的问题还暂时涉及不到。但是，家庭是婴儿出生后赖以生存的第一个环境，家庭的物质和文化条件，家庭成员的关系，家长对婴儿的态度以及婴儿在家庭里的地位和生活方式，都会在婴儿性格的形成上打下最初的烙印。所以，家长除了要注意自己的行为外，要学习一些教育方法，要注意婴儿主动性、独立性的培养，要从婴儿最初辨认是非时即给予良好的道德教育，培养孩子积极的性格特征，排除不良的影响，为促进婴儿形成良好的性格奠定基础。

第二节 早期教育

早期教育的内涵是发展0～6岁儿童潜能，促进儿童全面和谐并富有个性地发展。早期教育的重点是针对0～3岁儿童的教育与养育。早期教育是人生教育的开始阶段，要遵循0～6岁儿童的身心发展规律因人施教。

一、概念和作用

早期教育是对0～6岁，特别是对0～3岁婴幼儿的教育。它是以婴幼儿的身体的成长、潜能的开发和品德的培养为教育目标的。由于婴幼儿年龄小，语言尚未发展得很好，所以0～3岁婴幼儿的早期教育主要是由家长或有关专业人员实施。

早期教育有积累的效果。儿童在进入学校以后的行为和成绩，甚至他们一生的成就，都与他们早期受到的教育密切相关。美国幼儿教育协会指出，儿童早期的生活经验（包括教育）不仅对儿童在学校里的学习有影响，而且也对他整个一生都有影响。

二、原则

早期教育的内涵是发展0～6岁儿童潜能（本章简称"婴幼儿"），促进婴幼儿全面和谐并富有个性地发展。早期教育是终身教育的起始阶段，应为婴幼儿的可持续发展奠定良好的素质基础。早期教育必须依据婴幼儿年龄特点，符合婴幼儿成长的需要，既不能错过发展的关键期又不能拔苗助长。一般而言，早期教育应遵循以下原则与方法：

[一] 个性化教育原则

婴幼儿处在生长发育的特殊时期，身体发育速度快，脑组织发育逐渐成熟，但是个体活动能力与活动经验不足。教育者要根据婴幼儿的生活背景、能力水平、个性特点开展具有针对性的个性化教育。过去，我们的确曾把孩子看成一张白纸，认为可以随意塑造；把孩子看成是没有思想、没有能力、不懂事的未成熟人。这忽略了孩子的主观能动性，忽略了对于童心世界的了解与认识，过分强调成人干预教育的作用，无形中影响了孩子的自由发展主动成长，这是必须杜绝的。家长与老师要根据孩子的兴趣爱好、能力技能、个性特点等各个方面，根据婴幼儿原有水平与已有经验因人施教，随时观察婴幼儿的接受能力，不断调节教育方法，满足婴幼儿个性发展的需要，让幼儿感受、理解他们迫切想知道的、有能力学懂的、既能满足婴幼儿现有需要又对婴幼儿终身发展有价值的知识。

个性化教育的原则尤其体现在对于婴幼儿之间个体差异的认同，由于受遗传因素和不同环境的影响，孩子间存在着一定的个体差异，每个孩子都是一本不同的书，有着独特的个性，他们的能力水平更有明显的差异，教育者要理智地认识差异，平等地对待每一名婴幼儿，为他们的成长和创造喝彩，发现每一个孩子的细微变化，耐心地等待孩子的自我觉醒，不以同一把尺子衡量所有孩子。承认差异、善待个性，才能更好地促进婴幼儿健康地发展。

[二] 顺应与适宜原则

早期教育要顺应婴幼儿独特的发展规律，为每个婴幼儿提供适合年龄特点与个体差异的教育。"顺应性和适宜性"就是在婴幼儿发展研究的基础上承认婴幼儿成长的阶段性和差异性，将婴幼儿的身体、智能、情绪情感发展的需要放在首位，创设趣味性强、符合能力发展水平的生活环境，选择适合婴幼儿发展的游戏课程。在生活中我们要鼓励婴幼儿的探究行为，允许孩子参与家庭与早教机构的一些诸如发碗筷、洗袜子、帮大人拿东西等自我服务活动，鼓励他们当值日生，帮助同伴穿衣服，帮助大人收拾玩具等。顺应婴幼儿的兴趣爱好、能力水平是对婴幼儿的信任，信任是一种教育力量，让孩子从小对自己充满信心，相信自己的能力，感受到"我是有朋友的、我是招人喜欢的、我是有能力的"，从而敢于尝试新事物，敢于交往，敢于提出自己的观点和看法，增强婴幼儿的自我意识与解决问题的能力和独立性。

早期教育要为婴幼儿一生的发展打好基础，要使婴幼儿在快乐的童年生活中获得有益于身心发展的经验，要尊重婴幼儿的人格和权利，并促进每个婴幼儿富有个性的发展。

[三] 游戏活动原则

教育部《幼儿园教育指导纲要》（试行）中指出，婴幼儿早教机构的教育应以游戏为基本活动，关注个别差异，促进每个婴幼儿富有个性地发展。可以说，没有游戏就没有快乐的童年，游戏能满足婴幼儿自身喜欢动手，喜欢探究的需要，可以促进婴幼儿各方面能力的全面协调发展。婴幼儿在游戏中自由动手操作，情感上感受到愉快、兴奋，行为上发展了各种基本动作能力，锻炼了大小肌肉。促进血液循环和呼吸系统的发展，从而对保护和发展神经系统起到良好作用。在游戏中，婴幼儿的情绪是积极的，动作是大胆的，求助是无顾忌的，创造力也是空前的。

成人要为婴幼儿提供宽松的活动空间，丰富的游戏材料，及时的经验支持。成人要悉心关注婴幼儿的游戏过程，分析婴幼儿的心理与行为特点，帮助婴幼儿克服对环境的恐惧心理，解决游戏中的问题，帮助婴幼儿学习正确的与同伴相处的方法，大胆操作探索，自主解决问题。成人要采用多种手段激发婴幼儿参与活动的积极性、主动性和创造性，使婴幼儿在游戏中获得有益的发展。

[四] 结合日常生活进行原则

早期教育既不是文化知识的积累，也不是培养"天才"，而是创造条件使婴幼儿的潜能能力得到最大限度的发挥，为培养健壮的体质，发达的智力和良好的个性与品德打下坚实的基础。事实上，只要有心，时时刻刻都可以对孩子进行教育。

1. 利用日常生活场景进行教育。

每天日常生活的料理是接触、教育孩子的最好机会。舒适的生活照顾，不仅使孩子在生理上得到满足，而且爱抚、逗引让他们在心理和感情上也得到满足，产生信赖和安全感。在照顾孩子生活时，可以亲切地和他讲话交流，使他认识人物的称呼和礼貌用语，并逐步耐心引导孩子学会料理生活的能力。

2. 利用各种机会和孩子讲话，促进语言和智力发展

语言发展与智力有密切关系，凡是语言发展好的孩子，对事物的理解、接受教育和适应环境的能力都比较强，思维和想象能力也较好。从婴幼儿期开始就给孩子唱童谣、唱歌、听悦耳的音乐，培养其节奏感、训练其正确发音，是使其口齿清楚、记忆力增强的好办法。

3. 听故事和讲故事是孩子最感兴趣的活动之一

听故事和讲故事能促进孩子对语言的理解和表达，增长知识，培养良好行为。故事要讲得生动、要变化语调、富有感情，有时还可以夸张些，故意提高音调，引起孩子注意。发音一定要十分清楚，吐字要准确，速度要慢。另外，当孩子稍大一些，有一定的语言能力时，还可以鼓励孩子讲故事，叙述一天的见闻，培养他的表达能力。

4. 孩子对周围环境的好奇是他学习的动力

在日常的环境中，对日常生活的好奇心可以吸引孩子的注意和兴趣。孩子外出时，要让他看周围的事物，发展注意力、记忆力和认知能力。应该利用这些机会，让孩子接触不同的人和事物，进行模仿和学习，如：认识不同的车辆、不同的颜色等，还可以培养他对他人的感情和礼貌，培养其适应环境的能力。

[五] 家园共育的方法

婴幼儿的发展受到家庭和早教机构教育的双重影响。婴幼儿家庭与早教机构要密切配合，共同对婴幼儿进行身心教育发展的同步教育。如：婴早教机构举行"三八"妇女节给妈妈做大红花的活动，家长可以在家里给孩子看小时候的照片，讲小时候妈妈疼的故事，大班家长还可以给孩子介绍自己的职业成就，从而使孩子理解"三八"妇女节的含义，建立对于劳动者职业的敬仰，真正了解妈妈的辛苦，树立关心他人，为他人服务的理念。

家园共育主要有以下方式：第一，开展家长讲座，宣传保健防病知识，引导家长关注婴幼儿发展特点，向家长介绍教育孩子的经验，引导家长交流个性化教子经验；第二，引导家长参与教育过程，选择具有各种专业知识技能和特长的家长担任辅助教师，丰富教育活动内容；第三，定期开展开放日观摩活动，邀请家长观摩婴幼儿早教机构的教育过程，介绍活动目标与互动方法，解读婴幼儿的活动表现，共商孩子的教育问题，提出育儿建议；第四，可以聘请家长参与教育过程。

婴幼儿早期教育是终身教育的起步阶段，家园共育"爱"是前提，要和家长建立起相互理解、相互信任、相互尊重、相互支持、相互合作的关系。教师要宽容和理解家长在教育观念、教育方式上的偏差，一起研究教育问题。家园协同教育可以使对婴幼儿的教育达到事半功倍的效果。

三、与早期教育有关的几个问题

[一] 关键期

"关键期"在人类教育史上是个重要的概念。关键期的概念最早从植物学、生理学和形态学移植过来的。它指的是一个系统在迅速形成的一段时期，对外界刺激特别敏感，所以也常叫做"敏感期"。关于敏感期与大脑可塑性的研究，极大地促进了人们对于早期教育的热情。

关于心理发展是否存在关键期的研究，最早起源于奥地利动物心理学家劳伦兹对雏鸟的印刻研究。劳伦兹发现，在雏鸟刚刚孵化出来后，让其接触其他种类的鸟或会活动的东西（如人、足球等），它们就会把这些东西当做自己的"母亲"紧紧跟随，而对自己同类"母亲"如果它静止不动就无任何依恋。而且，这种现象只发生在极短暂的特定时刻。

英国心理学家鲍尔比应世界卫生组织的要求，就孤儿院对儿童的影响做了尽可能详细的调查。他发现早期被剥夺了母亲照料的儿童，表现出消瘦的症状，并且几乎在各方面的发展都是迟滞的。鲍尔比得出结论早期剥夺的影响是不可逆转的。因此，很明显，在人类的发展中有一个类似于劳伦茨在鸟类中观察到的发展关键期。鲍尔比假设如果儿童在出生后的头年没有得到母亲的关怀，他们将永远不能完全正常。

在上世纪60年代和70年代，西方许多心理学家都相信幼儿期是智力和人格发展的关键期，并鼓励家长们采用特殊的方法刺激儿童的发展。这种观点产生了广泛的社会影响，并出版了大量如何实施早期教育的书籍。玩具商们也推波助澜，生产了许多益智的玩具，他们经常以过分"强调"布鲁姆的关于早期经验重要性的假设，并宣称他们的产品是发展儿童智力的点石成金的魔指。家长们似乎也相信没有上过早教机构的儿童在小学阶段不可能竞争得过上过早教机构的儿童。于是，早教机构的入园率迅速上升。

尽管如此，并非所有的心理学家都相信幼儿期比其他任何阶段更为重要。那种认为出生后头几年是人生发展关键期的理论也受到了批评、诘难并无法得到相应的修正。卡根和莫斯发现，就许多特质而言，个体在小学阶段的行为比学前期的行为能更好地预见其成人后的行为。他们指出至少在某些方面，小学阶段可能比出生后的头几年意义更为重大。生物学家得出结论，对"印刻"和"关键期"的观察并非像他们开始显示的那么明显。

综合各种文献，现在一般认为，人类心理发展也存在类似关键期或敏感期的现象，如语言学习、听觉、视觉形象、音乐学习、人际关系建立等，都有关键期，早期学习更为有效。因此，儿童心理学中的关键期是指某种知识或行为经验，在某一特定时期最易获得和形成，过了这个时期，就不能获得或达不到最好水平。当然人类心理发展的关键期不一定那么短暂和不可逆转，可能持续几年甚至更长时间。

[二] **早期依恋**

心理学关于早期依恋行为的研究，促进了人们对早期教育中的情感因素的认识。

依恋是婴儿寻求并企图保持与另一个人亲密的身体联系的一种倾向。这个人主要是母亲，也可能是其他的照顾者。它是婴儿与照顾者之间的一种积极的、充满深情的感情联结，是婴儿最早形成的人际关系。

早期依恋的形成状况对后期行为、人格发展等也有很大影响。美国威斯康星大学著名动物心理学家哈洛为了探讨母猴在幼猴早期生活中的作用，设计了著名的罗猴实验。他们把刚出生的罗猴隔离在特制的房间里，猴子成长所需要的物质条件都能得到满足，如食物与水都能自动供应，但不让它同母猴及其他猴子接触。一系列的研究发现，与正常环境下长大的幼猴相比，那些隔离时间长的幼猴显示出许多异常行为，如自己咬自己、走路身子摇晃、喜欢独自蜷缩在角落里、经常表现出害怕的怪相，还有许多刻板的动作。研究还发现，隔离时间的越长、开始隔离时间越早的幼猴，其行为失常就越严重。同时，早期的不良依恋也会造成许多异常的行为模式。可见，早期没有形成对他人的依恋或形成了不良依恋，其心理发展和心理健康会受到很大影响。

后来研究发现，早期依恋具有传递性，它会影响到儿童成年以后对后代的抚养关系。还有研究发现，一个人在幼年形成的依恋类型将影响他成年以后的其他亲密关系。因此，这一理论对于儿童早期情感培养、早期良好人际关系建立有重要启示。

[三] 多元智能

20世纪80年代，美国著名发展心理学家、哈佛大学教授霍华德·加德纳博士提出多元智能理论，二十多年来该理论已经广泛应用于欧美国家和亚洲许多国家的早期教育实践。霍华德·加德纳博士指出，人类的智能是多元化的而非单一的，主要是由语言智能、数学逻辑智能、空间智能、身体运动智能、音乐智能、人际智能、自我认知智能、自然认知智能八项组成，每个人都拥有不同的智能优势组合。

语言智能是指有效地运用口头语言或及文字表达自己的思想并理解他人，灵活掌握语音、语义、语法，具备用言语思维、用言语表达和欣赏语言深层内涵的能力。

数学逻辑智能是指有效地计算、测量、推理、归纳、分类，并进行复杂数学运算的能力。这项智能包括对逻辑的方式和关系，陈述和主张，功能及其他相关的抽象概念的敏感性。

空间智能是指准确感知视觉空间及周围一切事物，并且能把所感觉到的形象以图画的形式表现出来的能力。这项智能包括对色彩、线条、形状、形式、空间关系很敏感。

身体运动智能是指善于运用整个肢体动作来表达思想和情感、灵巧地运用双手制作或操作物体的能力。这项智能包括特殊的身体技巧，如平衡、协调、敏捷、力量、弹性和速度以及由触觉所引起的能力。

音乐智能是指人能够敏锐地感知音调、旋律、节奏、音色等能力。这项智能对节奏、音调、旋律或音色的敏感性强，与生俱来就拥有音乐的天赋，具有较高的表演、创作及思考音乐的能力。

人际智能是指能很好地理解别人和与人交往的能力。这项智能善于察觉他人的情绪、情感，体会他人的感觉感受，辨别不同人际关系的暗示以及对这些暗示做出适当反应的能力。

自我认知智能是指自我认识和善于自知之明并据此做出适当行为的能力。这项智能能够认识自己的长处和短处，意识到自己的内在爱好、情绪、意向、脾气和自尊，喜欢独立思考的能力。

自然认知智能是指善于观察自然界中的各种事物，对物体进行辩论和分类的能力。这项智能有着强烈的好奇心和求知欲，有着敏锐的观察能力，能了解各种事物的细微差别。

"多元智能"概念的提出，让过去偏重于语言和数理逻辑"一元智能"的教育者和家长重新考量智能的涵义，开始注重开发儿童多方面的智能。但多元智能理论并不是要平均发展每个儿童的八大智能或更多的智能，而是要注意儿童智能类型的形成和差异，在全面发展的基础上注重个性化教育，发展每个幼儿的优势智能领域。这对于指导教育实践有着非常重要的意义。多元智能有助于建构新的课程设计思路，有利于培养社会需要的各方面人才。

四、早期教育的特点——依据心理发展又促进心理发展

早期教育机构要通过创设健康、丰富的生活和活动环境来帮助婴幼儿学习；早期教育一般应具备如下特点：

[一] 促进儿童心理发展

早期教育是终身教育的基础阶段，要促进儿童发展选择那些趣味性强的，有动手探究机会的，儿童迫切想知道的事物作为教育的内容，强调在教育过程中不以教知识为教育的唯一目的，而着重在培养孩子开朗乐观的性格、积极主动的学习态度、不怕困难的意志品质、与同伴相处的能力，解决问题的能力等。

也要培养幼儿的良好生活卫生习惯，开发幼儿的潜能，发展幼儿的规则意识，情感态度、审美能力、创新能力是早期教育的价值取向。教育部《幼儿园教育指导纲要》中出现频率最高的词汇就是"体验、感受、感兴趣、好奇心、喜欢、愿意……"体现了关注幼儿全方位发展的特点，同时也反映了早教机构不以系统的知识技能的传授为主要追求，区别与小学教育的重要特点。早教机构课程的五大领域：健康、语言、科学、艺术、社会也体现了对于全面和谐发展的重要性。

[二] 教育内容多元化

我国早期教育推崇一纲多本、一本多调的因地制宜的特点。国家对于早期教育的内容没有特别硬性的规定，教育机构可以根据生源特点、地理特点、环境特点和教师的特点，在符合幼儿发展规律的前提下有目的、有系统地选择课程内容。例如城市里认识植物可以选择花卉，农村里可以选择农作物；城市里认识立交桥，农村认识小石桥。目前早教机构里有的教材也是多元化的，建构课程、整合课程、生态课程等等多种课程方案并存。无论是哪种课程内容都需要整合学习活动、生活活动、游戏活动、社区活动等多种手段、多种教育资源，重在使婴幼儿在教师创设的情境中，积极主动地与同伴、教师交流，大胆与环境互动，在快乐而又有教育意义的活动中感知、体验人与人、人与环境的关系，获得适宜发展。

[三] 从操作学习

早期教育课程强调让孩子亲身经历探究课程在玩中学、做中学，教育内容要选择有玩具材料支持的，幼儿能够在操作中获得有益经验的内容。

提供宽松的环境，丰富多彩的物质材料支持幼儿的主动学习，注重实践性、操作性、活动性和创造性。幼教机构的一日生活绝大多数时间是幼儿之间的游戏活动，在游戏中，成人将为幼儿预设建构区、图书区、美术区、扮演区、音乐区、科学区、种植养殖区等多种区域材料，幼儿可以自选伙伴，自选玩具，自己操作，自由玩耍。教师的作用是观察幼儿的游戏需要，在必要的时机调整材料，介入活动，指导幼儿的探究，帮助幼儿在活动中提炼经验。教学活动也是如此，例如在认识动物小兔子的活动中，带领幼儿观察活的小兔子，带来吃的喂小兔子；教师的经验不能替代幼儿的操作，在认识沉浮的活动中，老师先让孩子们猜想自己选择的物品什么会沉，什么会浮，操作后他们从塑料尺子、塑料笔杆、塑料插片等物体的浮起现象感受到塑料制品会浮在水面的经验。

第四章
新生儿发展与早期教育

内容提要

- 新生儿的身心发展
- 新生儿养育指导要点
- 新生儿的饮食营养
- 新生儿的生活护理
- 新生儿的身心保健
- 新生儿的潜能开发
- 新生儿的环境创设

重点问题

❶ 新生儿的生理发育特点有哪些?

❷ 新生儿的心理特点有哪些?

❸ 早教教师应留意的新生儿常见问题有哪些?

❹ 新生儿大便异常的情况有哪几种？分别应该采取怎样的措施?

❺ 母乳喂养的优点是什么?

❻ 人工喂养时如何为宝宝选择食物?

❼ 新生儿卧室环境的特点有哪些?

❽ 给新生儿洗澡时的注意事项有哪些?

❾ 新生儿的脐部护理应注意什么?

❿ 新生儿体检的项目有哪些？应按怎样的顺序进行?

⓫ 新生儿可以接种的疫苗有哪些?

⓬ 新生儿应预防的疾病主要有哪些?

⓭ 如何对宝宝进行认知能力的训练?

⓮ 怎样培养新生宝宝的言语能力?

第一节
身心发展

在许多人看来，新生儿只会吃奶、睡觉和哭闹，似乎谈不上有什么心理活动，但实际上，新生儿具有很强的心理反应的发展潜力，这是在中枢神经系统发育的基础上以及在环境和教育的影响下逐渐发展起来的。心理反应是内在因素和环境教育相互作用的结果。

一、生理发育

新生儿期为出生后脐带结扎开始，到未足28天的前一瞬间的这个生命阶段。"新生儿"一词通常指足月正常体重的新生儿。这时期的特点是小儿机体在短时间内经受内外环境的突变，机体内部也发生生理解剖的巨变，但各种功能都不成熟，许多问题新生儿很难完善地适应。因此新生儿时期发病率高，死亡率也高。

[一] 一般状态

健康的新生儿，生后会大声啼哭，但没有眼泪，有各种无意识的动作，吸吮能力强，充满活力。

[二] 体格特点

足月儿从外观上看，头相对比较大，占身长的1/4（成人为1/8），腿占1/3（成人为1/2）。身长一般在46~52厘米之间，满月增长约4厘米。体重一般在2500~4000克之间，满月增重0.8~0.9千克。

头围一般为33～44厘米。后囟已闭合或尚在开放，前囟2×2～2.5×2.5厘米，可辨识骨缝，头发或多或少（但并不代表今后头发的密度）。

初生时两眼紧闭或定视，很少睁开；口腔粘膜干燥，舌短而宽，两颊内侧有隆起的脂肪垫，俗称"螳螂子"，有助于哺乳时含住奶头；胸呈圆桶型，比头围小1～2厘米，乳房稍突起有结节；腹膨隆，脐带脱落后形成脐窝；因为血液多集中于躯干部及内脏，肝脏可以在肋缘下2厘米以内；脊柱呈直形，尚无前凸和后凸的正常弯曲，骶尾略凹，四肢短小，呈外伸和屈曲姿势。手紧握，小腿略内弯，膝向外，足底扁平，指（趾）甲细长；男婴阴囊大小不等，阴囊皱襞形成，往往有轻度鞘膜积液，睾丸多降至阴囊内，使阴囊呈悬垂状，阴茎龟头和包皮可有轻微的粘连，可有生理性包皮或前列腺肥大，这均属正常。女婴的大阴唇遮住小阴唇。

[三] 生理特征

新生儿机体在短暂时间内经受内外环境的突变，内部发生生理解剖的巨变的同时，生理功能也进行了重大调整，足月儿约在一月内渐趋相对完善。

1. 皮肤

新生儿的皮肤柔嫩，局部防御功能差，易因皮肤轻微损伤而造成细菌感染，甚至发生危及生命的败血症，所以保护好皮肤非常重要。全身皮肤娇嫩坚韧而有弹性，初生时皮肤为浅紫色，手足掌面呈青紫，等到血液含氧浓度增加后青紫消退，逐渐转为玫瑰色。肤色红润，皮下脂肪丰满，表面有多少不等的胎脂和胎毛。出生时全身皮肤覆盖着一层灰白色胎脂，它有保护皮肤不受细菌侵害的作用。骶尾部和臀部常有青色色素斑，指压不退色，这是由于皮肤深层堆积色素细胞形成的，一般5～6岁后可自行消失。

2. 体温调节

宝宝出生后，一般室内温度低于宫内温度，加之体温调节中枢发育不够完善，调节功能差，体表面积相对大，皮下脂肪薄，易散热，因此体温波动较大，刚出生时体温37～38℃，然后下降1～2℃，8小时后保持在36.8～37.2℃左右。由于汗腺发育不全，排汗、散热机能很差，出生后即使热也不出汗，因此，要注意保持周围温度，以维持宝宝体温的正常稳定。

3. 感觉

出生时就已经发达，甜味能引起吸吮运动，苦、酸、咸味可使宝宝做出苦脸，甚至停止吸吮。嗅觉较弱，对光虽有感觉，但缺乏共济运动，所以视力不集中。触觉灵敏，尤其在口唇附近。温度感觉也较灵敏，温暖能引起兴奋，热和冷都会引起不安，痛觉较低。

4. 呼吸

由于新生儿肋间肌较弱，呼吸运动主要依靠膈肌的升降，呈腹式呼吸，初生时呼吸较弱而浅，常有节律不齐，故效能较低，但以较快的频率代偿，初生时每分钟达40～80次，一般2周后逐渐稳定，每分钟维持在40次左右。由于新生儿以腹式呼吸为主，因此不要将宝宝腹部束缚过紧，以免妨碍呼吸。

5. 循环

宝宝出生后，剪断脐带、结扎脐血管和正常呼吸的建立，使循环系统发生了变化，宝宝最初几天中可能会听到心脏杂音，这不一定是先天性心脏病。心跳每分钟120～140次。新生儿心搏出量180～240毫升/公斤/分，比成人多2～3倍，这与新生儿的耗氧量高是相适应的。新生儿的循环系统与成人不同，其血液大多集中在躯干和内脏，而皮肤和四肢较少，所以四肢温度较低，易出现青紫现象，这是正常的。

6. 消化

新生儿的胃呈水平位，容量小，胃壁肌层发育不完全，而且胃的入口处贲门括约肌松弛，胃的出口处幽门括约肌发达，因此新生儿易有漾奶和呕吐。剖宫产的新生儿生后1～2天可见呕吐出一些淡黄色甚至咖啡色的黏液，这是由于没有经过产道挤压，咽下羊水、黏液或血的缘故。新生儿的肠道的长度是他身长的七八倍，其吸收面积相对较大，肠壁的通透性也较高，有利于吸收母乳中的免疫球蛋白，部分未消化食物的蛋白质易透过肠壁吸收到体内，因此吃牛奶的新生儿因异体蛋白质的吸收，日后发生过敏性疾病比较多。新生儿对母乳消化吸收率高，而对牛乳消化吸收率较低，所以提倡母乳喂养。

7. 排泄

新生儿出生后10小时左右开始排出胎便，胎便呈黏稠棕褐色或绿色，生后第1天排出的完全是胎便，第2～3天排过渡便，以后逐渐排出黄色粪便。刚出生时，膀胱内有少许尿液，一般出生后24小时内排尿，少数新生儿在24小时后排尿。最初几天由于液体入量不足，每天排尿4～5次，1周后可达十余次左右。

8. 神经系统

由于大脑功能发育尚不完善，故会出现不自主的运动：新生儿具有觅食、吸吮、吞咽、伸舌头等非条件反射，味觉发育良好，嗅觉较弱，痛觉较迟钝，触觉和温觉灵敏，温暖能引起兴奋，寒冷引起不安，对光有反应，新生儿的最佳视距（聚焦处）是20厘米，出生3～7天后听觉逐步加强。神经系统检查有寻食反射、拥抱反射、躯颈（矫正）反射、交叉伸腿反射、屈肌张力增高动作和行为，全身动作无规则，完整的非条件反射（寻食、吸吮、吞咽、握持、行走），趴在床上，双肩摆开，前面摇铃逗引时可自行抬头1～2秒，满月后俯卧抬头离床可达3厘米。手握拳，当大人用手指触摸手心时，他会紧握，为握持反射，此时甚至可将小儿提起。

新生儿大脑皮层的兴奋性较低，神经活动过程弱，外界刺激对他（她）们来说都是过强的。因此，新生儿非常容易疲劳，致使皮层兴奋性更加低下而进入睡眠状态。在新生儿期，除了吃奶外，几乎所有的时间都在睡眠中，一天所需的睡眠时间约在20小时以上。随着大脑皮层的发育，小儿睡眠的时间会逐渐缩短。有人将新生儿所有行为按照觉醒和睡眠的不同程度分为6种意识状态，即两种睡眠状态，安静睡眠（沉睡）、活动睡眠（浅睡），三种觉醒状态：安静觉醒、活动觉醒和哭，及介于觉醒和睡眠之间的瞌睡状态。

除外，新生儿有以下特殊的生理状态：生理性体重下降、生理性黄疸、假月经及乳房增大。

9. 生理性体重下降

新生儿由于出生后2～4天摄入少，经皮肤及肺部排出的水分相对较多，可出现体重下降，属生理现象。下降范围一般不超过10%，4天后开始回升，7～10天恢复到出生时水平，新生儿生理性体重减轻是一种正常现象。但如果生后10天体重仍然没有恢复至出生时体重，或者体重下降超过10%均属于异常，就应该到医院看医生寻找原因，予以治疗。

10. 生理性黄疸

约有50～75%正常新生儿有黄疸，新生儿时期的生理性的黄疸一般在出生后2～3天开始出现，第4～6天达到高峰，以后将逐渐减轻。足月新生儿在2周内会自行消退，早产儿会延长至3～4周，黄疸程度一般不深，皮肤颜色呈淡黄色。黄疸只限于面部和上半身，但手心和脚心不黄，生理性黄疸的血清胆红素足月儿不超过204μmol/L（12mg/dl），早产儿不超过255μmol/L（15mg/dl）。黄疸时新生儿的一般情况良好，体温、食欲和大小便的颜色均正常，生长发育也正常。

11. 假月经（阴道出血）

女婴出生后第3～7天，有的可见阴道少量出血，有时还带有白色分泌物，这是由于女婴在母体内受到雌激素的影响，使其阴道上皮及子宫内膜增生。胎儿娩出后，雌激素水平下降，子宫内膜脱落，阴道就会流出少量血性分泌物，及白色分泌物，亦称假月经，无论是假月经还是白带一般在生后约持续数天自止。

12. 乳房增大

新生儿不论男女在生后的几天内可能会出现乳房肿大，如蚕豆至鸽蛋大小，甚至分泌少许乳汁样液体，多在生后3～5天出现，原因是由于新生儿体内含有从母体中得到雌孕激素、泌乳素等，这些激素刺激了乳房肿大和泌乳，这是正常的生理现象，不用处理，出生2～3周后就会自然消退。切忌挤压乳头，以免造成细菌性感染。

二、心理特点

新生儿具有很强的心理反应的发展潜力，在中枢神经系统发育的基础上，以及在环境和教育的影响下将逐渐发展起来的。

新生儿出生后，除一般神经学或反射性行为（如觅食反射、拥抱反射、吸吮反射等）外，还有适应周围环境的能力。自出生后，即有对客观发生视觉固定的能力，特别对人脸感兴趣，尤其在吃饱后看母亲慈爱的笑容。喜欢大人抱起来与其说话，逗笑。对甜、咸、苦常用微笑、皱鼻、伸舌或挣扎表示欢迎、讨厌、拒绝。

新生儿对环境变化所产生的某些行为，称为"适应反应"，当一种新的刺激抵达听、视及其他感觉系统时，新生儿会变得较为警觉，此时头可向刺激方向转动，并伴心率加快等生理方面的改变，当对这种刺激逐渐适应时，则心率减慢。在经常性的亲子对视和逗笑中，让宝宝认识父母的音容笑貌。正常新生儿会自发地微笑，一般在2~3个月时出现逗笑，也就是社会性微笑。而从出生后经常接受父母逗笑的婴幼儿，在1个月左右开始出现社会性微笑。

新生儿最大的特点是：心理现象的发生与发展都极为迅速，婴幼儿在出生后1个月内只有两种反应：一种是获得满足与舒适感后的愉快情绪，另一种是饥饿、寒冷、尿布潮湿等所引起的不愉快情绪。3个月后即可有欲求、喜悦、厌恶、愤怒、惊恐、烦闷等6种情绪反应。因此，父母可以根据新生儿的心理特点，更好地与宝宝沟通，更好地培养宝宝的反应能力，并融洽亲子关系。

新生儿在母体内就发育形成了视、听、嗅、触摸觉等多种感觉器官，并且具备了对外界刺激作出反应的神经通路，可以进行无条件反射。比如，当母亲把乳头放入新生儿口中时，新生儿的嘴立即就会做吸吮动作；当他的鼻孔受刺激时，就会打喷嚏；当抓挠他的小脚心时，他还会缩脚，双手双脚乱蹬。这都说明新生儿具有对外部世界的反应能力，但这种能力是遗传而来的、与人类生存相联系的、固定的本能行为。在此基础上，小儿与环境会建立新的更复杂的联系，进行简单的学习。出生10天左右，在母亲抱起婴幼儿准备喂奶时，只要一做出要喂奶的姿势，不等乳头放到宝宝口中，他的口就会做吸吮动作，这就说明婴幼儿在多次吃奶后得出经验，学会了把喂奶姿势与吸吮乳汁的动作直接联系起来。这种条件反射就是新生儿心理发生的标志，也就是婴幼儿学习活动的开端。

在这种条件反射形成之前，新生儿的脑机能还处于比较低级的水平，许多先天条件反射是在中脑进行的。出生后几天的新生儿，其大脑虽然在结构上已初具成人的脑的规模，但脑的重量、容积，尤其是脑的机能还远远不够发达，不容易在大脑皮层上形成比较稳定的优势兴奋中心，因此不能够建立刺激与反应的暂时联系。观察证明，新生儿出生后头几天大部分时间都处在睡眠状态，这就是由于新生儿的大脑皮层还不能适应外界刺激物的强度，一般的普通刺激对新生儿来说就是超强刺激了，就会引起保护性抑制——睡眠。

婴幼儿的视觉和听觉等在新生儿时期就都能呈现出来。他们的心理发展需要外界环境通过这些感觉器官不断地给予刺激。研究证明，缺乏刺激对于正在生长发育的新生儿是不利的。新生儿也有一种与外界交流、与人交往的需要，对于符合这种需要的刺激会做出积极的情绪反应，这会促进他们的生理和心理上的成长。因此，成年人，尤其是哺育婴幼儿的父母亲和看护者对婴幼儿的精心照料和温柔、热情的爱抚都会引起新生儿良好的情绪和反应；安全而又丰富的环境刺激会给新生儿提供一个良好的智力和情绪发展的环境，形成符合社会要求的各种行为，为宝宝一生的幸福成长建立一个良好的开端。

思考与练习

1. 新生儿的生理发育特点有哪些？

2. 新生儿的心理特点有哪些？

第二节 指导要点

> 早教专业人才应是婴幼儿的育儿专家,是宝宝父母的指导老师,首先必须充满爱心,有了爱心你就可以满足宝宝爱的需要,也赋予你神奇的"魔力",成为你早教智慧永不枯竭的源泉,你将会始终微笑地面对每一个孩子,热爱每一个孩子。你将会永无止境地学习提高,为早教事业献身。

一、育儿理念

[一] 珍爱新生命

新生儿在温暖的子宫里安安静静地呆了40个星期,忽然在20小时内就要经过母亲的产道,冲出一条血路来到世界,这就已经够累了。然后连结胎盘的脐带断了,肺也打开了,就第一次开始了呼吸,循环也大改造了,如果这时能顺利的话,还得张嘴吸吮母乳、吞咽、消化、吸收,这些都是首次,然后肝还得工作,胆汁要排出去,所以说新生儿面临的是生与死的改变,是一个人一生中最大的改变。我们要千方百计让他气能通、血流畅、奶吃好、胆排好,让他活下去,这就是我们面临的最大的考验。大多数时宝宝是能顺利度过这个关键期的,而前面鹏程万里。这是新生儿育儿的第一理念——珍爱新生命。

[二] 促进潜能开发

新生儿累了，要睡觉，一天要睡20小时左右，只有几小时是醒着的，但一睁眼，原来这个世界这么大、这么亮。噢！他能看见，给个红球，在离他20公分的地方，他的眼能跟着球走。"宝宝，你醒啦，我摸摸你好不好？"一个柔和的声音，一只大手来轻轻地摸了头部。噢！他能听见，用手摸也感觉到，这太好了！原来他视、听、味、嗅感觉都有了，还能和人交流，这对妈妈是最大的惊喜，也就是他有潜能，可以开发的潜能，我一定要好好爱他，把他培养好，这是育儿的第二理念——促进潜能开发。

[三] 科学喂养、精心照料

于是把孩子睡在小床里，放在身旁，睡觉时一只手放在他身上，这就是母婴24小时值班制，一有极小的动静，马上醒来，数天之内可以产生上百个问题，绝对是做到第一个发现，就很好。新生儿变化多端，来得快，去得也快，所以一定要加强观察，早期发现，及早处理，这是哺育新生儿的第三理念——科学精心照料。

此外，哺育新生儿还必需做到父母主导、良好环境、温柔呵护。

这是由客观情况所决定的，新生儿初来乍到，这时期的生活主要在家里，初为父母的人是抚养新生儿的主导者，对于刚刚出世的新生儿来说，适应母体外的生活环境是艰巨的一步，宝宝机体的一切变化、调整需要一段时间，为此，必须为新生娇弱的婴幼儿创造一个优美、清洁、舒适的室内生活环境，帮助他适应和习惯这周围充满阳光和空气的世界；必须给予他温柔的呵护、科学的喂养、精心的照料，让他度过生命的重要时期，促以健康地成长。

二、新生儿时期常见问题及其处理

早教师应是婴幼儿的育儿专家，是宝宝父母的指导老师，面对新生幼小生命的成长需要创造良好环境、科学喂养、精心生活护理、疾病预防、早期教育等等全面的呵护。为此，你必须掌握抚养新生儿全面知识和技能：你必须了解新生儿身心发展特点；学会如何抱孩子、安抚孩子；学会喂奶的方法，能使婴幼儿正常地吃奶；学会给孩子洗澡、换尿布；会清洁皮肤，做好脐带断端及臀部的护理；会让孩子舒舒服服地睡觉；做好消毒隔离，预防疾病；学会抚触，促其宝宝动起来，并和宝宝对视、说话、交流，开始早期的教育，促进其潜能发展；还能随时解答父母提出的问题，指导父母对宝宝的养育，使宝宝实实在在受益。

由于新生儿器官未发育完善，功能不成熟，变化多端，为此，本章节针对新生儿时期的监护问题，使保育人员和父母学会对新生儿进行严密观察，判断正常与否，辨别哪些异常是暂时的，可以自然恢复；哪些是可以就手处理的；哪些异常需要找医生进一步确诊、治疗，从而帮助新生儿顺利地度过生命的初始阶段，为宝宝的健康成长奠定良好的开端。以下提及育儿早教师和父母应留意新生儿一些常见异常现象。

[一] 产瘤

有的新生儿出生后，头部可触摸到一个隆起的"包"，用手摸感到柔软，压之有凹陷，这种"包"叫产瘤。产瘤的发生是由于新生儿的头在通过母亲产道时受到挤压，局部的血液循环受阻，造成头先通过产道的部位皮下水肿，这种情况无需特殊处理，几天后会自然消失。

[二] 头颅血肿

头颅血肿是由于胎位不正，头盆不称，在分娩过程中胎头受产道骨性突出部位压迫或因产钳助产牵引损伤所致。血肿部位多在顶部，常为一侧。在出生后数小时至数天逐渐增大，血肿边缘较清晰。血肿在数日后可变硬，数周或数月吸收。小的血肿不需治疗，大的血肿可导致黄疸，需到医院治疗。

[三] 脱皮

几乎所有的新生儿都会有脱皮的现象，不论是轻微的皮屑，或是像蛇一样的脱皮，只要宝宝饮食、睡眠都没问题就是正常现象。脱皮是因为新生儿皮肤最上层的角质层发育不完全，容易脱落。此外，新生儿连表皮和真皮的基底膜并不发达，使表皮和真皮的连接不够紧密，造成表皮脱落的机会增多。这种脱皮的现象全身部位都有可能会出现，但以四肢、耳后较为明显，只要于洗澡时使其自然脱落即可，无须特别采取保护措施或强行将脱皮撕下。若脱皮合并红肿或水泡等其他症状，则可能为病症，需要就诊。

[四] 新生儿红斑

有的新生儿生后第一天内会出现皮肤普遍发红，并伴有指尖大小的红点。这可能是由于冷而干燥的外界环境及毒素的影响引起的。持续1~2天后逐渐消退，出现脱屑，以足底、足心及皱褶处多见，脱屑完毕后，皮肤呈粉红色。

[五] 粟粒疹

新生儿的鼻尖，鼻翼及颊部等处常有针尖大小的黄白色点，由皮脂腺堆积所致，称为粟粒疹，而非脓疱，蜕皮后会自然消失。

[六] 湿疹

湿疹是新生儿常见的皮肤异常情况，孩子出生后两周开始，面部出现红点，眉上、眉下及发际处出痂，有的还可在四肢及躯干上出现。由于皮疹处较痒，孩子有时会出现哭闹。湿疹发生的原因主要是孩子消化功能不成熟，不能够完全消化所食奶中的蛋白质，而导致轻微过敏反应，所以湿疹又叫"奶癣"，最多见于吃奶的婴幼儿，人工喂养小儿较母乳喂养孩子病情重。患有湿疹的孩子不要用肥皂洗涤患处，以免刺激。一般情况下湿疹无需治疗，随着孩子辅食的逐渐添加会自然好转，较多时可于局部涂肤氢松软膏或0.1%的塞米松软膏或0.5%强的松软膏，但严重的湿疹或继发细菌感染应到医院就诊。

[七] 尿布疹

尿布疹也红臀，是孩子在垫尿布的部位皮肤发红、轻度水肿，甚至皮肤糜烂。多由于大小便刺激皮肤后引起的，也有可能是洗尿布时肥皂水未完全冲洗干净，刺激皮肤后引起的。孩子每次大便后洗净臀部，及时更换尿布，必要时可选用吸水性好的纸尿布。一旦发生尿布疹，应及时进行治疗，否则由于新生儿皮肤娇嫩，皮肤屏障功能差，细菌可以很容易通过皮肤进入血液，引起严重后果。

[八] 啼哭

啼哭是孩子与外界交流的一种正常的生理现象，正常的啼哭声应是婉转、有力的。啼哭能使呼吸加深，增加肺活量，加快全身血液循环，促进机体新陈代谢，对全身各个系统的健康发育都有积极的促进作用。啼哭是新生儿的特殊语言，包含许多含义，我们成人要理解它。但如果孩子日夜不停地啼哭，会影响孩子和母亲的休息，有时候啼哭是孩子疾病的征象，应加以区别，以下常见情况供参考：

1. 饥饿或口渴

可用乳头去逗他，如果孩子张嘴，一含住乳头可立即停止啼哭。

腹痛或腹胀，触摸孩子的腹部，如果很胀实，可把孩子抱起来轻轻地拍背，这样可以帮助他将吃奶时吞进的空气排出来。有时可让他趴着睡，这对减轻腹痛很有好处。如经以上处理孩子啼哭未见减轻和改善应及时就诊。

2. 尿布湿或衣着太多

可检查一下孩子的尿布或触摸孩子身上是否出汗，给以更换尿布，减少衣服，苦闹停止。

3. 想睡觉

如果孩子房间较嘈杂，或家中来客人吵醒孩子，就会啼哭，这时应当促使环境清静，轻轻地拍拍孩子让他安静下来，进入睡觉。

4. 要人抱

有的孩子特别喜欢让人抱着他，一抱就停止啼哭，这时除了抱抱孩子，没有其他办法。

5. 疾病

有时孩子患病不适时也会不停地啼哭，要结合看孩子的其他表现，如流涕、腹泻、发热、呕吐等情况，发现孩子是因为疾病而致的啼哭时，应尽快到医院检查治疗。

[九] 发热

发热是孩子最常见的症状之一，也是疾病的信号，正常孩子的体温一天内有一定的波动，由于进食、活动等所致的代谢会影响孩子的体温。

一般新生儿测量体温的部位有腋下、肛门两种，其中以肛门表所测有体温高，腋下所测的体温低，其差异范围为0.3～0.5℃。正常新生儿腋下体温为36.5～37.2℃。新生儿由于体温调节中枢发育不成熟，身体的温度易受环境温度变化的影响，有时可表现出发热。如果孩子温度仅是升高，而又无其他异常表现，可能是室内温度过高或衣着过多所致，这时只需要减少衣服或降低环境温度即可。如果孩子发热的同时伴有不吃奶、精神差、面色灰暗等，则表明是疾病所致，且病情较重，需要到医院就诊。

值得提醒的是新生儿发热，一般不宜使用退热药，因为目前的退热药都为解热镇痛类药物，可影响新生儿血小板的凝血活性，有时使用后会导致新生儿出血。若宝宝发烧38.5℃以上，可用物理降温，温湿布敷前额或擦身，使其降温。

[十] 脱水热

新生儿皮下脂肪薄，体表面积相对较大，容易散热。室温过高时通过皮肤散热增加。如果此时体内水分不足，血液浓缩，易使新生儿发生脱水热。脱水热的热度一般不超过38℃，如能及时发现，补液后可很快降至正常。

[十一] 打喷嚏

新生宝宝偶尔打喷嚏并不是感冒的现象，因为新生儿鼻腔血液的运行较旺盛，鼻腔小且短，若有外界的微小物质如棉絮、绒毛或尘埃等进入，便会刺激鼻黏膜引起打喷嚏，这也可以说是宝宝代替用手自行清理鼻腔的一种方式。突然遇到冷空气也会打喷嚏。除非宝宝已经流鼻水了，否则家长可以不用担心，也不要动辄让宝宝服用感冒药。

[十二] 频繁打嗝

宝宝出生后的几个月内，一直都有较频繁的打嗝，这是由于横膈膜还未发育成熟。此外，有时打嗝是由于宝宝过于兴奋，有时则是由于刚喂过奶。到了3～4个月的时候，宝宝打嗝就会减少了。若家中的宝宝持续地打嗝一段时间，可以喂宝宝喝一些温开水，以止住打嗝。

[十三] 呕吐

宝宝的呕吐有两个原因，一是因病呕吐，二是吸奶过多引起呕吐。

小宝宝吃奶后，时常从嘴巴流出少量奶水，这叫做"溢奶"。这是由于喂奶太多或哺乳后未能很好地嗳气而发生的一种生理现象。

病态的呕吐是指口、鼻孔突然大量地吐出或喷出奶水，或将全部奶水都吐出来。吐出来的东西有时不仅是奶渣，呕吐严重时还可能有黄色胆汁、血色物体或咖啡色物，这时必须到医院就诊。

[十四] 惊跳

新生儿常在入睡之后有局部的肌肉抽动现象，尤其手指或脚趾会轻轻地颤动，或是受到轻微的刺激如强光、声音或震动等，会表现出双手向上张开，很快又收回，有时还会伴随啼哭、惊跳反应。这是由于新生儿神经系统发育不成熟所致。此时，只要大人用手轻轻按住宝宝身体的任何一个部位，就可以使他安静下来。

[十五] 斜颈

有些新生儿出生后头偏向一侧，脸斜向对侧，且下巴有些抬高，这极可能是先天性斜颈，需及早治疗，否则将会影响孩子面部的发育，导致面部不对称畸形。先天性斜颈的发病与胎位不正、难产或胸锁乳头肌受到损伤有一定的关系，需看医生。

[十六] 鞘膜积液

有些男婴的阴囊，出生后一侧或两侧可见肿大，触摸有胀实感，这是因为在婴幼儿睾丸外面的鞘状突内含有较多液体及鞘状突尚未完全闭合的缘故，这种情况在孩子1岁内完全有愈合的可能。

[十七] 脐疝

脐疝是脐窝处圆形或卵圆形的局部性隆起，这是因为腹部肌肉尚未完全长好，当腹内压力增大时，脐窝就突出来，一般在孩子2岁内会自然好转。如果脐疝较大时，应给予腹带压迫治疗，同时应尽量避免孩子哭闹，导致腹内压力增高。

[十八] 红色尿

新生儿出生后2～5天，由于小便较少，加之白细胞分解较多，使尿酸盐排泄增加，可使尿液呈红色，并在排尿时出现啼哭，多在尿液染红尿布后被发现。此时可加大哺乳量或多喂温开水以增加尿量，防止结晶和栓塞。

[十九] 宝宝的嗓子有"咕噜、咕噜"的声音

小宝宝的嗓子总是"咕噜、咕噜"的声音，好像是有痰，是不是患了肺炎或支气管炎？当然，宝贝在患了呼吸道感染时，经常会使呼吸道出现很多炎症分泌物，导致宝贝咳嗽、咳痰。不过，有些宝贝出现这种现象，却并不一定是呼吸道有炎症，而是由于唾液腺的逐渐发育，使唾液分泌越来越多，由于吞咽功能发育未完善，小宝宝不会把增多的唾液及时吞咽下去而引起。当过多的唾液积存在咽喉部位时，就容易使嗓子里发出"咕噜、咕噜"的声音，听起来就好像是嗓子里有痰，尤其是仰卧或变动体位时。这种"异常"的现象，会随着宝贝的吞咽功能逐渐发育完善，慢慢学会吞咽动作而逐渐消失。如果这种现象一直不见消失，可能是身体内存在着异常情况，应及早带到医生那里就诊。

[二十] 大便的异常

每天给小宝宝换尿垫时，一定要留意宝宝的大便性状，是否异常。新生儿的胎粪一般在生后3～4天内排尽，而后转为正常的黄色粪便。如果小儿是母乳喂养的，则大便呈金黄色、稀糊状；如果小儿是完全用牛奶或奶粉喂养的，则大便呈淡黄色、常常较干；混合喂养者则大便性状介于以上两者之间。新生儿每天大便次数不定，一般为2～5次，母乳喂养的新生儿大便次数要多一些，有的新生儿每次换尿布时尿布上都有大便，如果大便较均匀、水分不多、不含黏液或者偶尔带有少许奶瓣，这都是正常现象。人工喂养的新生儿如果发现大便呈灰色、质硬、较臭，多表示所吃东西中蛋白质过多而糖分过少，应改变所用奶粉的品种或改变牛奶和糖的比例。母乳喂养的新生儿，如大便呈深绿色黏液状多表示母乳不足，孩子处于半饥饿状态，须增加母奶量，如母乳确实不足则应添加鲜牛奶、奶粉等。

新生儿大便若有以下异常情况时，就要检查喂养情况或请医生诊治：

1. 蛋花汤样大便

每天大便5～10次，可含有较多未消化的奶块，一般无黏液，表示消化不良，多见于吃牛奶或奶粉的小儿。如为母乳喂养则应继续用母乳喂养，一般不必改变喂养方式，也不必减少奶量及次数，多能自然恢复正常；如为混合或人工喂养，仍应继续喂养，但可适当调整饮食结构，如奶粉喂养者可在配奶时适当多加一些水，将奶稍配稀些，对吃奶减少者可适当喂些含糖盐水，也可适当减少每次的喂奶量而稍增加喂奶次数。如果2～3天大便仍不正常，则应请医生诊治。

2. 绿色稀便

多在天气变化，或吃了难以消化的食物后发生，每天大便次数多为5～10次。

3. 水样便

多见于秋季和冬季，多由肠道病毒感染引起。小儿大便次数多在每天10次以上，呈水样，量较多。由于小孩丢失水分多，常常出现脱水表现如口唇干燥、眼窝凹陷、眼泪少或无眼泪、小便少或无、皮肤弹性差等，小儿还可出现精神不振、吐奶、不吃奶等表现，应及早就诊，并应注意婴幼儿用具如橡皮奶头等的消毒。

4. 黏液或脓血便

多见于夏季等天气较热时，多为细菌感染引起，也应及早就诊。

5. 深棕色泡沫状便

多见于人工喂养儿，多由于食物中淀粉类或糖过多所致（如奶粉中加糖过多、过早添加米汤等谷类食物等），通过适当调整饮食结构多能恢复正常。

6. 油性大便

粪便呈淡黄色，液状，量多，像油一样发亮，在尿布上或便盆中如油珠一样可以滑动，这表示食物中脂肪过多，多见于人工喂养儿，需要调整饮食结构，如适当增加糖分或暂时改服低脂奶等，但低脂奶不能作为正常饮食长期吃。

7. 便秘

多见于人工喂养儿，多在天热、出汗多而饮水又过少所致。小儿排大便困难，大便很干，可呈颗粒状，往往几天才大便一次，小儿还可出现腹胀、不安等表现。若1～2天才一次大便，伴腹膨隆，及早到医院确诊。

[二十一] 体重不增

正常新生儿出生时体重一般在2500～4000克之间。孩子出生后3～5天，体重会有所下降，一般减少140～240克，不超过250克，这是正常生理性体重下降。到出生第10天应恢复到出生前的体重。以后孩子会每天增加30～40克。如果在应该体重增的时候出现体重不增，甚至下降，应积极寻找原因。孩子体重不增的原因最常见的是喂养不当和疾病影响。对于人工喂养的孩子，由于父母担心牛奶过稠会导致孩子消化不良，给孩子喂奶时，加水太多，使孩子长期处于饥饿状态，影响体重增加。在孩子患病期间出现体重不增表明疾病没有控制，特别是感染性疾病，应积极控制感染。

[二十二] 听力异常

根据世界卫生组织对听力损失儿童一贯执行"三早原则"：早发现、早诊断、早干预，我国卫生部颁发的《新生儿疾病筛查管理办法》均在全国施行，其中规定：新生儿听力筛查成为其中一项重要内容。新生儿出生2～7天可做听力筛查，有异议的，还在出生后42天进行复查。大人也能早期发现孩子听力异常。孩子刚一出生就能听到声音，虽然他们不会做出主动的反应，但他们却能在声音的刺激下产生下意识的反射活动，比如避开他的视觉，在他耳旁敲击物品产生声音，他会做出眨眼、身体抖动等动作。4个月之后，孩子就有了主动寻找声源的能力，听到强的声音刺激后会用眼神或转动头去寻找。一旦发现孩子听力异常，应及早到医院确诊，进行早期干预。

[二十三] 眼睛异常

刚出生孩子的眼睛，双眼几乎一直是紧紧闭合着，每天只有一会儿的时间能睁开。但是，当小宝宝醒来的时候，把他（她）抱到黑暗处，有时也会睁开双眼的，有时从新生儿眼白部分可看到红色出血斑块，那是分娩过程中形成的出血，不是异常。3~6个月以后会自愈，也不会影响眼睛和视力的。异常的眼睛是眼神常常停留在一处或上方，或眼球落下后便不动了。此外，小宝宝的眼睛因患结膜炎和眼睑炎有时会有眼垢，但千万不可随便上眼药。发现以上情况应抱宝宝找医生进行检查、治疗。

大人也可以通过以下4种方法早期发现新生婴幼儿的视觉发育是否异常：

1. 对光反射

用手电筒照眼睛，此时新生儿立即闭眼。轻开眼皮照瞳孔，瞳孔会缩小，此谓瞳孔对光反射；

2. 头眼协调动作

新生儿低头前倾、眼球向上转。头后仰，眼球向下看，此谓"洋娃娃眼"；

3. 短暂原始注视

用一个大红色绒球在距眼20厘米处移动60度角的范围，能引起新生儿注视红球，头和眼还会追随红球慢慢移动，此谓头眼协调；

4. 运动性眼球震颤

在距新生儿眼睛前20厘米处，将一个画有黑的垂直条纹的纸圆筒或鼓（长约10厘米，直径约5~6厘米），由一侧向另一侧旋转，新生儿注视时会出现眼球震颤，即眼球会追随圆筒或鼓的旋转来做水平运动。此谓视觉运动性眼震。

若以上4项检查均达标，说明新生儿视觉发育良好，否则应立即请医生作进一步检查，尤其是对早产儿。

思考与练习

1. 新生儿育儿理念主要有哪些?

2. 早教教师应留意的新生儿常见问题有哪些？应如何处理？

3. 新生儿大便异常的情况有哪几种？分别应该采取怎样的措施？

第三节
饮食营养

> 母乳是天赋的最符合新生婴幼儿需要的食物，是应该首选的最佳婴幼儿食物。母乳不仅仅为婴幼儿提供营养物质，而且为婴幼儿提供身心发展所必需的功能性活性物质。
>
> 凡事预则立，早做喂奶准备，母子安康。

孩子出生后面临的是生存问题，在生理需要下，他会探索寻觅食物，呈现出先天性吸吮反射，表明他需要进食也有进食能力。

喂哺新生儿有三种方式：母乳喂养、混合喂养及人工喂养。

一、母乳喂养

[一] 母乳喂养的优点

母乳是天赋的最符合新生婴幼儿需要的食物，是应该首选的最佳婴幼儿食物。母乳不仅仅为婴幼儿提供营养物质，而且为婴幼儿提供身心发展所必需的功能性活性物质。母乳喂养的优点有：

1. 形体健康成长

母乳喂养的婴幼儿较人工喂养儿的体格发育好，尽管配方奶粉喂养婴幼儿的体格发育近于母乳喂养儿、个别报告在体重上甚至超过母乳喂养儿，但世界卫生组织指出由于存在着过度喂养不良后果，仍应以母乳喂养为首选。

2. 心理、体能健康发展

母乳喂养婴幼儿无论在智能或运动方面都显著优于人工喂养婴幼儿，如智力指数（MDI），母乳喂养高9.47点（$p<0.01$）；运动指数（PDI），母乳喂养高10.93点（$p<0.01$）。以上结果提示，母乳喂养对婴幼儿身心全面发展是十分有利的。

3. 母子互动拓广心理发展空间

母乳喂养对亲子亲情、依恋心理发展大有裨益，在母亲哺喂婴幼儿时母婴间的皮肤直接密切接触，婴幼儿对母亲语音的反应、应答，眼神交换，一边吸吮乳房一边抚摸母亲胸部或乳房所产生的感情、依恋，对哺乳环境的定位、认识及对环境物品功用的感受等等，都是促进认知发展和加深母婴亲情、增进母子依恋的重要情景因素。与此同时，母婴间不仅通过哺乳过程在心理上双方都得到满足，更重要的是婴幼儿因此获得触、视、听等的环境条件，从而获得心理发展的综合效果。

4. 促进婴幼儿健康

母乳喂养的婴幼儿少生病。据联合国儿童基金会的报告，婴幼儿出生后头几个月就用奶瓶人工喂养的婴幼儿，感染性疾病的发病率和病死率一般都高于母乳喂养儿两倍至三倍。据中国儿童发展中心研究，半岁以内母乳喂养儿呼吸道感染较人工喂养儿少很多，差异非常显著。表明母乳喂养在减少呼吸道感染方面有重要作用。又如用母乳混合喂养（哺喂母乳达日奶量1/3以上）婴幼儿的患病率也较人工喂养儿低很多，差异非常显著。由此可见，即使只是部分喂养母乳也可减少幼婴患病。

5. 有益产后复原

母乳喂养对产妇产后身体复原大有帮助，从婴幼儿降生就坚持母乳喂养对产妇是一种连续持续的良性刺激，可促进子宫收缩，减少产后出血，降低产妇日后罹患骨质疏松、卵巢癌及乳腺癌的概率；产妇喂奶可增加母亲能量消耗，更快促进母亲形体恢复常态，避免产后肥胖。

6. 母乳安全、实效

母乳是人体自身的组织液，与婴幼儿组织具有同一性，可极大地降低食物过敏反应。此外，母乳无污染、清洁卫生、温度适宜、方便、可随时哺喂，成分品质优于其他任何乳类及代乳品，而安全、经济、实惠是其他乳品无可比拟的。

[二] 为母乳喂养早做准备

凡事预则立，早作喂奶准备，母子安康。

1. 准妈妈的心理准备

母乳是半岁以内婴幼儿最理想的食物，可是如何使母乳喂养得以顺利实施并取得成功，重要的一点是孕妇自己一定要有决心。自己有没有奶是遇到的第一个问题。其实，怀孕和分娩是一个特定的生理过程，产后泌乳是人类几百万年进化所获得的本能，这就是说，所有健康妇女在分娩后都有泌乳功能。不过由于某些担忧和希望保有一个苗条身段等的影响，有些产妇常以"我没有奶"为由，拒绝为孩子哺乳。产后自我感觉不能排泌足够的乳量，因而担心婴幼儿得不到足够的营养，确实让产妇担忧不已。但越是担忧焦虑，奶就越少，最后好像真的没有奶了。其实这是精神与心理方面的因素，并不是真正的"我没有奶"。关键在于乳母是否打算喂奶和坚持喂奶。产妇模棱两可、信心不足及焦虑的直接后果是可能出现短暂的泌乳量减少，但随后会自然回升。在这段关键时间，周围关系密切的人们，尤其是丈夫或其他亲人的鼓励是决定产妇能否重新喂哺婴幼儿的至关重要的因素。下定决心，坚持用自己的奶哺喂婴幼儿是母乳喂养成功的最有效的法宝。

2. 准妈妈的乳房准备

从妊娠开始就要注意乳房的清洁，给乳房预留足够的发展空间，佩戴纯棉宽松的胸罩。妊娠5个月后，可以进行乳房的按摩，以促进局部血液循环，有利于乳腺小叶和乳腺管的生长发育。

按摩乳房的方法是：每晚入睡前洗净双手，用对侧手掌顺时针方向从乳房基底部向乳头方向按摩，手法柔和，每次10分钟～15分钟。按摩时应当避免过度刺激乳头，以免引起宫缩。在妊娠后期要强化乳头，以清水清洗乳头后，每日定时自乳晕向乳头部抻拽乳头，使其得以延伸挺立在乳房之上，以免分娩后婴幼儿吸不着乳头而致喂养失败。此外,乳头皮肤经过多次抻拽而增厚,可避免婴幼儿吸吮引起的乳头皮肤皲裂发生疼痛和感染。

3. 维护哺乳妈妈的营养与健康

哺乳期的母亲承担着自身和婴幼儿的营养需要,而且婴幼儿所需的营养随着婴幼儿身体的增长而增多,因此乳母所需的营养较一般育龄妇女高。如果膳食营养不能满足乳母所需,为满足婴幼儿所需,母体将动员自身原有储备以供合成乳汁之用;但长期营养不足时乳母将出现营养不良,表现为体重下降、消瘦和泌乳量减少,乳汁成分也会进而受到影响。因此,保障乳母的膳食营养和呵护健康是母乳喂养成功的基础。

满足乳母营养需要的好办法是为乳母安排平衡膳食。即每3~5天所用食物不少于30种,主副食食品种类的建议用量如下:主食(面粉、大米及部分杂粮)300~350克、肉禽鱼血类100~150克、鲜牛奶(或奶制品)250~350毫升(或豆浆400~600毫升)、豆类(干重)40~50克(或豆腐150~200克)或其相应量的豆制品、(鸡或鸭)蛋类1~2个、蔬菜(尤其深色蔬菜)500~750克、水果150~250克、坚果类25~40克、糖10~25克、食盐不多于6克、油脂15~25克。这个膳食方案不应包括含糖饮料、高糖果汁、巧克力、糖果糕点等。以上食物可综合简化为如下口诀,以便应用。

1个鸡蛋1两豆,2两瘦肉3两果、半斤牛奶6两粮,半斤蔬菜母子康。

[三] 母乳喂养成功要点

产后母乳的分泌受许多因素影响,为保证婴幼儿有充足的人乳来源,根据国内外经验,可采取以下综合措施以维护和促进母乳分泌。

1. 母婴同室

在产院出生的婴幼儿尽可能和母亲在同一房间养护,宝宝在出生后,可赤身偎依在产妇胸怀里,与母亲体肤相接触,可增加乳母信心、加深亲子感情和巩固母乳喂养。洪都拉斯在实施母婴同室和鼓励母亲喂奶的医院管理制度后,医院在两年内新生儿死亡数下降了50%、患病的减少了70%,而且医院节省了用于奶瓶、奶头及配奶方面所花费的大量资金。可见母婴同室维护新生儿健康有很多优点。

2. 尽早开奶、多让婴幼儿吸吮

在新生儿出生后的半小时内立即抱婴幼儿裸放在母亲胸前在乳房上吸吮母亲乳头，虽然这时一般都没有奶汁，但这种吸吮感受构成对神经—内分泌系统的强烈刺激，促使催乳素分泌，诱导产妇乳房泌乳，而且可迅速促进和增加乳汁分泌量，并有助于以后巩固母乳喂养。

母乳喂养成功的关键是，在产后两周内，即使没有多少奶也要坚持每天让婴幼儿吸吮8次～12次。通常在三五天内产妇就会感觉有奶甚至奶胀；宝宝饿了想吃就喂，不必拘泥于几小时喂一次。婴幼儿愈是强烈吮吸乳房，乳汁分泌就愈旺盛。新生儿头几天可以每小时、不短于每3小时喂一次、夜间至少喂2次～3次。如果睡着了可叫醒后喂奶。经过短期训练，就能协调母子间吸乳、授乳行为及心理互动，顺利养成喂奶习惯。

3. 掌握正确的哺乳姿势

要想巩固母乳喂养，培养婴幼儿吮乳习惯（形成条件反射）是重要的一步。乳母应采取正确的哺乳姿势，如坐位、卧位、半卧位等。哺乳持续时间，每次15～20分钟即可。

以坐位为例，母亲坐在有靠背的椅子上，与哺乳乳房同侧的下肢抬高将脚踩在高约20厘米的小凳上，将婴幼儿抱在怀中使孩子整体侧向母亲乳房，婴幼儿的脸颊贴着乳房。乳母将拇指和其余四指分别放在乳房的上方和下方，托起乳房，将乳头轻碰婴幼儿下嘴唇或腮部，当婴幼儿口张大舌向下时，将乳头连同乳晕送入婴幼儿口中，使乳头深入口腔后部，这样，婴幼儿在吸吮时就能充分挤压乳晕下的乳窦，迫使乳汁排出，同时也有效刺激乳头内的神经从而促进母亲脑下垂体分泌催乳激素，增加乳汁的分泌。

4. 每次哺乳都让婴幼儿吸空乳房

哺乳是一种生理行为，产妇的生理性下乳反射至少需时3分钟，在婴幼儿吸吮过程中，乳房内容物约75%在5分钟内排空，90%在10分钟内排空。因而在哺乳时每侧乳房至少应喂5分钟，婴幼儿随后吸到的乳汁，是含有更高量脂肪的乳汁，这既是婴幼儿热能的重要来源，也是更为重要的必需脂肪酸[如花生四烯酸（ARA）、二十二碳六烯酸（DHA）]的来源。每次喂奶时，先尽一侧乳房排空；下次再从另侧乳房开始，两侧乳房交替先喂。每次哺乳都要使乳房排空，每24小时内不少于3次排空乳房，即可增加泌乳量。

5. 不要给初生婴幼儿喂糖水或牛奶

婴幼儿出生的头一两天，产妇还没下奶或只有一点点奶，这是正常过程，可是妈妈常常担心孩子饿着，总想给孩子吃点什么诸如糖水或牛奶之类的东西。其实，婴幼儿饿了才会用力吸吮乳房，这正是培养吸吮习惯的好机会，也是促进乳汁分泌的最好刺激。所以妈妈大可放心，多次让孩子吸吮，这种强烈刺激会大大增加奶量。完全不必要急于为婴幼儿喂糖水或其他饮料。

6. 坚定用母乳喂哺宝宝的信心

产妇要避免疲劳和情绪波动，丈夫和医护保健人员要对产妇进行安抚，并使其充满信心亲自喂哺，这是巩固母乳分泌和使母乳喂养获得成功的重要条件，但乳母本人坚信自己能喂奶和认真喂哺宝则是决定性因素。

[四] 母乳喂养对生命后期健康的深远影响

人类在300多万年进化过程中，对环境食物高度依存所形成的机体代谢模式，是获得自身生存和繁衍后代最本质的潜能。

我国居民长期以谷物类为主食，辅以蔬菜、瓜、薯为副食，较少动物源性食物，低脂为其基调。这种膳食结构在中华民族世代历练过程中、在家庭传承链中形成了对既定环境中食物的适应性和依存性，并进一步形成了人体消化系统在消化、吸收及整体新陈代谢方面的有既定功能的潜在体质，以此构建的基因功能环境，在人与环境统一基础上形成具有中国居民特色的低能量、低蛋白、低脂质的膳食代谢模式。

胎儿在子宫内成长过程中、在承袭孕母营养健康代谢程序的引导下形成自身基本代谢模式，出生后这种本能的代谢模式，即低能量、低蛋白代谢模式在母乳喂养下，借内环境恒定机制而被强化。它通过摄食的自我反馈调节，形成自我控制食量的摄食行为。这种代谢模式对防止日后发生肥胖相关性代谢综合症非常重要而且受益终生。

但在人工喂养情况下，以牛乳喂养为例，膳食营养环境发生了很大变化。每百克牛乳含蛋白质3克，酪蛋白占80%、清蛋白占20%；而每百克人乳含蛋白质1.3克，酪蛋白占29%、清蛋白占71%；这是牛乳和人乳最本质的差别。据2004年世界卫生组织关于婴幼儿能量需要文献，母乳喂养婴幼儿较非母乳喂养婴幼儿平均低16.7%。胎儿出生后即采用人工喂养，迫使婴幼儿调整、改变原已存在的代谢模式以适应新的高能量及高蛋白营养环境，从而形成新的代谢模式并在此基础上较多发生慢性营养代谢失衡综合症、儿童肥胖症就是常见的例证之一。不仅如此，在成年后发生心血管疾病、高血压、肾病、糖尿病、骨关节炎、骨质疏松症乃至淋巴瘤的概率较母乳喂养儿高得多。

不难理解，人们放弃母乳喂养，将使自己的下一代为此付出多么大的代价！

当前世界的共识是：母乳喂养不仅可以保证婴幼儿早期获得合理全面的营养以支持其正常健康的生长发育，而且随后发生成人慢性代谢失衡性疾病的风险也明显少得多，这就是结论。

二、人工喂养

用人乳以外的其他食品代替人乳哺养婴幼儿时称人工喂养。

[一] 什么情况下采用人工喂养

当产妇或乳母患病时常常不能哺喂婴幼儿，或因病不宜实施母乳喂养，常见的原因有乳母患活动性结核病、急性病毒性肝炎、严重心脏病或肾脏病、未控制的糖尿病、恶性肿瘤、精神病以及艾滋病等，也有因其他原因不能喂奶或产妇不愿哺乳者。

[二] 人工喂养时如何为宝宝选择食物

当不得不用人工喂养时，月龄愈小的婴幼儿愈应选用动物性食品代替人乳。但考虑到蛋白质的组成和生物利用率的差别，用人乳喂养时宝宝对蛋白质的需要量每日每千克体重2克～2.5克为参照值，当将人乳改换为动物乳或豆类、谷类食物喂养时，每日每千克体重蛋白质的供给量应增加为3克～4克，常用的替代食品有：

1. 鲜牛乳

这是指以生鲜牛奶为原料，经巴氏杀菌处理的巴士杀菌奶。它具有新鲜、经济及营养成分损失较少的优点。常温下可保存1～2日，2～10℃可保存2～7日，冷冻情况下可保存2～3月。

牛乳中蛋白质含量平均为每100克含3.0克。牛乳所含蛋白质的量约为人乳的2.3倍，其中大部分为酪蛋白，在胃中凝块较大且硬、不易消化。每100克牛乳含脂肪3.2克，乳糖3.4克。牛乳含有约45种人体所需营养素中的22种，其中赖氨酸、钙、维生素B和B12的营养密度较高，是牛乳中尤为突出的营养元素。

市售包装完好并已标明消过毒的鲜牛奶成人可直接饮用，对于宝宝，在喂养前则应将鲜奶消毒，煮沸是常用的方法。

用鲜牛乳为宝宝配制乳液时，一般按每日每千克体重100～120毫升牛乳计算。初出生新生儿则从100毫升开始，另加水50毫升，即将50毫升水加入100毫升牛乳中即成为2份牛奶配1份水，称为2：1奶。配好奶后，可按总量加5%蔗糖，一般不超过8%。煮沸后将总配奶量均分为7份，将每份奶量装入预先消毒的奶瓶中，每3～3.5小时喂一次奶，后半夜停一次，以便母亲休息和宝宝养成在夜间连续睡眠的习惯。

随着新生儿逐渐长大需奶量增加，以后逐渐增加牛乳量到3份或4份加水1份，即3：1奶或4：1奶；至生后4～6周时牛乳中不再加水，而所需的水分可在两次喂奶之间另外喂食。

2. 全脂牛奶粉

这种奶粉在生产过程中已加热处理，其酪蛋白凝块较鲜牛奶细软，有利于消化吸收。配制时用1汤匙奶粉加4汤匙水即还原为鲜牛乳，再按上述方法配制所需奶量。

3. 配方奶粉

目前市场上有许多品牌的配方奶粉，厂家各有陈述，均以其接近人乳作为特色，选用时可按其说明书调配。但配方奶粉与人乳最根本的区别是它不具有人乳多种抗感染的功能，也不含有生物活性物质，因而在保健方面不可寄予期望。

总的来说，不论用什么乳品进行人工喂养，还需及时添加不足的营养成分，如浓鱼肝油、钙片、维生素C，较早添加新鲜果汁、菜汁和果泥等食品。

[三] 人工喂养带来的健康问题

主要表现在母子两个方面：
- 由于失去母乳中免疫成分的保护，宝宝承担较高的患病风险。如腹泻、呼吸道感染、中耳炎、败血症、脑膜炎，以及营养不良、过敏性疾病、多种营养素缺乏性疾病等等。
- 人工喂养降低了母子亲情联系、淡化母子恋情和心理交流、迟滞心理及智能发展。
- 人工喂养儿发生成人慢性代谢失衡性疾病的概率增高明显。
- 人工喂养增加母亲罹患卵巢癌及乳腺癌的概率。

三、混合喂养

当母乳不足或乳母因工作需要不能按时喂奶时，而婴幼儿尚未到添加辅食的相应月龄时，在母乳外必须添加牛、羊乳或代乳品才能满足宝宝生长发育的需要。这种喂养方式叫混合喂养，混合喂养有两种方式。

[一] 补授法

即在婴幼儿充分吸吮母乳后，不足部分用牛乳或其他代乳品补充，以使婴幼儿获得预期的喂养食物并有饱足感。此法适用于母乳不足的情况并有利于刺激母乳的分泌。

[二] 替代法

由于乳母外出工作，以牛乳等替代一次或数次母乳。牛乳配制方法可参看上述人工喂养部分。

但不论为何种原因采用混合喂养，至少应保证婴幼儿用母乳喂养至母亲产假结束；若经努力仍做不到时，在生后2～4周内，应坚持一昼夜母乳喂养不应少于3次，才能保护婴幼儿少生病和不得重病，也有利于乳母继续授乳。

思考与练习

1. 母乳喂养的优点是什么?

2. 成功进行母乳喂养需采取哪些措施?

3. 人工喂养时如何为宝宝选择食物?

4. 人工喂养带来的健康问题有哪些?

第四节
生活护理

经常给宝宝洗澡可以防止皮肤感染，促进皮肤的排泄，是宝宝健康成长的一项重要措施。

分娩过程中胎儿通过产道时，眼睛易被细菌污染，所以出生后要注意眼部护理。

睡眠是每个人正常生活中不可缺少的一部分，良好的睡眠能调整体况，消除疲劳，有利于机体的新陈代谢，促进生长发育。但是在每一年龄阶段，对睡眠的时间要求是不一样的。新生儿每天的睡眠时间约为20个小时左右。

一、新生儿卧室环境

新生儿体温调节中枢尚未发育成熟，体温变化易受外界环境的影响，故选择能使新生儿保持正常体温的环境很重要。婴幼儿居室应选择向阳、通风、清洁、安静的房间。新生儿可单独睡一小床，但最好和母亲在一个房间，可把小床上放在母亲的床旁。房间的温度和湿度要相对稳定，室温要以20～24℃，湿度以50%～60%为好。任何季节每天都要定时开窗通风换气，冬天通风时要给新生儿戴好帽子，盖好被子，时间不要超过20～30分钟。天气温度较高时，可用空调降温，温度可在26℃左右，注意空调不要直吹孩子。家长要根据室内温度给宝宝盖被以防着凉。

新生儿居室的装修、装饰，要简洁、明快，可吊挂一个鲜艳的大彩球及一幅大挂图，以刺激婴幼儿的视觉，勿将居室搞得杂乱无章，使婴幼儿的眼睛产生疲劳。不能让婴幼儿住在刚粉刷或刚油漆过的房间里，以免氢气、甲醛等对人体的伤害。婴幼儿的居室最好不铺地毯，因地毯不易清洁，易藏污垢，不仅会产生是致病源还有可能会成为过敏源。新生儿居室应禁止吸烟，避免有呼吸道感染的人探视。

二、新生儿的衣物

由于新生儿皮肤娇嫩，易被擦伤，易发生过敏，故选择衣物、尿布时应注意。衣物应选用质地柔软、吸湿、透气性好、浅色的棉织品为宜，也可用旧的棉布衫改做。勿用毛、化纤织物等对皮肤有刺激的布料做内衣。衣服要宽松、开襟、开裆，既易于穿脱，也有利于孩子的活动。衣服上不要使用扣子、拉链，以防擦伤，或脱落时误入口中发生意外。可用带子系扣。连脚裤要足够宽松让宝宝伸直腿，不要用过紧的松紧带束系，以防影响胸廓发育。不要戴手套或把小手藏在袖子里。总之要保证宝宝舒适且四肢活动自如。

新生儿的衣物应勤换洗，勿用去污力强的洗涤剂，用普通肥皂洗涤即可，注意一定要用清水漂洗干净，以免残余的洗涤剂刺激婴幼儿的皮肤。存放时也不要用樟脑球，以免某些小儿出现溶血性黄疸。

尿布也应选用柔软、吸水性强、耐洗的棉织品，旧布更好。尿布不宜太厚或过长，尿布太长尿湿时易污染脐部。尿布必须及时清洗，用开水烫，阳光下晒干备用。有条件的可选用一次性尿布。扎尿布时不宜过紧或过松，过紧不仅有碍孩子活动，也影响宝宝的呼吸；过松粪便会外溢污染周围；不宜将塑料布包裹在尿布外面，易发生红臀和尿布疹。

三、如何给新生儿洗澡

经常给宝宝洗澡可以防止皮肤感染，促进皮肤的排泄，是宝宝健康成长的一项重要措施。条件许可的情况下，可以每天给宝宝洗澡。具体以下：

[一] 做好洗澡前准备

操作者先调整好心态，以愉悦的心情让宝宝享受沐浴的乐趣，让每天这短短的洗澡时间，成为母子之间亲密互动的美好时光。在家里给宝宝洗澡时,最好父母共同参与,一个洗,一个在边上帮忙。

记住,一定要把手上的戒指或手表取下,以免误伤到宝宝。

关好浴室门窗,可打开排气扇,浴室温度保持在25℃左右。

先放凉水后兑热水,用肘部试至温度适宜,水温以38~40℃之间为宜。

准备好宝宝沐浴专用的小毛巾、浴盆、洗发水、沐浴液(忌用刺激性肥皂,一般可选用专门的婴幼儿皂或婴幼儿浴液)、润肤露、小浴巾、大浴巾、棉花棒、尿布和内衣等。

[二] 开始给宝宝洗澡

洗澡时亲切地注视着宝宝的眼睛,告诉他:"要舒舒服服地洗个痛快了!"先给宝宝脱去衣服,裹上浴巾,大人左臂和身体轻轻夹住孩子,让孩子呈仰卧位,左手托住小儿的头部,并用左拇指、中指从耳后向前压住耳廓,以盖住耳道入口处,防止洗澡水流入耳内。先擦洗面部,用一专用小毛巾沾湿,从眼角内侧向外轻拭双眼、嘴鼻、脸及耳后,以少许洗发水洗头部,然后用清水洗干净,揩干头部。洗完头和面部后,如脐带已脱落,可去掉浴巾,将宝宝放入浴盆内,以左手扶住小儿头部,以右手顺序洗小儿颈部、上肢、前胸、腹,再洗后背、下肢、外阴、臀部等处,尤其注意皮肤皱褶处要洗净。

清洗后将孩子用大毛巾包好,轻轻擦干,注意保暖,在颈部、腋窝和大腿根部等皮肤皱褶处涂上润肤液,夏天扑上婴幼儿爽身粉,注意使用的必须是对婴幼儿皮肤无刺激的有品质保障的护肤品。成人使用的护肤品不宜婴幼儿使用,以免被皮肤吸收引起不良反应。

[三] 洗澡时的注意事项

- 最好是在宝宝排便后、喂奶前1小时洗澡(若在喂奶后洗澡,宝宝可能会溢奶,也不利于他的消化),如果宝宝睡眠不太好,可在晚上睡觉前洗澡,宝宝的睡眠就会比较安稳。
- 准备好用品,如澡盆、毛巾、婴幼儿香皂、婴幼儿洗发水、润肤露等,把婴幼儿换洗的衣物、尿布、浴巾等放在顺手可取的地方。洗澡时室内温度在24℃左右即可,早产儿或初生7天内婴幼儿要求室温为

24～28℃，水温在38～40℃左右，可以用肘部试一下水温，只要稍高于人体温度即可。
- 手法一定要轻柔、敏捷，初生婴幼儿洗澡的时间不宜过长，一般3～5分钟，时间过长易使小儿疲倦，另外也易着凉。
- 不必每次洗澡都用香皂或浴液，如需要用一定要冲净，以免刺激婴幼儿皮肤。在春冬季节，气候干燥，洗后可在婴幼儿面部及手足等处涂以润肤露，以防皲裂。臀部可涂鞣酸软膏或植物油以防红臀发生。
- 如脐带未脱时洗澡，不宜将婴幼儿直接放入浴盆中浸泡，而是用温毛巾擦洗腋部及腹股沟处，注意不要将脐部弄湿，以免被脏水污染，发生脐炎。不过弄湿了也不必担心，用75%酒精棉签擦拭即可。女婴清洗会阴时，应从前向后洗。男婴阴茎包皮易藏污垢，也应定时翻洗。新生儿大部分是包茎，洗时用手轻柔地把包皮向上推一推即可，随着年龄增长，包皮逐渐可以上翻清洗。有时男婴阴茎头上充血发红，家长可翻开包茎，用0.9%的生理盐水清洗就可以。

四、新生儿的眼部护理

分娩过程中胎儿通过产道时，眼睛易被细菌污染，所以出生后要注意眼部护理。有些新生儿眼部分泌物很多，可用托百士眼药水或0.25%氯霉素眼药水滴眼，每日3～4次。如有分泌物可用干净小毛巾或棉签蘸温开水，从眼内角向外轻轻擦拭。脓性分泌物较多时应找眼科医生诊治。

五、新生儿的耳部护理

洗澡时注意勿将污水灌入新生儿耳内，洗澡后以棉签拭干外耳道及外耳。注意耳背后的清洁，有时会发生湿疹或皲裂，可涂些食用植物油，一旦发生耳后湿疹可涂婴幼儿湿疹膏。

六、新生儿的口腔护理

口腔粘膜薄嫩，不宜擦拭。如果发现口腔粘膜有白色豆腐渣样物附着，以棉签轻轻擦拭不易脱落,而且粘膜充血,则可能患了鹅口疮,可以用棉签往口腔粘膜涂制霉菌素液,每日涂3~4次,看不到白色豆腐渣样后,再继续涂4~5天,才能根治。

另外,不少家长看到宝宝牙龈颜色呈现黄白色,就用粗布给婴幼儿擦拭牙龈,以致出血。其实,婴幼儿的牙龈本来就是浅黄色,是正常现象,家长如此处理,往往导致牙龈浅表溃疡,以致细菌感染。

七、新生儿的鼻腔护理

鼻腔经常会有分泌物堵塞鼻孔影响呼吸,可用棉签或小毛巾角沾水后湿润鼻腔内干痂,再轻轻按压鼻根部,然后用棉签取出。

八、新生儿的脐部护理

婴幼儿出生后,脐带被切断,几小时后脐带的残端变成棕色,逐渐干枯、发黑,至3~7天从脐根部自然脱落。脐带脱落后,根部往往潮乎乎的,这是正常现象,可以用消毒棉签蘸75%的酒精将脐根擦净,很快就会干。

脐带未脱落前,要保证脐带及根部干燥,不要用纱布或其他东西覆盖脐带,这样可促进脐带更快地干燥脱落。要保证新生儿穿的衣服柔软、纯棉、透气,肚脐处不要有硬物。洗澡后用洁净的柔软纯棉毛巾轻轻将脐带周围皮肤沾干,然后用75%酒精给脐带及根部皮肤消毒。每天用1~2次酒精即可,不要过多使用。

在脐带未脱落以前,我们每天要注意观察脐部有无渗血、渗液。一旦脐部有脓性分泌物,有臭味或脐带表面发红,甚至发热时,说明可能已发生脐炎,应及时去医院处理。

脐带脱落以后,脐部总是不干燥,仔细观察呈粉红色,如绿豆大小的新生物,表面常有渗液,甚至有脓液,这就是脐肉芽肿,又叫脐茸。这是由于脐断端长期不干燥受到细菌感染,有慢性炎症刺激的结果。如遇到这种情况,应当尽快请医生处治。

九、新生儿的臀部护理

新生儿的臀部非常娇嫩，易受到尿渍、粪渍的侵害。每次便后要及时更换尿片，并立即用温度适中的清水清洁臀部残留的尿渍、粪渍，然后涂上婴幼儿护臀霜；夜间或外出不便于用水清洗时，可选用刺激性小的湿纸巾。

有时女孩外阴部会有白色物体，一般是脱落上皮或尿碱形成，如果不是太多，周围皮肤黏膜没有红肿不要过度清洗。不要使用碱性肥皂或者其他含有酒精以及香精的清洁用品清洗婴幼儿臀部，以免刺激外阴黏膜和皮肤。涂抹护臀霜时不要将其沾染到女婴的外阴黏膜及男婴龟头。

十、给新生儿剪指甲

新生儿指甲长得很快，在最初几周应该每周修剪2次。修剪指甲的最好时机是在小儿洗完澡后安静地躺在床上的时候或小儿熟睡的时候，要把指甲修剪的短而光滑，以免抓伤婴幼儿。婴幼儿的脚趾1个月只需要修剪1~2次。如果指甲旁边皮肤发红，就应该警惕是否发炎。

十一、新生儿睡眠

睡眠是每个人正常生活中不可缺少的一部分，良好的睡眠能调整体况，消除疲劳，有利于机体的新陈代谢，促进生长发育。但是在每一年龄阶段，对睡眠的时间要求是不一样的。新生儿每天的睡眠时间约为20个小时左右。

正常的新生儿吃饱奶水之后会很快进入睡眠状态，待睡醒后接着吸吮乳汁，然后再睡。似乎新生儿除了吃奶就是睡觉，再没有什么别的事情。有些做妈妈的产妇，以为孩子患了什么疾病，其实这很正常，睡眠是新生儿的生理本能。新生儿除了吃奶补充所需的营养物质，其他时间几乎都在睡眠中度过。而且，年龄越小，睡眠的时间就越长。

新生儿因为脑组织尚未完全发育成熟，所以神经系统的兴奋活动持续时间较短，容易疲劳入睡。新生儿有充足的睡眠，才能够保证各组织器官的发育和成熟。假如新生儿没有充足的睡眠，对脑组织的成熟及各器官的生长发育是不利的。

熟睡中的孩子安详宁静的睡容是这个世界上最美妙的一个情景。不过对于大多数初为人父人母的家长来说，这也是他们很多时候求之不得的一个情景。没有哪一个孩子可以"整晚不醒"，不过婴幼儿发展到了一定的阶段，在不时醒来后，的确会自己重新入睡的。有些宝宝会一次睡很久，有些宝宝则喜欢不时地打一个瞌睡，有些宝宝睡眠十分规律，有些宝宝的睡眠则没有任何规律可循。

从临床观察来看，每个孩子睡眠时间的个体差异很大，有的孩子睡的时间长，有的则精神头大，不愿意睡很久。其实这就像成年人有的每天只睡几个小时，有的却要睡满10个小时才不困，父母不用大惊小怪。无论是十几个小时还是20个小时都可以算正常。像早产的宝宝，因为成熟度比足月的低，所以需要睡眠的时间更长。

父母不必严格按照书本上写的去卡孩子的睡眠时间，但是父母需要注意孩子的其他状况来综合衡量孩子的生长状况，比如：孩子每天的食欲好不好，精神反应怎么样，是不是看起来比较高兴，而不是蔫蔫的，还有他的生长发育是不是符合标准。如果这些都没有问题，吃得好，脾气不大，每天也不打蔫，即使睡的时间达不到一般的要求也不用太担心。

另外，有的孩子睡眠时间不够或是质量不好是和一些疾病直接相关的，身体不舒服的时候容易睡得不踏实，外界因素影响，像噪声、过强的光线都容易让宝宝睡得不好，父母要尽量避免。当然睡的时间太长也不一定是好事，如果睡得太长，伴随着食欲减退，再加上有黄疸，可能是甲状腺功能低下的表现。

思考与练习

1. 新生儿卧室环境的要求有哪些?

2. 在进行新生儿衣物及尿布的选用时,应注意些什么?

3. 给新生儿洗澡时的注意事项有哪些?

4. 怎样进行新生儿的眼部及耳部护理?

5. 新生儿的口腔怎样护理?

6. 新生儿的脐部护理应注意什么?

7. 怎样护理新生儿的臀部?

8. 新生儿睡眠有何特点?

第五节
身心保健

新生儿一出生，在产房就会有大夫给宝宝做体检，首先是要观察宝宝哭声是否响亮、皮肤有无紫绀、心跳呼吸是否正常，同时要给宝宝量身长、体重、检查有无畸形等。如果宝宝未发现异常就会跟随母亲回到病房。

现代医学证明了新生儿有令人惊奇的行为能力，并有神秘多变的心灵世界。有专家研究证实从新生儿起通过视、听、触觉给宝宝以亲情的爱抚，有培养孩子良好情绪的作用，可促进心理健康发育。

一、新生儿体检

新生儿一出生，在产房就会有大夫给宝宝做体检，首先是要观察宝宝哭声是否响亮、皮肤有无紫绀、心跳、呼吸和体温是否正常，同时要给宝宝量身长、体重、检查有无畸形等。如果宝宝未发现异常就会跟随母亲回到病房。

新生儿出院前大夫每天都要到病房给宝宝做体检、测量体温等以便及时发现异常。在出院前还要给宝宝做听力筛查。

新生儿出院后社区保健医生会入户访视，访视时间第一次在出院后3~7天，第二次在2周左右，第三次在28天，如果有特殊情况需随时访视。社区保健医生的新生儿访视工作非常重要，通过密切仔细的访视工作，可及时发现新生儿的疾病，对指导新生儿护理和预防疾病的发生都起着非常重要的作用。

社区医生去入户进行新生儿访视时，首先会询问新生儿生产史，是否足月、是否顺产、自然分娩或剖腹产娩出后是否会哭、有无窒息等。难产的婴幼儿往往有产伤，如头皮血肿、头皮挫伤。有窒息的新生儿易并发吸入性肺炎，颅内内出血等。且易继发感染。第二要给新生儿做体格检查，具体检查应按下列顺序进行：

[一] 哭声及反应

新生儿哭声应响亮而婉转，如出现哭声小，哭不出声为不正常。如果哭声单调呈尖叫，可能有颅内压增高。正常新生儿反应，在受惊时应出现拥抱反射，切勿误诊为抽搐。

[二] 测量体重和体温

因新生儿体温调节中枢发育不完善、不成熟，在寒冷的季节出现体温不升，易出现硬皮病，必须检查四肢、腹部及面颊的皮下脂肪有无硬肿及浮肿。在炎热的环境下，新生儿可出现体温升高，易出现脱水热。新生儿的体重增长是反应新生儿健康与否的一个很重要指标，所以每次访视均要测量体重增长情况。

[三] 检查皮肤

新生儿的皮肤生理特点上是非常娇嫩的，易擦伤，特别要检查皮肤皱褶部位是否出现糜烂，应该注意保护。检查皮肤有无黄疸。

[四] 检查脐带

查看有否出血及渗出，如有，应及时给予重新处理。在脐带脱落时应检查是否有分泌物，应观察分泌物的颜色、黏稠度，如有尿液出现，应考虑脐尿瘘的存在，同时也应防止脐炎出现。

[五] 检查头颈部

检查头部有否产瘤及头皮血肿，骨缝是否重叠，前后囟门大小，眼、鼻、耳、口腔都需检查，不要把两颊部的正常脂肪垫误诊为病理性肿胀，也不能把牙床上的白色上皮细胞珠当做马牙，切忌用针挑及用布擦，否则会引起继发性感染而致败血症。

[六] 检查胸腹部

有否呼吸急促伴青紫，及呼吸"三凹征"（即锁骨上窝、胸骨下窝及肋间隙），如出现应考虑先天心脏病及吸入性肺炎的存在。新生儿乳房可能出现肿大且有乳汁，此时不能挤压，其可自行消退。看腹部有否包块及肠形，同时还可观察呼吸情况，因新生儿呼吸主要是腹式呼吸为主，早产儿常有脐疝出现。

[七] 检查四肢

注意四肢的活动是否对称，有否畸形及瘫痪，有无多趾存在。

[八] 生殖器及肛门

正常男婴双侧睾丸应降入阴囊，并注意有无肛门闭锁，直肠尿道瘘等畸形存在。

[九] 生理反射

觅食反射、吸吮反射、吞咽反射、拥抱反射、握持反射和惊吓反射等是否正常。

二、预防接种

[一] 卡介苗

婴幼儿接种卡介苗，能增强对结核病的抵抗力，是预防结核病的有效措施。婴幼儿的免疫能力较差，如果感染结核，特别容易患较严重的粟粒型肺结核及结核性脑膜炎，并容易留有后遗症，因此，婴幼儿要接种卡介苗。

正常新生儿出生后48小时内接种卡介苗，用皮内注射法。接种3周左右局部会出现红肿硬结，中间逐渐软化形成白色小脓疱，脓疱自行穿破后结痂，结痂脱落后留下一个小疤痕。这就是卡介苗接种后的全过程，需要时间约2~3个月。

新生儿接种卡介苗3个月后，要到当地结核病防治机构，做结核菌素试验，检查孩子接种卡介苗是否成功，如果结核菌素试验阳性，说明机体已产生特异性抗体；如果试验结果阴性，说明接种未成功，需要重新接种。

[二] 乙肝疫苗

注射乙肝疫苗是为了预防乙型肝炎。出生后24小时内接种第一针，满月接种第二针，6个月时接种第三针。

乙肝是由乙型肝炎病毒引起的传染病，感染乙肝病毒后，有相当一部分人发展为慢性持续性感染状态，如乙肝病毒携带者（俗称澳抗阳性）。携带病毒的母亲可以直接把病毒传给婴幼儿。因此必须接种乙肝疫苗，它能刺激机体产生乙肝表面抗体，从而控制乙肝在人群中的传播，尤其是控制母婴传播。

接种第一针乙肝疫苗后，只有30%的人产生乙肝表面抗体，而且抗体效果很不稳定，接种第二针后，有90%的人产生抗体，第三针后抗体的阳性率可达96%以上，而且抗体效果持续维持在较高的水平，所以家长必须记住要给小儿接种3次乙肝疫苗，尤其第3针间隔时间较长，千万不要忘记。

三、疾病预防

[一] 病理性黄疸的预防

新生儿生理性黄疸的特点可参看第一节中相关内容。新生儿如果有以下特点之一，则要考虑为病理性黄疸：1. 黄疸出现过早：足月儿在生后24小时以内，早产儿在48小时以内出现黄疸；2. 黄疸程度较重：血清胆红素超过同日龄正常儿平均值，或每日上升超过$85.5\mu mol/L$（5mg/dl）；3. 黄疸进展快，即在一天内加深很多；4. 黄疸持续时间长（足月儿超过2周以上，早产儿超过3周）或黄疸消退后又出现；5. 黄疸伴有其他临床症状，或血清结合胆红素大于$25.7\mu mol/L$（1.5mg/dl）。

重症黄疸多见于低体重儿、低体温、窒息缺氧和严重感染的新生儿。其临床表现与颅内出血、窒息、新生儿败血症有很多相似之处，如：嗜睡、拒哺、肌张力减低、两眼凝视、尖叫、惊厥及呼吸衰竭，突出之处是黄疸又深又重。

病理性黄疸的新生儿可以发展为核黄疸。核黄疸是严重疾病，病死率高，后遗症多，往往终身残疾，比如共济失调、手足徐动、聋、盲，以及智能低下。要及早发现，积极治疗，切勿当成生理性黄疸，延误治疗。

[二] 新生儿肺炎的预防

在家如何判断新生儿肺炎？判断是否患了肺炎最简单的办法有两种：

1. 数呼吸

根据世界卫生组织制定的儿童急性呼吸道感染控制规划方案所定：当小于两个月的婴幼儿，在安静状态下每分钟的呼吸次数大于或等于60次，可视为呼吸增快；如果数两个1分钟均大于（或等于）60次可确定此患儿呼吸增快。

2. 观察胸凹陷

小于两个月的婴幼儿吸气时可见到胸壁下端明显向内凹陷，称之为胸凹陷。这是由于患肺炎时，孩子需要比平时更用力吸气，才可完成气体交换所致。如新生儿既有呼吸增快又有明显胸凹陷，就可诊断为重度肺炎，必须住院治疗。国际上介绍最简单的方法是数呼吸的次数，当新生儿每分钟呼吸超过60次时就有可能得了肺炎（甚至可能比肺炎还严重），应马上送医院诊治。胎粪吸入性肺炎与宫内感染性肺炎比一般肺炎更严重，治疗更棘手。凡新生儿肺炎均需住院治疗。

新生儿得肺炎不像婴幼儿肺炎有明显的咳嗽及呼吸困难，尤其早产儿得肺炎后很少有咳嗽，除了气急、委靡、少哭、拒哺之外，还有口吐白色泡沫、口周三角发青、呻吟及点头呼吸。

[三] 鹅口疮的预防

鹅口疮是由一种霉菌引起的，多由于乳头、手指及皮肤感染，尤其是奶嘴污染。症状表现为出生后不久在口腔粘膜上出现白色点状或片状膜，很像奶凝块，在牙龈及颊粘膜上，容易刮去，可能会影响哺乳。

预防方法：宝宝出生后，妈妈（如果是母乳喂养）或宝宝服用抗生素都可能引发鹅口疮。这是因为抗生素杀死了存在于宝宝口腔粘膜上的有益菌，而这些有益菌能抑制霉菌的过度生长，所以使用抗生素要慎重。在护理方面，母亲喂乳前，要洗净乳头或喂奶用品，奶嘴要煮沸消毒。

[四] 新生儿脐炎的预防

新生儿脐炎预防与护理新生儿脐炎，关键是做到孕妇在产前要防治感染性疾病，加强围产期保健；普及新法接生，分娩过程中严格执行无菌操作；断脐后的一周内要护理好脐部，保持局部干燥和清洁卫生。勤给孩子换尿布，并防止粪便尿液污染，不要让尿布覆盖住脐部，以免厌氧菌生长繁殖；为母婴卧室创造一个洁净的环境，所用的床上物品、内裤、毛巾及婴幼儿尿布等，以抗菌织物制成的为好。

[五] 新生儿泪囊炎的预防

近年来新生儿泪囊炎的发病率一直呈明显上升趋势。很多宝宝眼周经常有眼屎出现。有些粗心的父母不以为然，以为小孩刚出生都这样，过阵子自己就好了。儿童眼科专家提醒：如果宝宝持续出现眼屎，有可能患上了小儿泪囊炎。小儿泪囊炎多见于刚出生1个月左右的婴幼儿，出生4～5个月是症状出现的高发期。对于新生儿泪囊炎，应在小孩刚发病的时候尽早发现、尽早治疗。如果孩子眼泪汪汪或是眼屎多，家长应每天在孩子患眼的鼻梁侧按由上向下的顺序进行适度的泪囊区按摩，按摩时用拇指紧贴宝宝皮肤，轻柔用力于泪囊区，由上而下滑动与按摩，这样的按摩每天可进行2～4次。如按摩不见效，可以到医院让眼科医生进一步诊治。

四、新生儿预防感染

新生儿感染往往来自产前、产时和产后。

- 产前多为宫内感染，母体内的肝炎、风疹等病毒通过血循环直接进入胎儿体内，这也叫母婴垂直传播。
- 产时感染多发生在分娩过程中，孩子吸入了污染的羊水或产道分泌物，多为大肠杆菌感染。
- 产后感染多来源于外界环境、医护人员以及家人之手。

预防新生儿感染，首先应注意以下几点：

- 要有卫生意识，给新生儿提供良好的环境和清洁的用具。

- 要减少亲朋好友的探望。
- 医护人员或家人接触新生儿前一定要洗手。
- 避免交叉感染，尤其在产院里不要串门。

一旦发现新生儿有感染，必须立即上医院治疗，绝不可抱着侥幸的心理。延误时机往往是造成遗憾的主要原因。

五、新生儿病症的预防和筛查

新生儿硬肿症是一综合征，由于寒冷损伤、感染或早产引起的皮肤和皮下脂肪变硬，常伴低体温，甚至出现多器官功能损害，其中以寒冷损伤最为多见，称寒冷损伤综合征。以皮下脂肪硬化和水肿为特征。

预防重于治疗：

- 做好围生期保健工作，加强产前检查，减少早产儿的发生。
- 寒冷季节和地区应为产房装配保暖设备。
- 新生儿一旦娩出即用预暖的毛巾包裹，移至保暖床上处理。
- 对高危儿做好体温监护。
- 积极早期治疗新生儿感染性疾病，不使发生硬肿症。

新生儿要做哪些筛查？

苯丙酮尿症是由于先天性酶的缺陷使苯丙氨酸不能正常代谢，如果早期发现，可以在专科医生的指导下，坚持服用一种特制奶粉，就可达到治疗目的。

先天性甲状腺功能低下和苯丙酮尿症的筛查是在宝宝出生开始吃奶72小时后，采足跟部2滴血，进行检验，如果结果异常，家长会接到通知带宝宝去做进一步确定诊断检查。

听力筛查是在宝宝出生48小时后，用耳声发射仪进行检测，结果有"通过"和"未通过"，第一次未通过的宝宝并不代表一定有听力障碍，需在42天进行复筛，如果复筛还没通过，应在3个月内到儿童听力诊断医院做确定诊断检查。

六、预防新生儿意外事故

[一] 防窒息

窒息是新生儿的常见意外，原因无外乎以下几种：

1. 盖住口鼻：在冬天，有些家长生怕宝宝着凉，将宝宝捂得严严实实，甚至脸也盖上，从而造成呼吸不到新鲜空气，发生窒息。有些父母带宝宝去远的地方，背或抱着宝宝，也是把脸遮住，造成窒息。

   对策：尽量让宝宝的小脸露着，除非在极为寒冷的地区，但也不能盖住口鼻。

2. 哺喂母乳时有些妈妈太过劳累，半夜给宝宝哺乳时睡着，造成乳房压迫宝宝口鼻。

   对策：白天宝宝睡时妈妈也一起睡，尽量保证休息。夜间哺乳时坐起来，尽量保持清醒。

3. 宝宝吃奶后，很容易出现溢奶的现象，如果平躺时溢出的奶呛到肺里，就容易造成窒息。

   对策：每次喂完后立即抱起，给宝宝拍拍后背，最好让宝宝打个嗝后再轻轻放下侧卧，这样一方面减少溢奶的可能性，另一方面即使溢奶也不致误吸入气管造成窒息。

4. 大人压着宝宝：如果宝宝和大人在一张床上睡，而且离得过近，如果大人熟睡时，不小心胳膊可能压着宝宝口鼻部，而新生儿又无力反抗，造成窒息。

   对策：不提倡父母亲和宝宝同睡一张床，最好在大床旁加个婴幼儿床，一方面方便照顾，一方面也安全，都能睡得安稳。

5. 宝宝刚刚学会翻身，但又不灵活时，挣扎翻成俯卧位而没有力气翻回来；或者宝宝患气管炎、支气管炎时，呼吸道分泌物多，均可能发生窒息喘憋。

   对策：如果宝宝患有呼吸道疾病，要及时就医，重视夜间护理，经常起床观察小儿的变化。床头不要放软的玩具和枕头。

6. 刚出生不久的新生儿颈部肌肉力量不足,俯卧时自己还不能抬头或不能长时间维持抬头,如不注意很容易堵住口鼻而发生窒息。因此不提倡让新生儿长时间俯卧,而应采取侧卧或仰卧。

对策:床头不要放软枕头。

7. 宝宝不肯吃药,怎么哄也不行,性急的父母就把药水趁宝宝哭闹时硬灌下去,极有可能会呛到气管里引起窒息。

对策:喂药应当先把药片碾碎调入温水中,然后慢慢地喂灌,或使用专门的婴幼儿喂药器。

[二] 防烫伤

喂牛奶时要先将冲调好的牛奶滴于手腕内侧试温。用热水袋保暖时,水温宜在50摄氏度左右,要拧紧塞子用毛巾包好放在垫被下面。

[三] 防丝线缠绕指端

每天都要检查宝宝的手指、脚趾是否被袜子、手套或被子上的丝线缠绕,以免血流不通、组织坏死。

[四] 防动物咬伤

养猫、狗等小动物的家庭,应将其移到别处。平时要关紧门窗,以防动物钻进室内伤害宝宝。

[五] 防溺水

给宝宝洗澡时,不能暂时丢下宝宝去接电话、开门等,如果必须去,一定要把宝宝用浴巾包好抱在手里,以防意外。

[六] 防中毒

冬天室内生火炉一定要安装出气管道,以防煤气中毒。

七、新生儿心理卫生

在上世纪60年代中期以前,人们一直认为新生儿不懂事,整天只知吃喝拉撒。但现代医学证明了新生儿有令人惊奇的行为能力,并有神秘多变的心灵世界。有专家研究证实从新生儿起通过视、听、触觉给宝宝以亲情的爱抚，有培养孩子良好情绪的作用，可促进心理健康发育。新生儿的妈妈们应该怎么做呢？

[一] 多与宝宝对视

眼睛是心灵的窗户，宝宝大脑有上千亿的神经细胞渴望着从"窗户"进入信息。你可以发现，他们最喜欢看妈妈的脸，妈妈与其对视及与其"朗朗"说话时，小宝宝就会停止吸吮和活动，在短时间内注视着妈妈，有时嘴里还发出"哦哦"的声音，母婴的这种对视是一种传神和充满挚爱的感情交流。有资料表明，被母亲多加关注的孩子安静、易笑，这为形成好的性格打下了基础。

[二] 多与宝宝说话

小宝宝的耳朵是他的第二个心灵的窗户。当小宝宝醒来时，妈妈可在宝宝的耳边轻轻呼唤宝宝的名字，并温柔地与其说话，如"宝宝饿了吗？妈妈给宝宝喂奶奶"；"宝宝尿尿了，妈妈给宝宝换尿布"等等，宝宝听到妈妈柔和的声音，会把头转向妈妈，脸上露出舒畅和安慰的神态，这就是宝宝对妈妈声音的回报。经常听到妈妈亲切的声音使宝宝感到安全、宁静，亦为日后良好的心境打下基础。

[三] 多给宝宝温柔的抚摸

小宝宝的皮肤是他第三个心灵的窗户。皮肤是最大的体表感觉器官，是大脑的外感受器。温柔的抚摸会使关爱的暖流通过爸爸妈妈的手默默地传递到孩子的身体、大脑和心里。这种抚摸能滋养宝宝的皮肤，并可在大脑中产生安全、甜蜜的信息刺激，对宝宝智力及健康的心理发育起催化作用。在平时，你可以发现，常被妈妈抚摸及拥抱的孩子，性格温和、安静、听话。

思考与练习

1. 新生儿体检的项目有哪些？应按怎样的顺序进行？

2. 新生儿可以接种的疫苗有哪些？

3. 新生儿应预防的疾病主要有哪些？

4. 新生儿应怎样预防感染？

5. 新生儿应预防的意外事故有哪些？应怎样预防？

6. 新生儿妈妈怎样做能更好地促进宝宝心理的健康发展？

第六节
潜能开发

> 早期开发婴幼儿潜能的意义，并不仅仅在于是否让孩子学会了某些知识或者技能，而在于通过学习、记忆、思维、想象以及运动等过程本身，对大脑构成了丰富的教育环境刺激，这种刺激才是大脑生长最重要的条件。而开发婴幼儿潜能的教育，应当是从新生命诞生时就开始的教育，是能把握成长关键期的教育，是构建婴幼儿神经网络、开发大脑潜能的教育，是适宜于不同婴幼儿的个性化教育，是将儿童成长规律与未来社会可预见的需求融为一体的教育，是全面和谐的教育，从根本上来说，是使孩子拥有幸福完整人生的基础教育。

潜能是人类遗传所提供的发展的可能性。开发新生儿的潜能，是开发新生儿本来就拥有的潜在能力，即把人类遗传拟定发展的可能性，在良好环境和教育条件下促其更快更好地发展。

每一个正常的婴幼儿都具有与生俱来的身心潜能。婴幼儿潜能开发应当包括身心两个方面，即身体潜能的开发与心智潜能的开发，后者又可分为智慧潜能的开发与人格潜能的开发与培养。早期开发婴幼儿潜能的意义，并不仅仅在于是否让孩子学会了某些知识或者技能，而在于通过学习、记忆、思维、想象以及运动等过程本身，对大脑构成了丰富的教育环境刺激，这种刺激才是大脑生长最重要的条件。而开发婴幼儿潜能的教育，应当是从新生命诞生时就开始的教育,是能把握成长关键期的教育,是构建婴幼儿神经网络、开发大脑潜能的教育,是适宜于不同婴幼儿的个性化教育,是将儿童成长规律与未来社会可预见的需求融为一体的教育,是全面和谐的教育,从根本上来说,是使孩子拥有幸福完整人生的基础教育。以下我们分别从身体潜能、智慧潜能与人格潜能的开发与培养进行阐述。

一、身体潜能开发

身体潜能开发包括大运动、精细动作发展与抚触运动,在发展过程中穿插游戏进行。

[一] 大运动潜能开发

1. 学抬头

学抬头是实行头部控制的关键。抬头是宝宝出生后需要学习的第一个大动作。学会抬头,可以使宝宝扩大视野,促进智力发展。有竖直抬头、伏腹抬头与伏床抬头3种方式。

① **竖直抬头** 母亲喂奶后,把婴幼儿竖直抱起来,扒在母亲的肩膀上,给他拍背。一方面让婴幼儿打嗝,排出胃内的气体,以免婴幼儿睡下后打嗝引起吐奶;另一方面母亲用手轻轻托住婴幼儿颈部及后脑勺,让婴幼儿头竖直几秒钟,锻炼他控制头部的能力,一天至少练7~8次。

② **伏腹抬头** 宝宝空腹时,将宝宝与你面对面抱在胸腹前,然后你慢慢地斜躺或平躺在床上,此时宝宝会自然而然地俯卧在你的腹部,扶宝宝的头部至正中,两手放在头两侧,逗引其短时间抬头,反复几次。

③ **伏床抬头** 宝宝空腹时,俯卧在床上,两手放在头两侧,扶其头转向中线,呼唤宝宝的乳名或用拨浪鼓等玩具逗引其抬头片刻,反复几次。

在进行抬头训练时要边练边说"抬抬头"等儿歌,使宝宝悦耳,在每一次练习后,要用手轻轻抚摸宝宝背部,使宝宝放松背部肌肉,感到舒适、愉快。每做完一次练习，让宝宝仰卧在床上休息片刻。

2.学"爬行"

爬行到站立是人类进化里程的一个质的飞跃，作为进化中的一个缩影，爬行反射在出生后的短暂时间内仍然保留着。当宝宝趴着的时候，会很自然地出现以腹部为支点的匍匐动作，撅起屁股，膝盖蜷在小腹下，这就是爬行反射。利用这一先天的能力，可锻炼宝宝头颈部及背部伸肌运动，促进四肢活动和伸展，增强体质。

训练方法：每天洗澡后，皮肤抚摩后，让宝宝俯卧，大人用手心抵住宝宝的足底，他就会以腹部为支点向前匍匐爬行。每天1~2次，每次1~2分钟。

3.学"走路"

"走路"，实际上是宝宝的先天能力——行走反射。正常新生儿处于清醒状态时，用两手托住其腋下使之直立并使上半身稍微前倾，脚触及床面，他就会交替地伸脚，做出似乎要向前走的动作，看上去很像动作协调的步行。这一反射在生后56天左右就会自然消失。充分利用宝宝的这一能力并加以训练，可使宝宝提早学会走路，从而促进脑的发育和智力发展。

训练时间与方法：从出生第8天开始到第56天结束。每天4次，每次3分钟。于喂奶后半小时进行。托宝宝的腋下，用两大拇指控制好头部让他光脚板接触平面，他就会做协调的迈步动作。这就是先天的非条件反射——行走反射。

在做行走反射练习时动作要轻柔，边做边喊口令"一二一"，或逗引宝宝开心，注意宝宝的情绪，若情绪不好就应立即停止。早产儿及佝偻病患儿不宜做此项练习。

4.学"游泳"

"游泳"是新生儿无条件反射的一种。把新生儿俯卧在水里，他就会用四肢做出协调很好的类似游泳的动作——游泳反射。此反射6个月后逐渐消失。婴幼儿游泳有助于促进宝宝的神经系统、消化系统、呼吸系统、循环系统以及骨骼肌肉系统的发育。神经系统：能有效促进婴幼儿大脑和神经系统的发育，激发婴幼儿潜能，为提高儿童智商、情商打下良好基础。消化系统：婴幼儿游泳，运动量大，体力消耗大，促使宝宝营养摄入增加、胃肠蠕动增加，宝宝体重增加优于同龄婴幼儿。呼吸系统：婴幼儿游泳，为宝宝提供一个自然、安全的运动，坚持一段时间后，宝宝的胸廓发育和肺活量的提高明显优于同龄婴幼儿。循环系统：婴幼儿游泳，使全身肌肉的耗氧量增加，由于水对外周静脉的压迫，有效促进了血液的循环，提高了宝宝的心脏功能。肌肉、骨骼系统：新生儿游泳，能使婴幼儿在宫内蜷曲已久的肌肉、关节、韧带和肌肉发育，促进宝宝体格健壮。

宝宝出生的第二天就可以开始游泳，将宝宝俯卧放在水里，他会表现出协调得很好的不随意游泳动作。特别注意在整个过程中要严密观察宝宝的面色、呼吸等情况，一旦出现异常反应立即停止。

[二] 精细动作——手的灵巧性

1. 发现手

首先让孩子发现自己的手。因为只有发现了手，他才可能使用手。你可以把一只带黑白条纹的袜子套在孩子手上，抓着他的手臂使手在他眼前晃动，并反复对孩子说："手、手、手。"

2. 抓握各种东西

要让孩子抓握各种不同质地的东西，如哗铃棒、小布条、大人手指、海棉条、洗干净的芹菜根等等，让孩子对不同物体进行充分地感知。千万别给孩子戴手套，否则会剥夺孩子的触觉学习。

3. 手指按摩

要经常给孩子做手指按摩操，对手掌、手背及每个手指都进行按摩，尤其是指尖，每天1～2次，每次按摩几分钟。

[三] 抚触

抚触是益智的，新生儿脑重350克，1岁时脑重达950克，增长将近3倍，大脑的发育直接关系到婴幼儿智力的发展。宝宝接受抚触时，其皮肤由于接受到不同力度的刺激，传至大脑，进而形成兴奋灶，并在多次的刺激后形成固定兴奋灶，兴奋灶由神经元构成，再加上它的轴突、树突以及无数个通往其他部分的神经纤维，这些就构成了脑内解剖学的成长，借以完成思维、想象和创造等各项心理活动。

抚触可以广泛接触到宝宝身体的各部位，从而解决了婴幼儿皮肤饥饿问题，促进婴幼儿的肌肉协调，使其全身舒适，心情愉快，易安静入睡。

做抚触时，由于时刻关注宝宝的心理感受，目光相对，加上甜美的微笑，细声的呵护，再配以优美而又节奏的音乐，给宝宝一种愉悦而享受的满足感，亲子关系从而得到加强。

抚触时间：沐浴后、宝宝吃过奶30分钟后（**注意**：腹部的抚触在此时力度不易过重）。

抚触方法：抚触部位为头发、四肢、腿、腹部、背部、足背、手背、手指等，每天至少5～6次，每次3～5分钟，即每天15分钟以上。

研究发现，大多数无条件反射在出生后3～4个月就会消失，但是有适应环境功能的反射活动，在自然消失前若进行适当的练习，这些无条件反射就会变成随意的行为，并将促进婴幼儿的动作及智能的发展。让孩子从新生儿开始做行走反射，是发展婴幼儿运动能力，培养健身习惯（这是终生受益的习惯）的第一敏感期。当然，这里有一个"自动终止规则"，即孩子和你都感到不适的时候，应适时终止练习，待以后再尝试。在这里，需要强调的是，开发婴幼儿潜能对其进行教育环境的"刺激"，应做到"丰富而适宜"。必须在训练有素的专业人员的指导下才能进行。

当给新生儿引导行走反射走猫步时，大脑通过触觉、位置觉等进行学习，从而逐步建立起对扶走的感知经验刺激进行反应的皮质控制系统。当多次练习后，这种先天拥有的无条件反射，就会逐步变成后天习得的运动本领。只要被扶起来，就会有意识地向前开步走。在这一互动过程中，动作发展和大脑生长几乎是同步的。

总之，生命在于运动，但人类婴幼儿运动的意义却远远超出了运动本身。运动经验对于快速成长的婴幼儿有着特殊的意义。它不仅能促进大脑获得网络化的生长，而且诱导和促进了心智的发展，是婴幼儿智力发展的催化剂和领航员。

二、智慧潜能开发

智慧潜能开发包括认知、言语的发展，在发展过程中配以音乐穿插游戏进行。

[一] 认知能力

智慧潜能开发中认知的发展主要是视听训练。

首先是看的能力：包括注视能力和追视能力。人的眼球结构就像一只照相机，新生儿的最佳视距（聚焦处）是20厘米，看得最清楚。他最喜欢看的是人脸，尤其是父母慈爱的笑容。当母亲给孩子哺乳时，母子对视时的视距正好是20厘米左右，当亲子对视时，孩子就会紧盯着母亲的脸，特别是眼睛，好像打开了他心灵的窗口，与你一见如故。婴幼儿还喜欢看黑白分明的图谱，而且图案越复杂他越爱看，每次注视时间约1～3分钟。培养孩子的专注力即注意力应从新生儿期就开始。

训练视觉是人体各个感官功能的统合，可以发展宝宝形状知觉与注意力，培养愉快情绪。用注视与追视进行视觉训练：

1. 注视

拿一组3～4张（20厘米大小）黑白分明的复杂图案在距离孩子的眼睛20厘米处让他注视，当孩子眼睛离开一张图后再换一张，每天安排2～3次看图时间，训练孩子的注视能力，记录他注视的时间，注意观察宝宝在那张卡片上注视时间长，若注视时间长表明宝宝对该卡片有偏爱。给宝宝看爸爸或妈妈脸的模拟图片是边看边说"爸爸"、"妈妈"，作为奖励。给妈妈图片时配以柔美的音乐，给爸爸图片时配以进行曲，则能获得视听共同训练的效果。平时可将父母的图片挂在宝宝床头左右两侧各1张便于宝宝观察。

2. 追视

移动带响声的色彩鲜艳的玩具让孩子追视，方向从左到右，从上到下及环形移动。

其次是听的能力：让孩子仰卧，成人一手托着他的头颈部，一手托着他的臀部，当孩子父母距他耳朵10厘米处呼唤他的乳名，宝宝就会转过头来，看着成人的脸,这是对声音的定向能力。听觉的训练可以感知语言信息,激发愉快情绪。

听觉训练:让孩子听不同种类(音乐、敲击物体的声音等)、不同方位(左、右、前、后)以及来自不同距离(由远至近、由近至远)的声音,可以训练孩子的听力及定向能力。当宝宝睡醒时,用柔和亲切的语调和宝宝讲些"悄悄话"。如:"噢,××醒了(呼乳名),睡得好香啊!睡觉梦见妈妈了吗?"每天至少2~3次,每次2~3分钟。

如在宝宝头的两侧摇铃,节奏时快时慢,音量时大时小。边摇边说"铃!铃!铃儿响叮铛!"先不要让宝宝看到摇铃,而要观察其对铃声有无反应,如听到铃声停止哭闹或动作减少等。再训练宝宝根据铃声用眼睛寻找声源。可每天2~3次。

[二] 言语能力

新生宝宝的言语交际在出生后不久便开始了,1周至1个月期间的婴幼儿,已经能够用不同的哭声表达他们的不同需要,吸引成人的注意,虽然最初时能发出的声音还比较单一,但无论如何这都可以说是言语表达的第一步。

最重要的是家长要和孩子养成说话的习惯,说什么呢?第一,是爱抚性谈话,要与家长面对面,让他看着你的表情和口形,至于谈的内容,谈什么都行,如"宝宝醒了,睡觉梦见妈妈了吗?睡得好香啊"等等,这里,关键是爱抚性的语气和语调,而不是内容。第二,要说做并行,即你给孩子做什么,你就说你正在做什么,如给孩子洗脸时,就说:"宝宝,妈妈给你洗脸……"孩子就像录音机一样,他会把大人平日不经意说的话都"记录"下来,等稍大一点,他又像录音机被打开一样,把大人教给他的话"播放"(复述)出来。如果不给孩子"输入",将来"录音机"打开时,语言就会很贫乏。

需要注意的是宝宝先听后说,最好用普通话反复和宝宝讲话,让宝宝储存标准的语音信息,有利于发展语言。

三、人格潜能开发

宝宝一出生就具有了与人交往的能力，交往的第一个对象就是妈妈，妈妈和宝宝眼对眼的注视就是相互交往的开始。妈妈与宝宝的接触时间最多，可利用一切机会与宝宝交流。当妈妈在喂奶、换尿布或抱起宝宝时，要经常和他说话，并对他微笑，如"宝宝看看妈妈"、"宝宝吃奶"、"宝宝真乖"等。如果宝宝在吃奶时听到妈妈的谈话，就会停止吸吮或改变吸吮的速度，说明宝宝在听妈妈讲话。除了和宝宝谈话外，还可以和宝宝逗乐。妈妈可以摸摸宝宝的头，轻轻挠挠宝宝的小肚皮，以引起宝宝注意，并逗引他微笑。当婴幼儿微笑时，要给予夸奖，如"宝宝真能干！"同时妈妈还可以亲吻宝宝。新生儿还不会说话，与人交往的另一个很重要的方式就是哭，新生儿哭有很多原因，如饥饿、口渴、尿布湿、冷了、热了等，还有些睡前或睡醒时不明原因的哭闹。妈妈要细心分辨不同的哭声代表宝宝不同的需求，并给予满足。总之父母要利用一切机会和小儿交往，使宝宝在和父母的交往中辨别不同人声、语意，辨认不同人脸、不同表情，保持愉快的情绪。

新生儿还有惊人的社交本领，如模仿成人吐舌头。让成人与孩子面对面，视距保持在20厘米，成人先将舌头伸出来几次，让宝宝注意到成人面部的变化，成人可每20秒钟伸一次舌头，一般伸6～8次，待20～30秒钟后，孩子开始时将小嘴一张一合，慢慢地也会把小舌头吐出来。心理学把婴幼儿的这种行为称为"同步模仿"。

大约25天，孩子就会"逗笑"。即便你逗他才笑，而不是睡梦中自我感觉良好而微笑。逗笑是他对你的音容笑貌和逗引的动作进行综合分析后的一种主动的反应，代表着孩子最初的智力萌芽。

新生儿自理能力的突出表现的是他可以学会"识把"。一般在20天左右可以学会听"嘘嘘"声和用"把"的姿势形成条件反射排大小便。

总之，新生儿能力的发现，是科学史上的重要事件，它可以和当年哥伦布发现新大陆相媲美，因为它为我们从新生儿起就开发孩子的身心潜能提供了科学依据。

思考与练习

1. 婴幼儿的精细动作潜能如何开发?

2. 如何对宝宝进行认知能力的训练?

3. 怎样培养新生宝宝的言语能力?

4. 新生儿妈妈怎样促进新生儿情绪与社会性的发展?

第七节 环境创设

新生儿在出生前一直在恒温的子宫中生活。出生后，他离开温暖的母体，降生到了寒冷的世界，受到声音、光亮、颜色、空气等各种刺激的包围。他的身体要去适应新环境，进行重大的调整，因此，在新生儿居室应创设适于他生活的各种条件。

一、新生儿居室环境

新生儿居室应空气清新。要经常通风换气，开窗时不要让风直吹在婴幼儿身上，更要避免穿堂风。如果天冷或风大时，可将小儿抱到其他房间，通风后再抱回来。有的家庭怕产妇和新生儿受凉，把窗户关得很严，这样室内空气污浊，不利于小儿呼吸，影响其氧气交换，同时增加其发生细菌或病毒感染性疾病的机会。

新生儿的居室尽量选择向阳房间。终日不见太阳的房间极不利于小儿的生长发育。阳光对小儿健康是很重要的，阳光中的紫外线不仅可预防小儿佝偻病，还能增强小儿免疫力，刺激食欲。光线充足对锻炼和保护小儿的视力起着重要作用。

新生儿居室的温度以20～24℃为宜，冬天室温不够时要注意保暖，适当给小儿盖厚些。若用火炉取暖，一定要安装烟筒及风斗，如用木炭火盆，也要注意通风换气，以防煤气中毒。如使用热水袋为婴幼儿保暖时，袋中的热水不能超过60℃。并且要用毛巾或棉布包裹好，不可直接贴近婴幼儿皮肤，以防烫伤。热天除了室内设法通风降温外，小儿出汗多，要勤洗澡、勤换衣，注意皮肤清洁卫生。

新生儿居室内的湿度应在50～60%之间较为适宜。气候干燥时，应在地面上经常洒些水或用空气加湿器，保持居室内的湿度。

新生儿的居室要清洁整齐，每天应用湿抹布擦拭床栏、家具，地面也应用墩布或湿扫清理，避免尘土飞扬。地面和桌面擦拭都不要经常使用消毒液。墩布和抹布要经常清洗，太阳下晒干。

室内要安静，避免噪音。避免过多的客人到婴幼儿室内，以免产妇和婴幼儿受外来疾病感染。

婴幼儿最好独卧一床，避免因母婴同床母亲熟睡时压伤孩子。小床的栏杆不能过稀，以防婴幼儿将身体卡在栏杆中而发生意外。婴幼儿床的上方悬挂一些玩具，最好用皮筋或有弹性的细绳悬挂，以便随着风吹，玩具能够颤动、发出声音，引起婴幼儿活跃的反应。

二、新生儿居室环境要点

- 室内温度应保持在22～26℃，夏天开空调时，风口不要直对着宝宝吹。
- 室内湿度应保持在50～60%，既不能过于干燥，也不能过于潮湿。
- 室内空气要清新，房间每天要通风最少2次，但不能有对流风，冬天通风时要注意宝宝的保暖，预防感冒。
- 不能在宝宝生活的房间内吸烟。
- 室内避免光线过强或过暗，要让宝宝尽量适应自然光。
- 室内要保持安静，不要影响宝宝的睡眠，避免宝宝受惊吓。

・注意室内卫生，要保持清洁，避免过多的客人到婴幼儿室内，避免细菌繁殖，减少宝宝的生病机会。

思考与练习

1. 新生儿居室环境的创设应注意哪些方面？

2. 新生儿居室环境要点有哪些？

第八节 发展测评

新生儿发展测评通过体格与心理发展水平进行评价见下表，此外，还需了解新生儿出生时Apgar评分的情况。

一、新生儿体格发展测评

表1　世界卫生组织母乳喂养1月龄儿童体格发育参考值（卧位）

年龄组	男童		女童	
	体重（kg）	身长（cm）	体重（kg）	身长（cm）
初生～3天	3.34±0.15	49.9±1.9	3.23±0.14	49.1±1.9
1个月～	4.47±0.13	54.7±1.9	4.19±0.14	53.7±2.0

二、新生儿心理发展测评

表2　第1个月心理发展测评

大动作	躯体不能自由移动 四肢对称的不自主运动 俯卧时头稍稍抬起一下
精细动作	手基本握拳、很少张开
语言能力	哭是新生儿的一种特殊语言 用哭来表达饥饿、难受等一些体验

认知能力	目光能瞬间跟随移动着的红球等物体 喜欢看人脸 听到声音表示出皱眉、惊吓、呼吸节律变化或者哭等表现
情绪与社会性	有了最初的情绪反应 吃饱了、睡足了，表现出愉快、安静 饥饿、身体不适时，表现出哭闹，消极不愉快的情绪

三、新生儿评分

新生儿评分又叫Apgar评分（即阿氏评分）是新生儿出生后立即进行的身体状况评估，根据皮肤颜色、心搏速率、呼吸、肌张力及运动、反射五项体征进行评分。

评分具体标准是：

[一] 皮肤颜色

评估新生儿肺部血氧交换的情况。全身皮肤呈粉红色为2分，手脚末梢呈青紫色为1分，全身呈青紫色为0分。

[二] 心搏速率

评估新生儿心脏跳动的强度和节律性。心搏有力大于100次/分钟为2分，心搏微弱小于100次/分钟为1分，听不到心音为0分。

[三] 呼吸

评估新生儿中枢和肺脏的成熟度。呼吸规律为2分，呼吸节律不齐（如浅而不规则或急促费力）为1分，没有呼吸为0分。

[四] 肌张力及运动

评估新生儿中枢反射及肌肉强健度。肌张力正常为2分，肌张力异常亢进或低下为1分，肌张力松弛为0分。

[五] 反射

评估新生儿对外界刺激的反应能力。对弹足底或其他刺激大声啼哭为2

分，低声抽泣或皱眉为1分，毫无反应为0分。

以这五项体征为依据，满10分者为正常新生儿，评分7分以下的新生儿考虑患有轻度窒息，评分在4分以下考虑患有重度窒息。大部分新生儿的评分多在7-10分之间，医生会根据孩子的评分给予相应的处理。轻度窒息的新生儿一般经清理呼吸道、吸氧等措施后会很快好转，预后良好。一般新生儿出生后，分别做1分钟、5分钟及10分钟的Apgar评分，以便观察新生儿窒息情况的有无及其变化，以此决定是否需要做处理，以及做相应处理后，评价新生儿的恢复情况。

总之，在新生儿发展测评中要根据具体的情况进行具体分析，并不是每个新生儿的发育都呈同步。每个新生儿的发展与其遗传、环境密切相关，因此，只有了解新生儿的正常发育过程及其影响因素，才能对新生儿发展做出符合实际的综合判断。

思考与练习

1. 简述体格发育测评。

2. 简述新生儿心理测评。

问题与讨论

1. 新生儿的心理特点有哪些？

2. 早教教师应留意的新生儿常见问题有哪些?

3. 成功进行母乳喂养需采取哪些措施?

4. 新生儿的脐部护理应注意什么?

5. 新生儿睡眠有何特点?

6. 新生儿应预防的疾病主要有哪些?

7. 新生儿应预防的意外事故有哪些?应怎样预防?

8. 如何对宝宝进行认知能力的训练?

9. 新生儿居室环境的创设应注意哪些方面?

10. 新生儿发展测评量表主要有哪些?

第五章
1岁内儿童发展与早期教育

内容提要

- 身心发展状况
- 育儿理念和工作技能
- 饮食营养
- 日常生活护理
- 身心保健
- 潜能开发
- 家庭及机构微环境创设
- 发展测评指标

重点问题

❶ 周岁内婴儿在身心发展上有哪些特点?

❷ 早教教师必须掌握的工作技能是什么?

❸ 如何确保婴儿的饮食营养?

❹ 如何做到细心入微的生活护理?

❺ 如何使婴儿的身心得到健康发展?

❻ 从哪些方面入手对婴儿进行潜能开发?

❼ 家庭和早教机构微环境创设有哪些要求?

❽ 怎样评价婴儿的发展状况?

精彩语录

儿童是天生的哲学家、思想家。

儿童是世界的探索者、"发现"者。

儿童是先哲们的使者。

儿童是"成人之父"。

儿童是"父母灵魂的工程师"。

儿童绝不是一张白纸,更不是一块面团,可以被人们任意地涂画或塑造。

儿童是千百万年人类进化、遗传潜能的传承者。

儿童是人类永远要怀着敬畏之心去研究、去"读"的真正的"历史"的儿子、未来的主人!

第一节 身心发展

身心发展包括生理发育和心理发展两个方面。婴幼儿期的身心发展速度是最快的,这个时期,婴幼儿将从一个毫无生活自理能力的自然人,开始变成有一定社会适应能力的社会人。

一、生理发育特点

每月对婴儿的各项生理发育指标进行检测与评价,可以连续观察婴儿生长发育状况,有利于家长及时发现婴儿生长发育是否正常,营养结构是否合理,从而适时采取保健措施。

[一] 体重

婴儿出生后的第一年是生长发育最迅速的时期,而1~6个月是生长速度最快的时期。出生时新生儿的平均体重为3000克,6个月时体重比出生时增加1倍,周岁时体重是出生时的3倍。

[二] 身长

新生儿出生时的身长约50厘米,前6个月增长17~18厘米,周岁时增长25~26厘米,约为出生时的1.5倍。

[三] 头围

婴儿头围发育很快,出生时新生儿的头围约34厘米,半岁时头围达到42

厘米，比出生时增加8厘米。1岁内婴儿的脑发育迅速，需要有足够的营养和良好的生活环境，以保证大脑健康发育。

[四] 牙齿

每个婴儿出牙时间不完全相同。一般来说，6～7个月开始出牙，最早的4个月时就开始出牙，晚的到10个月甚至到12个月，到2岁或2岁半时20只乳牙全部出齐。如果到1岁时还没有开始出牙的，应该到医院检查。

[五] 囟门

婴儿出生时头上有两个囟门，称为前囟门和后囟门。前囟门位于头顶部前中央，呈棱形，对边中点连线约1.5～2厘米，柔软，时有跳动，一般12～18个月时闭合。后囟门位于头枕部，一般于3～4个月闭合。

[六] 大脑

1岁内是一生中脑发育最快的时期。大脑重量由出生时400克左右增加到900克左右。在这个成长过程中，大脑的神经细胞的树状突起和神经轴突分枝由少变多，使得神经元之间联系越来越广泛和高效。智能游戏提供的活动，可以增加神经细胞间的突触联系，使大脑功能的发展达到超前与加速的目的。

[七] 心跳

婴儿的心脏重量与体重的比值大于成人。1岁时婴儿的心脏是出生时的2倍。由于婴儿心肌薄弱，心脏容量小，输出量少，而新陈代谢旺盛，因此，以增加搏动来适应机体的需要。年龄越小，心率跳动越快。1岁内婴儿心率为110～130次/分钟。

[八] 呼吸

1岁内婴儿呼吸的平均次数为30～40次/分钟。数呼吸时要一呼一吸为一次呼吸。数呼吸的次数时应在婴儿安静时。婴儿呼吸以"腹式呼吸"为主，观察婴儿呼吸的次数可观察婴儿腹部的起伏。

[九] 大肌肉动作发育

婴儿的动作是随着肌肉、骨骼、神经系统的发育而发展的，最开始出现的是大肌肉动作的发展。婴儿俯卧时，2个月能将头抬起离开床面，3个月能抬头45度，4个月抬头90度；5个月时能从仰卧位变成俯卧位；6个月时能独坐片刻；7~8个月会爬，9个月会扶站；到1岁左右就能扶走了。

[十] 小肌肉动作发育

婴儿手的动作发展与脑的发育密切相关，对心理的发育也有非常重要的影响。婴儿小肌肉动作的发育是从被动到主动发展的。2个月时只会紧握，要成人将东西放在他手中才能留握片刻；3~4个月时能用手触碰悬挂玩具，但抓不住；5个月能抓住在眼前的悬挂玩具；6个月时能主动拿起玩具，两手换着抓玩具，并将玩具在两个手中传递着玩。

二、心理发育特点

掌握了解婴儿的心理特点，有助于对婴儿的智力发展状况进行测评，采取相应的早教措施，有助于促进婴儿早期的智力开发。

[一] 感知觉能力的发展

感知觉的发展过程，需要借助眼耳鼻舌、皮肤、肌肉、关节等器官才能得以实现。

1. 视觉

出生1个月的婴儿只能看清距离眼睛20厘米的物体；2个月开始用眼睛追随移动的物体上下左右转动；3个月以后能看清4~7米远的物体；4~5个月能看到放在近处的小物体；5个月时眼和手逐渐协调起来，会伸手抓近处的东西；6个月以后婴儿能用眼睛观察周围的人所进行的活动，并开始通过视觉来认识周围的事物。

2. 听觉

婴儿的听觉很灵敏。2个月时听到屋里的响声会从睡梦中惊醒；3个月时听见了声音立即会用眼睛去寻找声源；4~5个月能分辨熟悉或不熟悉的声音；1周岁能和成人一样分辨声音。

3. 触觉

婴儿主要是用手和嘴来触动和感受外界刺激物的。3个月前的婴儿喜欢挥动手臂，他们会在成人的引导下触摸玩具、物品；5～6个月时，婴儿开始将手所触摸到的物品抓握住，并且凡是抓握到的东西都喜欢往嘴里送。

4. 味觉

溶于液体中的物质作用于口腔内舌的边缘和根部，以及腭、咽和喉头粘膜的味觉感受器——味蕾，刺激作用输入脑中枢而产生味觉。婴儿一出生就有味觉。

5. 嗅觉

嗅觉也是一种较为原始的感觉。物体的气味作用于鼻腔上鼻道嗅膜上的嗅觉感受器——嗅细胞，刺激直接传入脑内的嗅球。嗅球与大脑内皮层边缘系统相连，故嗅觉与人的情绪密切相连。婴儿对不同嗅觉刺激物会做出不同的反应，比较明显的是对不良刺激物会产生躲避行为。

[二] 注意力的发展

注意指的是对一定对象的有意识的指向性，是一种定向反射，它分为有意注意（主动注意）和无意注意（被动注意）。有意注意是自觉的、有目的的注意。无意注意是在感知发育的基础上自然发生的，没有目的，不要任何努力。婴儿期以无意注意为主，随年龄的增长，婴儿逐渐呈现出有意注意。

[三] 记忆力的发展

记忆是一个将感知过、操作过、思考过和体验过的事物保存在大脑中的过程。记忆从时间上可分为瞬时记忆、短时记忆和长时记忆。2～3个月时，婴儿已经有了短时记忆。7月后，婴儿对熟悉的人能够再认，但这种再认只能保持几天。婴儿记忆时间的长短是随着月龄的增加而逐渐发展的。

[四] 学习能力的发展

婴儿会主动进行学习。1岁内的婴儿主要是通过味觉、嗅觉、视觉、听觉和触觉等途径来观察和判断事物。利用感官直接接触来获得基本经验，利用感觉和肢体进行学习,通过感觉和运动能力来探索未知世界,因此,在婴儿的成长过程中,要尽量让婴儿自己去看、去听、去摸、去动手操作来获得实际经验。

[五] 思维能力的发展

思维属于人的一种高级认识能力,是智能的核心。0~1岁是婴儿思维方式的准备阶段。借助手摸、体触、口尝、鼻闻、眼观、耳听等多种感知外界事物的方式,逐渐发展起感知觉能力,在此基础上,对外界事物产生一种萌芽状态的表象,即对外界事物产生的一种模糊意识。伴随语言能力的产生,婴儿开始产生初期的思维能力。

[六] 语言能力的发展

语言是人类特有的技能活动。一般来讲,1岁内是语言的发生期,这个阶段婴儿逐渐开始理解词汇和语言,并开始咿呀学语练习发声。这个阶段,成人需要和婴儿多交流,以达到强化婴儿的词汇、语言理解和发音能力的目的。

[七] 情绪和情感的发展

情绪和情感是激活心理活动和行为的驱动力。良好的情绪和情感体验会激发婴儿积极的探求欲望和行动。

[八] 气质特征

气质是人的心理特征之一。每个婴儿生下来就有不同的气质差异,每个婴儿在日常生活中表现出来的饮食状况、睡眠规律、大小便规律、活动规律、情绪变化、社会交往的情况等个人特点,就是气质。成人既要了解婴儿的气质特征,也要适应他们的气质特征。

[九] 自我意识的发展

自我意识是意识的一个方面,是指人对自己的认识和调节。它的发展是人的个性特征的重要标志之一。出生后头5个月的婴儿没有自我意识,不认识自己身体的存在。5个月之后,婴儿开始出现自我感觉。1岁左右的婴儿逐渐认识了自己及自己做出的动作。

思考与练习

1. 1岁内婴儿的生理发展特点有哪些?

2. 1岁内婴儿的心理发展特点有哪些?

3. 掌握婴儿的身心发展状况,对抚育婴儿有什么作用?

4. 为什么不能忽视婴儿的需求?

第二节 指导要点

早教专业人才首要的工作是帮助家长建立正确的育儿观念；其次，是要向家长传授一些科学育婴的实用方法和技巧，帮助家长解决育婴过程中出现的疑难问题，满足不同家长的不同需求。

婴儿在成长发育的过程中，涉及对其生理发展状况的测评，以及对其智能、体能的开启。因而，掌握一定的生理测评技能、抚触操技能以及主被动操技能，是一名合格早教专业人才的基本要求。

一、育儿理念

婴儿是正在发展、成长中的"人"，要了解他的个性，尊重他的个性，促使他的个性充分而和谐地发展，才能使其健康快乐地成长。

[一] 让婴儿成长的每一步都从最佳起点开始

每一个婴儿都是一个独特的个体，都有自己独特的成长足迹。对于家长来说，要了解婴儿每个成长阶段、每个成长领域的发展顺序和规律，尤其是了解婴儿每一个具有里程碑意义的发展指标，以便采取相应的教育措施，给他每一步的发展都设计一个通过适当的努力能完成的目标。

[二] 给婴儿的"神经银行"存钱

良好的早期教育，等于是给孩子的"神经银行"存钱，存得越早越适宜，将来取得也越多越方便。所以，早期潜能开发，本质上是大脑潜能的开发，而重视早期教育，实质上是强调教育应当符合人的发展规律，尤其是人脑的发育规律。

[三] 成长指数与快乐指数一个都不能少

只有每天都得到父母关爱的婴幼儿才容易形成快乐而稳定的情绪特征。父母应注意婴幼儿在不同年龄段对情绪的不同要求，给予不同内容和方式的情感照顾，帮助婴幼儿适应不同的环境要求。1岁内是儿童快速成长期，我们不仅要关注孩子的成长指数，如身高、体重等生理发育和智能发育商等"成长指数"，而且要关注儿童的情绪和心理健康发展的"快乐指数"，让孩子的成长指数与快乐指数一个都不能少，才是全面和谐发展的教育。

[四] 教子有方，但无定法，贵在得法

个性化教育即"让每个人的个性得到充分自由的发展"的教育。个性化教育的目标可概括为"合格＋特长"。所谓"合格"，即使儿童的心智全面和谐发展。而"特长"，意指在某些领域具有出众的能力。

二、需要掌握的工作技能

婴儿在生长发育的过程中，涉及到对其生理发展状况的测评，以及对其智能、体能的开启。因而，掌握一定的生理测评技能、抚触操技能以及主被动操技能，是一名合格早教专业人才的基本要求。

[一] 生理测评技能

生理测评技能包括听力测查和视力测查。

1. 听力测查

听力测查方法如下：

塑料小药盒内装20粒绿豆作为声源。在环境安静、处于浅睡眠或清醒状态时，在身后30米处摇塑料盒，可每隔1分钟重复一次刺激。若婴儿没有任何反应，应找医生诊断是否存在听力障碍的问题。

2. 视力测查

视力测查的方法如下：

婴儿情绪好时，将色彩鲜艳的玩具（大红球）放在距离婴儿1尺左右的地方左右慢速移动，或打开电灯后观察婴儿的视线会不会转向光亮处。如果婴儿显得淡漠，没有反应，或者眼球比较频繁地往水平或垂直方向震颤，则应怀疑视力障碍。

[二] 主被动操技能

主被动操能促进婴儿从被动地由成人帮助活动发展到主动活动，其目的不仅能促进脑功能的发育，还能促进心、肺、骨骼、肌肉的生长和发育。

1. 第一节　起坐运动

目的：促进婴儿骨骼、肌肉的生长和发育。

婴儿仰卧，成人双手握住婴儿的双手，在婴儿足端处站立。牵拉婴儿小手，使其从仰卧位坐起。

2. 第二节　起立运动

目的：发展婴儿跪直、起立和站立的动作。

婴儿俯卧，成人从其背后双手握住婴儿的双臂或手腕。牵拉婴儿俯卧跪直，起立或直接站起。

3. 第三节　提腿运动

目的：锻炼婴儿两肘支撑身体和抬腿的能力。

婴儿俯卧，两手轻放在胸前，两肘支撑身体，成人双手握住其两足踝部。轻轻抬起婴儿双脚，约30度。

4. 第四节　弯腰运动

目的：锻炼婴儿腰部力量。

婴儿背对成人站立，成人左手扶住婴儿两膝，右手绕到婴儿前扶住其胸腹部，在婴儿前方放若干玩具。让婴儿弯腰前倾，捡起桌上玩具。

5. 第五节　挺胸运动

目标：进一步促进婴儿骨骼、肌肉的生长发育。

婴儿俯卧，两手向前伸出，成人在其身后双手托住他的肩臂。轻轻地使婴儿上体抬起并使其挺胸，腹部不离开桌面。

6. 第六节　游泳运动

目标：培养婴儿肢体适应能力，发展平衡能力。

婴儿俯卧，成人双手托住婴儿胸腹部。托起俯卧的婴儿，悬空前后摆动，婴儿会很自然地摆动四肢。

7. 第七节　跳跃运动

目标：在成人的帮助下，锻炼腿部力量。

婴儿与成人面对面站立，成人双手扶住婴儿腋下。托起婴儿离开床或桌面做跳跃运动。

8. 第八节　扶走运动

目标：引导婴儿学会走路。

婴儿站立，成人站在他的背后，两手扶在他的腋下，或站在他的前面，两手扶住他的前臂或手腕。扶婴儿使其左右腿轮流迈出，学开步行走。

[三] 抚触操技能

给婴儿做抚触操，能够对婴儿全身皮肤感官产生刺激，兴奋中枢感受点，刺激神经细胞的形成及其与触觉的联系，逐渐促使小儿神经系统的发育和智能的成熟。

1. 头部

① **眉上按摩**：起自两眉上的内侧端两拇指水平放置，其他四指放在头的后面，用双侧拇指向两侧做水平按摩，中等用力。

② **鼻两侧按摩**：两手拇指放在眼眶下，鼻的两侧，两手其余四指放在头的后部，两拇指逐渐沿鼻梁两侧向下按摩到鼻翼两侧，拇指逐渐转为水平状。

2. 胸部

① **胸大肌舒展**：婴儿仰卧位，成人两手展平，指尖自胸骨下插入胸部，使手掌面贴前胸向上推动，五指碰到锁骨后，逐转向两侧，推向肩胛。

② **扩胸运动**：婴儿仰卧，成人两手握住婴儿的双手，向两侧伸展。然后向中心交叉抱双臂，左臂在上稍用力。再向双侧打开伸展，再一次向心抱起时右臂在上。

3. 腹部

腹部按摩：婴儿仰卧，成人手掌指尖向右侧，放在下腹部，手掌接触婴儿的皮肤。然后右手推向右上腹，转向左上腹，再转达至左下腹终止。随着右手，左手并排插入，沿同一方向按摩一圈。

4. 上肢

① **手心**：用右手拇指为核心，放在手腕横纹前，用右手食指沿顺时针方向转动7~8圈。

② **手背**：手心做完后手转过来使手背向上。触摸者使两手中指放在婴儿手下，做垫，两手的无名指放在手上，将婴儿的手夹住。然后两拇指横向向前搓动。

③ **手指**：婴儿手心向上位，手指自由弯曲。触摸者用一只手的拇、食、中三个手指从三个方面把握宝宝的拇指至小指，逐一做圆周揉动，从指根至指尖，揉动要柔和，不用力。

④ **合谷穴**：在手背侧拇指掌骨及食指掌骨，交义处远端一点。成人用拇指顺时针揉动。

⑤ **手臂搓动**：成人拿住婴儿手指，右手做圆形握住婴儿手臂上，要松不要紧，然后右手以腕为轴自婴儿腕关节至肩关节呈圆周状搓动，上下两趟或四趟。

⑥ **手臂大运动**：成人右手握手指，至胸骨上转头部，至身侧做圆周大运动三次，再自侧体至头上，做反方向圆周的大运动三次。

5. 下肢

① **脚心**：婴儿仰卧位，足跟朝下，足趾向上。成人以拇指为核心，钉在足跟，用食指沿顺时针方向在足底进行按摩。

② **脚背**：仰卧足背向上，以两手中指垫于足下，无名指覆盖足面。以两手拇指横向交替搓动20~30次。

③ **脚趾**：体位同上，成人以拇食中三指从三个方面轻轻围绕婴儿每只小趾揉动。

④ **足三里**：穴位位于膝盖骨下两寸，即两指，膝骨外侧用拇指直立，顺时针揉动。

⑤ **腿环形按摩**：婴儿仰卧，触摸者一只手拿脚趾，将腿抬起，另一只手以拇指、食指、中指将婴儿的腿握起，握得要松，然后以腕关节为轴，自踝关节至髋关节来往搓动。

⑥ **两腿弯曲运动**：成人两手握婴儿膝部，用两手交替推婴儿双腿至大腿贴紧腹部，然后该脚伸直。

⑦ **双腿弯曲至90度**：两手从后面握住膝部，两手拇指抵住小腿，婴儿仰卧，使两腿自髋关节弯曲，与躯体呈90度。

⑧ **两腿外展运动**：婴儿仰卧，两手握膝，使婴儿两大腿上弯并外展，尽量使两腿展平接触床面。

⑨ **髋关节大运动**：成人手握脚趾，使全腿自腹上至外展至落下进行大圆周运动，三四次再反倒过来由外向内转圈做大运动。

6. 捏脊

成人两手食指用力贴背部，婴儿俯卧，使两手向上推，两食指上皮肤皱起，两拇指就轻轻捏住皮肤，这样食指不断上推，拇指不断倒动，直至大椎，在捏第二次时到胸骨下缘水平是脾俞，捏住皮肤向后拉两下，向上到胸廓中央水平是胃俞，捏两下，第三次捏脊时就不用拉了。三次完毕后两手拇指放到第二腰椎处，向两侧按摩两次。

[四] 亲子阅读技能

阅读是语言发展的组成部分，是提高语言能力的基础。对于1岁内的婴儿来说，阅读不仅是用眼睛看，还要依靠听觉、触觉、前庭平衡的协调来理解。

掌握技能：

给婴儿看画报要做到"四定"，即定时、定地点、定人、定内容。

· **定时**：每天临睡前用20分钟的时间和婴儿一起看画报。

· **定地点**：选择在婴儿的小床上。

- **定人**：由妈妈来完成。妈妈的词汇、表情要丰富，配以适当的手势和抑扬顿挫的语调。以提问的方式进行，同婴儿要有眼神、情感上的交流。
- **定内容**：1岁内婴儿的读物，可分为图片和图书两大类。主要以色彩鲜艳，线条形状清晰，图形简单、生动，内容为婴儿比较熟悉的自然科学或生活事物为主。

思考与练习

1. 早教专业人才如何帮助家长树立正确的育儿观念？

2. 怎样让婴儿喜欢做主被动操？

3. 请说出做抚触操的基本要领。

4. 请说出如何培养婴儿的阅读兴趣。

第三节
饮食营养

在婴儿日常摄食的母乳喂养及其他乳品喂养的基础上，添加半流质食品并逐渐转化至固体食品以满足婴儿对营养的需求，这类添加的食物就叫辅助食品或辅食。随着婴儿不断长大，所需营养素的量也不断增加。乳母的乳量虽也在增多，但毕竟不能满足婴儿快速生长的需要。因此为维护婴儿健康要及时添加辅食。

适时添加辅食既能弥补乳类或代乳品中营养素的不足，同时这段时间婴儿能够也必须学会咀嚼，从而为养成从无意识状态起就习惯进食乳类过渡到有意识地咀嚼乳类以外食品的习惯，为其换奶和养成不偏食、不挑食的良好习惯打好基础，顺利地过渡到幼儿膳食模式。

一、应因婴儿需要，扩展食物品种范围

不论是母乳喂养儿或人工喂养儿都应自出生后1个月开始添加必要的维生素，如浓鱼肝油等。2～3个月起适量喂养鲜果汁、蔬菜汤汁、米汤或鱼泥，以便过渡到喂养各种辅食。

[一] 为什么要添加辅助食品

在婴儿日常摄食的母乳喂养及其他乳品喂养的基础上，添加半流质食品并逐渐转化至固体食品以满足婴儿对营养的需求，这类添加的食物就叫辅助

食品或辅食。

随着婴儿不断长大，所需营养素的量也不断增加。乳母的乳量虽也在增多，但毕竟不能满足婴儿快速生长的需要。因此，为满足婴儿健康要及时添加辅食。

[二] 添加辅食、促进成长

- 4~6月婴儿唾液腺逐渐发育成熟，并已开始习惯于将口腔前部的食物引入口腔后部并将其吞咽下去，即口咽部生理发育已可承接非流质食物。
- 到7~9月时，即使牙齿尚未萌出，从生理上婴儿口腔已有可协调性、节律性的咬合运动，通过咀嚼辅食有利于颌面构型及颌骨发展，对牙列、咬合及颌骨空间发展有重要意义。
- 适时添加辅食既能弥补乳类或代乳品中营养素的不足，同时这段时间婴儿能够也必须学会咀嚼，从而为养成从无意识状态起就习惯进食乳类过渡到有意识地咀嚼乳类以外食品的习惯，为其换奶和养成不偏食、不挑食的良好习惯打好基础，顺利地过渡到幼儿膳食模式。

[三] 何时开始添加辅助食品

通常自生后4个月起开始为婴儿添加辅助食品，即使母乳量很充足也不应晚于生后6个月才开始添加辅食，以便养成进食习惯和逐渐顺应以牛乳及乳制品代替母乳的喂养模式，并直至1岁左右断离母乳。

[四] 添加辅食要遵照循序渐进、逐渐增加品种和数量的原则

具体要求是：

- 从一种食品到另一种食品，从稀到干，从少到多，从细到粗。每种食品从开始添加时的少量、逐渐增加到所需量时，为了使婴儿的消化吸收功能有一个适应过程并稳定下来，一般要经历7~10天。随后，再添加另一种食品。如果添加辅食的月龄正在盛夏，而小儿体重增加尚好，则应顺延数周至天气凉爽时再开始。若添加新的辅食后出现消化不良则应立即停止新添的辅食，待消化机能改善恢复正常后再重新开始。不要心存侥幸等待其消化功能好转，致使情况复杂化。

- 由于幼婴尚未习惯吞咽非流质食物，最初几天进食时常反射性地用舌将食物向外顶出，同时为了培养宝宝独立进食的能力和习惯，在一开始添加辅食时，就要坚持用匙喂并将食物送到口腔后部使婴儿自然咽下，以后即可逐渐转向自动摄食和吞咽食物。
- 对患营养性贫血、佝偻病、虚胖（渗出性素质）婴儿，或经常漾奶、吐奶小儿，若授予乳量是充足的而体重增加不好，则可提前试加辅食。
- 在添加辅食过程中，6月龄左右的婴儿，从固体食物中获取的能量不宜超过所需总能量的50%，每天哺喂的乳类不应低于500毫升。

[五] 为婴儿添加辅食的种类及添加顺序，可参见下表。

婴儿辅食种类及添加顺序

开始添加月龄	辅 食 名 称	每 日 添 加 量
满月	浓鱼肝油（含维生素A、D） 维生素K_1片	维生素A1500～2000单位/日 维生素D400～800单位/日 母乳喂养儿出生后至3月 每周口服1～2毫克

续表

开始添加月龄	辅 食 名 称	每 日 添 加 量
2～3	菜汤、果汁、果酱、米汤	3～6汤匙 试量～2汤匙
4～6	豆浆、米糊、乳儿糕、稀粥 蛋黄 水果泥、菜泥	2汤匙，增至半小碗 1/4个，增至1个 试量~小量 小量加入糊或粥中，用匙试喂

7～9	烂粥、烂面 菜泥、土豆泥、胡萝卜泥 香蕉泥、苹果泥 豆腐、豆制品 碎菜、小片叶菜 鱼、肉末、肝泥、血、肉松 饼干、烤馒头或窝头片 蒸鸡蛋羹	半碗至1小碗 1汤匙～2汤匙加入粥中 直接喂食1汤匙～2汤匙 试量～小块 3汤匙～5汤匙加入粥、面条中试量～1汤匙 小量 1个蛋量
10～12	软饭、面条、鱼、肉块、肝 带馅食品、豆制品、小点心 绿叶菜、水果、各种蔬菜	根据食欲及消化情况安排2餐～3餐辅食，或加2次点心

注：人工喂养时，添加辅食的时间可提前2周～4周。

1茶匙 ≈ 5毫升，1平汤匙 ≈ 15毫升，1小饭碗 ≈ 100毫升

二、婴儿辅助食品的家庭制作

婴儿所需辅助食品量小而种类多，讲究新鲜、卫生、符合营养要求。医学营养学认为：为婴儿制作的辅助食品，不应加食盐、调料和味精等等；对已满周岁的幼儿所加食盐应根据年龄从试量开始，每日用量在1克～1.5克之间；通常不加调料及味精、鸡精等，以免用量不当误导和造成小儿味觉偏异、偏食。现将几种日常婴儿辅食的家庭简易制作方法示例说明如下：

[一] 菜汤和菜泥

将蔬菜（如白菜、菜花、莴苣叶或菠菜等）洗净，在开水中焯一下即取出，切碎后和水煮沸3分钟～5分钟，上层清汁为菜汤，下层粗渣压碎，过粗筛后的细粒即可用作菜泥。

[二] 果汁（或番茄汁）

将新鲜浆果（或番茄）洗净后用开水浇冲果皮或去皮，再用压榨器或汤匙将果汁挤出，将果汁置入带盖器皿中，用小匙喂食。市售瓶装（或罐装）各种果汁，由于生产工艺原因及存储时间长、货架期过久，致使维生素C遭到破坏或完全耗失，不如自制新鲜果汁甚至喂食维生素C片效果可靠。

[三] 果泥

将水果（如苹果、香蕉、梨等）洗净去皮后，将果肉经擦板擦碎的细粒即为果泥。或以食品加工器打碎经纱布过滤出的液汁用作果汁，余下为果泥。制成的新鲜果泥直接用小勺喂食。

[四] 果酱

先将藕粉或淀粉用凉开水调浆，再将加适量蔗糖的水煮沸，然后把上述挤出果汁的浆果渣或者经擦板擦碎的果肉（如苹果碎肉粒）加入沸水中，再次煮沸后立即将上层清液冲入藕粉内，边加边搅。同时另外加入少量新鲜果汁一同搅拌，即成果酱，用小勺直接喂食。

[五] 鱼泥

将鱼洗净去鳞清除肚肠内容并冲净后，用清水煮熟，剔除骨刺将鱼肉捣烂成细小颗粒即为鱼泥。5～6月龄可加入稀饭中食用。鱼肌蛋白所含的必需氨基酸与人乳的乳清蛋白所含的成分相近，营养价值高，利用率可高达96%。

[六] 蛋黄

将鸡（鸭）蛋煮老熟后剥出蛋黄，食用时用匙压成泥状，加入牛奶或其他辅食中。蛋黄既可以为婴儿提供所需要的优质蛋白质、卵磷脂，还可补充造血所需的铁质。

[七] 土豆泥、胡萝卜泥

将土豆或胡萝卜洗净去皮切成小块后，置压力锅中煮沸放气一次，或在普通铁锅中煮沸后以文火再煮一刻钟。取出后将土豆或胡萝卜压碎，即成土豆泥或胡萝卜泥。成泥后再加少量水和植物油（或牛奶、奶酪），蒸后即可喂食。

[八] 黑芝麻粉

将黑芝麻浸入清水大碗中，漂去浮物，控水后，再用温水慢慢地冲入碗中，然后用细筛过滤，使泥沙沉入碗底，再用手搓掉芝麻外皮，用水漂净，取出晾干，放入锅中，用小火炒香，晾凉，放在案板上，用擀面杖擀成粉状后加进食物中食用。

[九] 动物血

将畜、禽血块放入锅中煮熟后，捣烂成粒状加入粥中食用，或与豆腐搅匀后加入粥中食用。动物血不仅提供优质蛋白质，而且还含多量的生物利用率较高的血红素铁质。

[十] 肉末

瘦肉洗净剁碎后，水煮熟即成。7~8月龄婴儿开始加在粥中食用。

[十一] 肝泥

将肝洗净剔除血管、胆管、筋膜等物，加水煮熟，碾碎或剁碎后食用。

[十二] 肉松

瘦肉洗净切小块后，加水文火煮熟剁碎，在锅中加少量植物油边炒边焙干后食用。

三、顺利度过换乳期

[一] 换乳期

用牛乳或其他液态乳品替换母乳和按时顺序添加辅食是由母乳喂养向幼儿膳食过渡的一个重要时段，这个过程通常要经历几个月，所以又叫做换乳期。

[二] 换乳而不是断乳

牛乳是满足婴儿蛋白质需要的重要来源。婴儿通常在1岁左右断离母乳，但并不是不再给婴儿喂哺乳品，而是用牛乳或其他乳制品替换人奶，并且终生食用乳品。

在农村或边远地区，由于辅食添加不及时、品种过少及无适当乳制品替代母乳等等，为补充所需蛋白质，断离母乳的时间可延至1.5岁~2岁。

[三] 预防感染、减少疾病

在换乳期由于膳食习惯、进食行为、食品种类及摄入量都在不断改变，容易因消化系统不适应而发生疾病。就母乳功能来说，牛乳及其他乳品是不能完全替代的，因此预防感染性疾病也不容忽视。

四、换乳期的营养健康监测

换乳期是婴儿生长发育的重要阶段，其能量及营养素的总需求与形体增长发育、科学喂养关系密切。表面上看是个营养问题，但却是涉及各方面综合知识的有效运用，对儿童以后形体成长及心理发展影响巨大深远。因此，既注意具体食物营养素的需求，也要保证宏观需要的满足。首先是关于能量、蛋白质及水分的供给，其效果如何，就要以儿童形体成长指标来进行监测。

思考与练习

1. 何时添加辅食比较适宜？

2. 添加辅食的原则和顺序是什么？

3. 婴儿如何顺利度过换乳期？

4. 日常婴儿辅食的家庭简易制作方法有哪些？

第四节
生活护理

> 婴儿的衣着以舒适、干净为宜，每个季节都要给婴儿准备充足的衣服，以方便换洗。给婴儿穿衣的过程同时也是训练婴儿动作能力、语言能力和独立生活能力的过程。
>
> 居室是婴儿日常生活的场所。温馨、舒适、干净的居室环境有利于婴儿健康成长。
>
> 婴儿洗浴不仅是保持身体卫生的需要，也是加强身体锻炼的一种方式。在洗浴的过程中，成人一是要做到精心呵护、体贴入微；二是使婴儿获得心理上的愉悦；三是积极促成婴儿在洗浴中得到锻炼。

睡眠是使婴儿神经系统得到休息的最有效的措施。婴儿需要有足够的睡眠时间，以保证睡眠的质量。

一、穿衣

婴儿的衣着以舒适、干净为宜，每个季节都要给婴儿准备充足的衣服，以方便换洗。给婴儿穿衣的过程同时也是训练婴儿动作能力、语言能力和独立生活能力的过程。

[一] 婴儿的衣服

婴儿要穿宽松、式样简单、方便穿脱的衣服。婴儿要穿纯棉、质地柔软、透气性好、易吸水、保暖性好的衣服。婴儿的衣服上不宜有过多的装饰物，如小亮片、小珠子，也不要用橡皮筋或松紧带系袖口、裤口。

婴儿的内衣可为圆领衫，不要穿立领，以免限制婴儿头部活动，影响呼吸。上衣要稍微长些，能遮住肚子，以免肚子着凉。

[二] 怎样给婴儿穿衣

给婴儿穿衣服动作要轻柔，舒缓。成人的手先穿过袖笼捏住婴儿的手轻轻地顺着袖笼穿出，然后将衣服背后贴在婴儿背上再将婴儿另一只手按同样的方法穿好。如果是套头衫，可先套上脖子，袖子的穿法相同。

穿裤子时，先把裤子张开，成人一只手把婴儿的腿放进裤笼里，另一只手从裤脚穿上来，捏住婴儿的脚轻轻穿过裤笼。另一条腿相同。

[三] 怎样教婴儿穿衣

穿衣是婴儿在成长过程中需要学习的一个内容。学穿衣服的关键在于找袖洞。在七八个月时，就可以教婴儿练习穿衣袖，开始时可帮着婴儿将一只手伸进袖洞里，然后将他的手拉出来。再将第二只手伸进另一只袖洞里，将他的小手拉出来。反复练习后婴儿就会自己伸手去找两只袖洞。

到九十个月时，可以练习穿裤子。先把裤子张开，让婴儿先把一条腿伸进裤腿里，穿好后，再把另一条腿伸进另一只裤腿里。在穿衣的时候，可配合语言进行。

二、居室

居室是婴儿日常生活的场所。温馨、舒适、干净的居室环境有利于婴儿健康成长。

[一] 婴儿的居住环境

可根据婴儿的性格特点和爱好，从实用、经济和美观入手，给婴儿布置一间朴素、整洁、安全、实用的房间。房间最好向阳。房间的颜色要鲜艳、明快。房间里可选择一些富有童趣的摆设。地板可用卡通塑胶拼图拼上，如长颈鹿、小浣熊、唐老鸭、米老鼠等。房间光线不要太亮，书柜上可摆放一些玩具或艺术品，墙上可贴上一些儿童画。

[二] 婴儿居室的必备用品

婴儿居室必备以下物品：床、衣柜、书柜、书桌、床头柜。婴儿应睡硬床，而不要睡软床，铺厚垫，用软枕。以免造成如下伤害：第一，造成婴儿窒息。太软的床枕不益于婴儿滚动，当被褥等堵住口鼻时，婴儿难以挣扎。第二，不利于婴儿的骨骼发育。第三，不利于婴儿练习翻身、坐起、站立、爬行及行走。

三、排便

培养婴儿良好的大小便习惯，有利于帮助婴儿建立健康的行为和生活方式；有利于提高婴儿肌体的工作效率；有利于婴儿养成规律的生活和活动习惯，培养自律能力和自我活动能力，帮助婴儿建立自信心；有利于婴儿社会行为的发展。

[一] 婴儿的排便规律

大小便属于非条件反射，生下来就会。而良好的大小便习惯，则是条件反射。

排小便规律：婴儿排小便的时间，一般是在睡前、醒后、进食前后、喝水后。把尿时，大人嘴里可发出"嘘嘘"的声音，这是一种条件刺激。

排大便规律：婴儿大便的时间一般在早晨起来或进食后不久。大多数婴儿在排便前会放屁或发出"吭吭"的声音，小脸发红。此时大人应立即给他"把屎"，同时发出"嗯嗯"的用劲的声音。1岁前婴儿每天会大便1~4次，吃母乳的婴儿会大便多一些，人工喂养或添加辅食后，婴儿大便的次数就会减少。

[二] 排便后的清洁护理

婴儿排便后应立即进行擦拭和清洗，以免引起细菌感染。清洗时要用婴儿的专用毛巾和专用盆，专用毛巾用后要烫洗干净，或煮沸消毒，用一段时间后要及时更换。用手背或肘部去试水温，以不冷不热为准。

[三] 培养婴儿养成坐便盆的习惯

婴儿8个月时已经具备了独坐的能力。此时，可以培养他养成大小便坐便盆的习惯。婴儿在大小便时要让他精力集中，不要喂食，也不要让他玩玩具。坐便盆的时间不宜超过5分钟。

四、洗浴

婴儿洗浴不仅是保持身体卫生的需要，也是加强身体锻炼的一种方式。在洗浴的过程中，成人一是要做到精心呵护、体贴入微；二是使婴儿获得心理上的愉悦；三是积极促成婴儿在洗浴中得到锻炼。

[一] 婴儿洗澡的必备用品

婴儿洗澡，需要准备如下专用品：

婴儿浴盆、小毛巾、大毛巾、婴儿皂、婴儿沐浴液、棉花棒、浓度70%的酒精（用于护理脐部）、温度计、干净的衣服、尿布。

[二] 怎样给婴儿洗澡

婴儿洗头时先不要脱去衣服，用左手托稳婴儿的头部，用拇指及食指将婴儿的两个耳朵轻轻前折，堵住耳朵眼，以免进水。手上摸少许婴儿皂洗头，轻轻按摩婴儿头部，然后用毛巾沾清水洗净后擦干。

洗澡时先脱去婴儿衣服，试好水温后轻轻将婴儿放进水里，用左臂托住婴儿的头、后背和腋窝。按照从上到下的顺序洗，依次为：脸、头、颈部、前胸、腹部、左右上肢、背部、左右下肢、外阴、臀部。尤其注意腋窝、手窝、肘窝、外阴部、大腿沟、脚、手指缝、脚趾缝等部位的清洗。

洗澡的时间一般5～10分钟为宜。洗澡的室温应保持在25℃以上。水温以感觉不烫手为宜。

洗澡时间不宜安排在进餐前后。

7个月以上的婴儿可坐在浴盆里充分享受玩水的乐趣，1岁左右的婴儿会主动伸手伸脚配合洗澡。

[三]"三浴"

"三浴"指的是日光浴、空气浴和水浴。

- **日光浴**：婴儿从2个月起就可以开始户外活动。夏天可选择在上午10点以前，在通风阴凉处接受日光浴；冬天则选择在上午10点以后，在向阳背风的地方晒太阳。半岁后可在户外做游戏。每天可坚持2小时。
- **空气浴**：婴儿应适应开窗睡眠，在自然环境中睡眠，接受冷空气的刺激，提高婴儿对天气变化的适应能力。即使是在寒冷的冬天，也需要开窗，常开窗通风，可降低室内细菌。
- **水浴**：从夏季开始婴儿可在20～24℃的水温中洗澡和游泳。稍大些可每天冷水淋浴30秒钟左右，温暖的季节可在冷水中游泳。

五、睡眠

睡眠是使婴儿神经系统得到休息的最有效的措施。婴儿需要有足够的睡眠时间，以保证睡眠的质量。

[一]婴儿的睡眠规律

婴儿在满月之后，每天睡眠的时间相对来说要少了些，但仍需睡足16～18小时。月龄越小睡眠时间越长。一般白天睡3～4次，每次睡2小时左右，夜间睡10个小时左右。半岁以后婴儿的睡眠相对开始减少，每天约睡14～15小时，白天睡2～3次，每次2～2.5个小时，夜间睡10个小时。

[二]保证婴儿的睡眠质量

婴儿的睡眠有个体差异，高质量的睡眠有利于婴儿的身心健康。

1. 找出影响睡眠的原因

睡前玩的时间太长，导致过度兴奋，或因受到惊吓，情绪焦虑，心情极度恐惧；晚饭吃得过多，饱胀不堪，或吃得过少，饥饿难耐；睡姿不舒服，或胸口被压,呼吸不畅;尿布湿了,没有更换;卧具潮湿冰冷或卧室空气污浊或过于干燥,气温过高或过低,灯光过强,噪音过强;婴儿患病,身体不舒服;生活环境发生变化,如出门、搬新居、换新保姆等。

2. 创造良好的睡眠环境

婴儿的成长速度在睡眠状态下是清醒状态时的3倍,而高质量的睡眠离不开良好的睡眠环境。

经常开门、开窗通风,保持室内空气清新;室温保持18~25℃为宜,过热或过冷都会影响睡眠;被褥要保持干燥、干净和舒适,不要盖太厚被子和穿太多衣服睡觉;不要在室内吸烟,以免污浊空气;睡前避免做剧烈运动,或听过于兴奋的故事;让婴儿单独睡张小床,给他自由的活动空间。

[三] 婴儿的卧具

首先要有四季用的床上寝具。如应有2~3条棉被褥,2条毛毯,2条毛巾被,3~4条床单,3~4条被子,其中2条薄被,2条厚被,2块塑料垫子。床单和被里应选用棉布。婴儿的寝具根据季节变化要勤换洗,每天尽量吹晒1~2次。

3个月后可以给婴儿准备一个3厘米左右高的枕头,可选用柔软的木棉枕,也可用荞麦皮做枕芯。枕套要选用棉布。枕套要经常换洗,枕芯要经常翻晒。

[四] 婴儿充足睡眠的标准

由于每个婴儿对睡眠长短的需求不一样,我们不能简单地从睡眠的时间来断定睡眠是否充足。判断婴儿睡眠是否充足,可观察他白天活动精力是否充沛,不感疲劳;吃饭是否津津有味,食欲好;在正常的饮食情况下,体重增加。如果达到以上标准,即使睡眠时间少一点,也可以认为睡眠是充足的。

思考与练习

1. 怎样为婴儿选择衣服？

2. 婴儿的居住环境特点有哪些？

3. 怎样培养婴儿良好的排便习惯？

4. 婴儿白天嗜睡夜晚哭闹，这种情况怎么办？

5. 如何保证婴儿充足的睡眠？

第五节
身心保健

周岁内的婴儿处于生长发育极其旺盛的阶段。生长是指婴儿形体的增长，如体重、身长、头围、胸围等的增加，发育是指婴儿各内脏、器官的发育成熟。婴儿的健康状况，既包括良好的体格发育，没有疾病和缺陷，也包括有健康的心理状态。但在婴儿的成长过程中，既有可能出现身体发育的异常情况，也有可能会遭受疾病的困扰。因而，身心保健成为必要。

婴儿是有心理需求的个体，在他们的成长过程中，需要了解和掌握他们的心理需求，并及时给予满足。研究表明，在成长过程中心理需求得到及时满足的婴儿，比心理需求长期遭到漠视的婴儿更显得聪明、活泼，具有更强的社会适应能力。

一、健康体检

定期健康检查的目的是了解婴儿生长发育和健康状况，早期发现身体缺陷、疾病以及智力发育迟缓，以便及时给家长喂养和护理上的指导，并采取相应的措施进行矫治，促进婴儿身心健康。

[一] 给婴儿做定期检查

疾病的发生和发展有一个过程，比如听力、视力障碍，小儿缺铁性贫血、佝偻病等营养缺乏症，小儿轻度智力低下等疾病，外表看起来和健康婴儿一样，不进行检查，很难被父母发现，等到上了小学，学习困难了才发现问题，但却已经失去了早期诊治的时机。因此，父母要重视给婴儿做定期检查。

1岁内的婴儿，要在出生后3、6、9及12个月龄时各检查一次。

[二] 检查的项目

健康体检包括如下检查项目：

1. 体格测量及评价

体重、身长、头围为必须测量的项目，胸围、坐高、上臂围及皮下脂肪厚度有时也会作为测量项目。经初步测量筛查出体格生长偏离，营养不良等，应进一步做检查。

2. 询问生长发育情况

这是一项向家长询问的内容。包括：出生时情况；喂养状况，如喂养方式、添加辅食、断奶等；睡眠、消化、户外活动情况；卫生情况，如饭前、便后是否洗手、是否漱口、洗澡等；运动、智能语言发育情况；预防接种情况；患病情况，如两次体检期间患过何种疾病。

3. 全身系统检查

[三] 生长发育评价

- 体格测量获得的指标可与世界卫生组织提供的儿童体格发育参考值比较（见下表），进行体格发育和营养状况的评价，如果经初步测量筛查出体格生长偏离、营养不良等，应进一步做检查。

世界卫生组织母乳喂养1~11月龄儿童体格发育参考值（卧位）

年龄组	男童 体重（kg）	男童 身长（cm）	女童 体重（kg）	女童 身长（cm）
1个月~	4.47±0.13	54.7±1.9	4.19±0.14	53.7±2.0
2个月~	5.57±0.12	58.4±2.0	5.13±0.13	57.1±2.0
3个月~	6.38±0.12	61.4±2.0	5.85±0.13	59.8±2.1
4个月~	7.00±0.11	63.9±2.1	6.42±0.12	62.1±2.2
5个月~	7.51±0.11	65.9±2.1	6.90±0.12	64.0±2.2

6个月～	7.93 ± 0.11	67.6 ± 2.1	7.30 ± 0.12	65.7 ± 2.3
7个月～	8.30 ± 0.11	69.2 ± 2.2	7.64 ± 0.12	67.3 ± 2.3
8个月～	8.62 ± 0.11	70.6 ± 2.2	7.95 ± 0.12	68.7 ± 2.4
9个月～	8.90 ± 0.11	72.0 ± 2.2	8.23 ± 0.12	70.1 ± 2.4
10个月～	9.16 ± 0.11	73.3 ± 2.3	8.48 ± 0.12	71.5 ± 2.5
11个月～	9.41 ± 0.11	74.5 ± 2.3	8.72 ± 0.12	72.8 ± 2.5

- 上述检查结果，应准确记录在小儿健康检查记录表中，筛查出的高危儿、体弱儿应设专项管理。通过定期检查，家长可获得合理喂养、卫生护理、体格锻炼等方面的有针对性的指导。

二、计划免疫

给婴儿有计划地进行各种预防接种，是为了提高他们机体的免疫能力，预防传染病的发生。

[一] 预防接种的反应及其处理

- **局部反应**：在接种疫苗后48小时局部仍有红、肿、热、痛等现象，应该局部进行热敷每次15分钟，每天3–4次即可。
- **全身反应**：有的婴儿有发热或不适感，体温在38℃左右，如果反应较轻，时间也短暂，不需要做特殊处理，注意休息和多饮水即可恢复正常，如有高热可口服少量退热剂。如偶合其他疾病如上感等要及时诊治。

[二] 有如下疾病的婴儿，可不进行预防接种

- 急性传染病、发热症状的患儿。
- 有严重的慢性疾病，如心脏病、肝脏病、肾脏病、活动性肺结核病、化脓性皮肤病。
- 有过敏史，有癫痫或惊厥史的婴儿。

1岁内婴儿免疫程序一览表

应接种月　龄	疫苗名称	实种月龄
1月	乙肝疫苗（第2次）	第＿＿月＿＿天

2月	脊髓灰质炎疫苗（第1次）	第___月___天
3月	脊髓灰质炎疫苗（第2次）	第___月___天
	百白破制剂（第1次）	第___月___天
4月	脊髓灰质炎疫苗（第3次）	第___月___天
	百白破制剂（第2次）	第___月___天
5月	百白破制剂（第3次）	第___月___天
6月	乙肝疫苗（第3次） 流脑疫苗（第1次）	第___月___天
8月	麻疹疫苗（第1次）	第___月___天
6～12个月	乙脑疫苗（第1次）	第___月___天
	乙脑疫苗（如为灭活疫苗，需要接种第2次，与第1次间隔7～10天）	第___月___天
	流脑疫苗（第2次）与第1次间隔3个月	第___月___天

三、疾病预防

婴儿在成长过程中难免会发生疾病，对各种可能出现的疾病家长都要有心理准备。首先要细心观察婴儿，及时发现异常情况及时处理；其次，掌握一些常见疾病的预防和治疗方法，以防病急乱投医，贻误病情；对重病患儿要及时送医院，早治疗早好。

[一] 观察婴儿，及时发现异常情况

婴儿年龄小，还不能准确用语言表达自己的病痛和身体的不舒适，成人应细心观察，如出现异常情况，需及时发现并采取治疗措施。

- 婴儿不舒服时的主要反应是啼哭，在排除饥饿、拉屎尿等因素后，应仔细检查婴儿的全身。
- 要善于从日常生活中婴儿的表现观察是否存在异常。
- 婴儿的精神状态是反映病情轻重的一个重要指标。

[二] 常见疾病的预防

对一些常见疾病，轻者可通过家庭护理获得康复，重者则需要及时送医院诊治。

1. 感冒

感冒是上呼吸道感染的俗称，上呼吸道包括鼻、耳、咽、喉，不同的病原菌感染不同的部位。因此，婴儿每次感冒，都会有不同的表现。婴儿感冒后可做如下护理：

多喝水；加强营养，少吃多餐；增加睡眠时间，以恢复体力，增强抗病能力；保持室内通风，以免造成室内缺氧，加重病情；常给婴儿数呼吸的次数，如发现婴儿呼吸超过50次/分钟，出现呼吸困难，应赶快去医院就诊。

2. 发热

婴儿到第3个月后常出现发热现象。如发现婴儿不爱吃饭，人也变得无精打采，体温达38.5℃以上，可给他吃退烧药，或做温湿敷。即把衣服脱了，在胸前用温湿的大毛巾敷上，过一会儿把毛巾翻过来再敷一会，来回翻4次，体温就可降下半度。如果喘息、精神不好、拉稀就要去医院看病。

3. 佝偻病

婴儿进入第3个月后，由于生长发育快，会造成某些营养素缺乏的现象。如果缺乏维生素D钙就会得佝偻病。佝偻病的早期表现主要是：好哭、睡眠不安、多汗、夜惊，并出现秃枕现象。如果此时婴儿得不到及时补充维生素D和钙，会出现骨骼及肌肉病变。3～6个月时颅骨软化形成"乒乓头"，即用手指轻压头顶两侧颅骨，受压处会发生内陷，手指放松又弹回，好像压乒乓球的感觉。6个月时开始出现鸡胸或漏斗胸等。8～9个月以后出现方颅，囟门闭合延迟，出牙晚，出现"O"型腿、"X"型腿等。重度佝偻病患儿，会出现全身肌肉松弛，记忆力和理解力差，说话、走路迟等。

婴儿是不是佝偻病需要经医生诊断，每天服鱼肝油的剂量也需遵医嘱。

4. 缺铁性贫血

缺铁性贫血是由于体内铁缺乏致使血红蛋白生成减少引起。患缺铁性贫血的婴儿表现为面色苍白（尤其是唇和指甲）、乏力、不爱活动、食欲下降，稍大的婴儿还会出现异食癖（喜食泥土）常伴头晕、耳鸣、呕吐、腹泻等，还会出现口腔炎、胃炎和消化不良等。缺铁会导致婴儿精力不集中、记忆力下降、抵抗力下降、容易感染疾病等。

生长发育快、铁摄入不足（如早产儿）、铁丢失过多（如患慢性腹泻、反复感染）等都有可能造成缺铁性贫血。

及时添加含铁丰富且容易吸收的辅助食品，如肝、鱼、瘦肉等，有利于防止缺铁性贫血。

5. 早期肥胖症

通常把超过同年龄同身高正常体重的20%的小儿称为肥胖症。小儿肥胖症主要是营养过剩所致。婴儿肥胖症需要早期预防，否则疾病产生以后又难以治愈。

- 坚持母乳喂养，至少4个月以后再添加辅食。6个月以前一直添加流质、半流质食物，不要添加固体食物。
- 婴儿要多喝水、多喝果汁，不要口渴时以奶代水。
- 饮食要有规律，不要采取一哭闹就喂奶的方式。
- 对嗜睡的婴儿要用运动的方式减少白天睡眠的时间。
- 每天都给婴儿安排一定的运动项目，坚持锻炼。

6. 肺炎

小儿肺炎四季均易发生，以冬春季为多，常见于半岁以内的婴儿，如治疗不彻底，容易反复发作。初期症状如同一般的感冒症状，会发烧、咳嗽、流鼻涕等。与感冒不同的是，肺炎体温在38℃以上，且持续数天不退，即使使用退烧药也只能暂时退烧，再加上严重咳嗽，常出现呼吸困难的情况。此外，精神状态不佳、食欲不振、睡眠不安等，都是肺炎的症状。如果出现上述症状应尽早去医院就医。

7. 细支气管炎

春天和冬天是细支气管炎的多发季，半岁左右的婴儿感染的可能性最大。症状为咳嗽、流鼻涕，持续4～5天，然后逐渐呼吸急促、烦躁不安，甚至喘鸣。

当婴儿出现胃口不佳、发烧、耳朵疼痛（婴儿会以抓耳朵来表示）、睡眠不安等症状时，应尽快送医院治疗。

在日常护理中，要给婴儿多喝水、喝果汁，如果婴儿胃口不佳或呼吸困难，可少吃多餐，但一定要保证婴儿的营养。当婴儿发烧超过38.5℃以上时，可考虑使用退烧药物。尽量避免带婴儿去公共场所、商场，避免接触感冒人群。在家庭中也应避免交叉感染，成人从外面回来，在抱婴儿前，要先洗手并换上干净衣服。

8. 便秘

便秘是指大便干燥坚硬、秘结不通，两天以上大便1次，或虽有便意却排不出大便的情况。

婴儿吃得太少，饮食不足；食物成分不当，食物中含大量的蛋白质而碳水化合物不足，食物中纤维少；肠道功能失常，生活不规律，不按时大便或由于环境变化造成精神紧张；饮水过少等原因，都会造成便秘。

适时补充增加菜水、新鲜果汁、水果和碎菜等；定时培养婴儿的排便习惯；根据婴儿的活动能力多做运动；坚持每天做按摩操，按摩足三里穴，有助于增加肠道蠕动，促进大便通畅。

发生便秘后，可使用小肥皂头润滑肛门，软化大便，也可以使用小儿开塞露。婴儿不宜轻易使用泻药治疗便秘。

9. 腹泻

腹泻是指婴儿的大便呈稀便、水样便、黏液便或脓血便，或每日大便次数比平时增多。6～11个月的婴儿是患腹泻的高发人群婴儿腹泻常常由轮状病毒感染引起，俗称秋季腹泻。秋季腹泻多发季节是10～12月份。传播途径是粪-口传播，即通过食入被粪便污染的水或食物而感染发生腹泻。

秋季腹泻治疗的方案首先是要及时补充水分。如母乳、牛奶、米汤、稀粥、菜汤、白开水、口服补液盐（ORS）等。只要婴儿想喝，就可以喂给。大便一次就要喂给一次，直到腹泻停止为止。如果呕吐，停10分钟再慢慢喂服。

预防腹泻首先要坚持母乳喂养，母乳可减少婴儿因对奶制品不适而引起的腹泻或过敏。秋季腹泻可服用轮状病毒疫苗预防。

人工喂养时需要将奶具煮沸消毒，防止细菌繁殖；做辅食时饭前便后要用肥皂洗手，保证食品和水源清洁。

保证室内室外环境干净整洁，防止细菌繁殖。

10. 腹痛

腹痛往往表现为剧烈或阵发性哭闹、烦躁不安、两下肢蜷曲，甚至面色苍白、冒冷汗等。

患肠寄生虫、癫痫、扁桃体炎、肺炎、阑尾炎、肠套叠等疾病，都可能引发轻重不等的腹痛，多食生冷食品、多饮冷饮等也可导致腹痛。

用手稍用力揉婴儿的肚子的各个部位，如婴儿不表示抗拒，反而显得安静，说明腹痛可能为肠痉挛等功能紊乱引起的；如婴儿表示抗拒或触及某一部位时哭闹加剧，说明可能有器质性病变，需立即去医院就诊。

婴儿腹痛时切忌服用止痛药，因为这可能会掩盖更严重的疾病。对于腹痛较轻或可能为肠痉挛引起的腹痛，可喝一些温开水，也可使用缓解痉挛的药物治疗。如症状并不能缓解，应及时去医院就诊。

11. 湿疹

湿疹多发于婴儿出生1~3个月，半岁后逐渐减轻。湿疹的形态不一样，有红斑、小红豆疹、水疱等。婴儿患湿疹期间一般无发烧症状，但患部的奇痒会使婴儿烦躁不安、夜间哭闹、影响睡眠。

引起湿疹的原因很多，如遗传、有过敏性疾患家族史、比较胖，为渗出性体质的孩子容易患湿疹。其他如食物过敏、气候变化、水土不服、穿化纤衣服、使用化纤尿布、尿布清洗不干净、上面残留洗衣服的碱性物质等，以及婴儿消化不良、腹泻都容易引发湿疹。婴儿的衣服、被子、枕套等要勤洗勤换。居室内要保持卫生、干燥、通风。

婴儿患湿疹时，轻者可用温开水轻轻擦洗患处，较重者可外用治疗湿疹的药物如婴儿湿疹膏等。严重者可在医生的指导下服用抗过敏药。

12. 麻疹

麻疹是由麻疹病毒引起的急性传染病，多发于冬春两季，主要由呼吸道传染。其症状有打喷嚏、流鼻涕、头痛、高烧不退、眼睛发红疼痛、流泪、怕光等。从发烧的第二三天开始，婴儿的口腔颊部靠近第一颗臼齿旁的黏膜上会出现针头大小的小白点，周围有红晕，称为"麻疹黏膜斑"，之后开始出现皮疹。一般经过3~5天皮疹会全部出齐，如果在这期间婴儿没有并发其他疾病，就会自然退烧，所有症状都会明显减轻。皮疹逐渐消退。

婴儿8个月以后，要去接种麻疹疫苗。一旦患上麻疹，要注意保持婴儿口腔、眼睛和皮肤的清洁。常喝水，吃易消化、营养丰富的食物。婴儿卧室的光线不要太强。

13. 中暑

婴儿中暑的主要表现为：婴儿体温高达40℃以上，但是皮肤干热无汗、脉搏加快、嗜睡，甚至神志不清。中暑如未及时处理就会危及婴儿的生命。

处理方法：解开婴儿的衣服，用一条冷毛巾放在婴儿的额头上，还可以用温湿毛巾擦拭身体。每隔一段时间，就测试一下体温，如果体温高达40℃，必须马上送医院治疗。

为避免中暑，可多喝绿豆汤、绿豆粥或淡盐水。尽量减少户外活动。如果一定要外出，一定要戴遮阳帽或打遮阳伞。尽量不要在太阳下长久暴晒。室内要保持一定的湿度，要用空调或电风扇降温。

-14- 水痘

水痘是由水痘病毒引起的一种常见的小儿急性传染病。发病前24小时即会出现轻微发烧、疲倦和食欲不振，可能持续三四天，还会伴有流鼻涕和咳嗽。水痘起初为小红点，很快会变成高出皮面的丘疹，再变成绿豆大小的水泡，水泡破后结痂。

出水痘的婴儿需要隔离，直到全部疱疹干燥结痂为止。避免让婴儿和正患水痘的婴儿接触，及时接种疫苗是预防水痘的有效措施。可给婴儿穿宽松适合的衣服。饮食以清淡、易消化和富有营养的半流质食物或软食为主，多喝温开水。

[三] 患病婴儿的饮食

· 如果医生没有提出特别的要求，可以给婴儿吃各种喜欢吃的东西，但如果婴儿没有食欲，就不要勉强。
- 多喝水或各种口味的水果汁、蔬菜汁等。
- 多吃流质食物，如各种米粥、菜粥、水果粥、汤面等。

四、心理卫生

婴儿是有心理需求的个体，在他们的成长过程中，需要了解和掌握他们的心理需求，并及时给予满足。研究表明，在成长过程中心理需求得到及时满足的婴儿，比心理需求长期遭到漠视的婴儿更显得聪明、活泼，具有更强的社会适应能力。

[一] 掌握婴儿的心理

婴儿不仅有物质需要，同时也有心理需要。在他们的成长过程中，他们对成人的需求日益多样化。

另一方面，1岁是婴儿极其重要的成长阶段，这个阶段，婴儿具有惊人的学习能力。在这个过程中，每一种技能的获得在很大程度上都取决于父母。从父母那里获得尽可能多的关爱、赞赏和鼓励的婴儿，他们的接受能力比那些从小遭受疏忽和冷淡的婴儿强，学东西更多、更快。

[二] 帮助婴儿克服心理障碍

周岁内的婴儿也存在心理障碍，甚至在不同的月龄阶段存在不同的心理障碍，成人有必要关注婴儿的心理问题，以便在日常生活护理中采取措施进行调整。

1. 冷漠

冷漠并不是婴儿成长过程中必然出现的心理，而是婴儿在成长过程中，长期得不到成人的抚爱和关爱而变得反应迟钝、智力低下，对外界的人和事置之不理，不懂得用微笑、哭闹等方式同外界交流。

2. 怕生

怕生是儿童心理发展的一个自然过程，是婴儿在成长发育过程中情绪社会化的一种表现，也是婴儿有记忆的一种表现。怕生的程度和持续的时间与教养方式有关。一般来说，婴儿半岁以后，会开始出现怕生的现象，表现为不要生人抱，见到生人爱哭闹等。如果在这之前的几个月里，经常带婴儿多做些户外活动，与外界的人和事多有些交流，怕生的程度就会轻，持续时间相应也会短。

3. 焦虑

半岁的婴儿会主动表示同成人亲近，并且会把他最亲近的人（常常是母亲）作为他的第一依恋对象。到8个月左右，他会更加关注母亲，一旦母亲从他的视线中消失，他就会表现出不安和哭闹，这就是分离焦虑，这是婴儿在成长过程中出现的一种正常的情感反应。这种状况只有在有了多次母亲离开他后，很快又回来的经历，对母亲的离去建立了她一定会回来的信赖后，才会在母亲离去后产生安全感。这个期间的分离焦虑情绪问题解决好了，有助于婴儿稍大后顺利上早教机构。

[三] 帮助婴儿建立健康心理

婴儿其实是一个懂得母爱，并能用哭声、微笑、咿呀学语来呼唤母爱的具有初步情感和智慧的人。多搂抱、多抚摩、多说话、多微笑，让婴儿充分感到来自成人的关爱和照料，这不仅能促进婴儿身心健康，同时也能促进智力发展。

1. 关爱

调查发现，在婴儿成长的过程中，尽管营养和卫生条件都很好，但因为缺少成人的关爱，这种婴儿会显得痴呆、冷漠、孤僻、智力水平低。因此，父母和其他家庭成员要多亲近婴儿，经常给婴儿以必要的爱抚和情感相依。

当婴儿被母亲抱在胸前时，母婴之间最好建立一种"胸对胸"式的接触，这种接触，能最大限度地给婴儿以安全感。经常抱婴儿做户外活动，让他接受外界环境的刺激，扩大他的视野，有利于空间视觉的发展，并且促进愉快情绪中枢系统的发育。

随着月龄的增长，婴儿能坐了，会爬了，乃至能够站立和行走了，就要逐渐少抱婴儿，对于赖人、喜欢抱的婴儿，可通过和他一起玩游戏，引导他对玩具和其他物体产生兴趣来转移注意力。

2. 沟通

美国一项研究表明，从小与父母有感情沟通的婴儿长大后，最能关心他人、最懂得体谅和容忍他人，最能与人和谐相处，并勇于承担重任和乐于助人。

良好的沟通方式是：不管做任何事情，成人都应该给婴儿说明理由，使用赞美、鼓励和商量的方式去引导他，使他在做的过程中能够动脑筋、想办法、坚持不懈地去完成。在完成任务后，要给婴儿良好的反馈，要从情感上和行为上赞赏和奖励婴儿的努力和成功，让婴儿产生成就感，并从中体会到成功的喜悦。这种沟通方式能使婴儿得到启迪和帮助，促使其积极地去思考和模仿，并最终能够愉快地完成任务。

五、意外事故预防

婴儿生性好动，且好奇心强。随着婴儿大动作能力的增加，他的生活范围、视野在不断扩大，由于动作并不灵活且不协调，加上生活经验缺乏，对生活环境中是非安危的辨别能力差，稍不注意就容易造成意外伤害。成人要加强安全意识，排除生活环境中的一切不安全因素。一旦婴儿遭受意外伤害，要沉着、冷静，根据具体情况采取有效措施。对严重者要及时送医院就诊。

[一] 外伤的预防和处理

婴儿好动又缺乏自我保护意识，在日常生活中，或在游戏过程中，在不经意间往往会造成外伤。

1. 预防

婴儿4个月以后最常发生的事故就是坠床。此时婴儿已经能够翻身，在没人看护的时候很容易从床上掉下来。为了避免事故的发生，婴儿床的栏杆要足够的高和结实，婴儿床栏杆的下端也要用布包缠起来，以免婴儿蹬腿时碰到床栏杆受伤。婴儿床四周的护栏间隔也不能过大，不能超过婴儿的头围，以免婴儿把头伸进去卡住。

床的周围也不要摆放桌椅板凳等带尖角的物品，以免婴儿碰伤。

不要把暖水瓶放在屋里，以免婴儿在爬行时碰翻而烫伤。

在婴儿活动的地点，不要有小别针、小纽扣、小刀片、硬币、火柴、药品之类的东西，以防婴儿吞食。

当婴儿会爬后，注意不要让婴儿爬上高桌椅，以免从高处坠落摔伤。

2. 处理

婴儿受伤后，应根据不同的伤情采取不同的措施。

① **嘴唇磕破** 摔倒时，前牙磕破了嘴唇。这种情况只需要给婴儿喝凉开水即可，嘴里的伤容易愈合，不需要涂抹药物。

② **头碰伤** 滑倒或弄翻了桌椅撞到了后脑勺，如果哭着立即爬起来，说明没事，不用担心。一旦出现昏迷意识不清时，应立即送医院抢救。

婴儿从高处摔下来后，碰在坚硬的物品上，如果只是被撞出一个包，没有出血，就不用管它，也不用涂药。如果撞伤处有擦伤并且渗血，应用酒精棉擦一擦伤口周围，伤口处不要涂消毒药，也不要用纱布包扎。如果是从高于1.5米的地方摔下，头部先碰到坚硬的地上或桌椅上，立即大哭不止，最好去医院检查一下。

③ **淤伤** 如果从高处跌落后碰伤，手脚可能会发生淤伤，即从外表看不出伤痕，但皮下组织受到了伤害。此时，可抬高患部，用干净的水冷敷，剧烈疼痛下可放冰袋。几天后，疼痛与热度消除后，即可转为热敷，以消除硬块。如果胸部或腹部被撞伤，致使婴儿意识不清，可能是内脏出血，需要尽快送医院。

④ **脱臼** 跌倒时手先着地，或拉扯婴儿时手用力过猛，可能会发生脱臼。表现为手松弛无力地垂下，不会拿玩具或汤匙。此时，应立即送医院。

⑤ **骨折** 跌倒时没有外伤却感到激烈疼痛，局部变形，可能是骨折。表现为：因剧痛而痛哭；患部突起，形状改变；某些部位好像不能动；内出血而肿得发紫。此时，不要让婴儿乱动，可就近取材，用小木板、木块或木棒，甚至报刊固定患部，送往医院。注意在骨折部位的关节上下两面垫上毛巾，用绷带绑紧，如果因疼痛患部不能伸直的也

不要勉强伸直。
⑥ **烫伤** 烫伤的轻重程度，是按照受伤的深浅程度和范围的大小来分的。轻微的烫伤可用自来水冲洗20分钟以上，直到不痛为止。然后用清洁的纱布或毛巾覆盖后包紧绷带。

如果婴儿是隔着衣服遭受烫伤，先往身上浇自来水，几分钟以后再看一下，如果是轻度烫伤的话，则把婴儿的衣服脱下来，继续往身上冲凉水。如果是重度烫伤，需要用剪刀把衣服剪开。如果烫伤的面积过大，比如伤及上肢或下肢的一半以上，背部和腹部的一半以上，最好用消毒纱布或用干净的手帕垫在烫伤的部位上面，用干净床单（如天气寒冷，用毛毯或被子）包上去医院。如果已出水疱，千万不要把水疱弄破，也不要做任何处理，直接送进医院。

[二] 器官异物的预防和处理

婴儿在吃饭、啼哭、游戏、玩耍、户外活动等过程中都有可能出现器官进异物的情况。成人在护理婴儿的过程中，要以预防为主。一旦出现问题，应针对不同情况及时采取措施解决。严重者需及时送医院诊治。

1. 预防

婴儿进餐时，要培养他细嚼慢咽的习惯，避免大口进食；进食时不要逗笑、责备和恐吓；婴儿啼哭时不要给食物，如口内含有食物应引导他吐出；上床躺下后不要再给任何食物；服药时要把药品压碎；喂药时不要捏着鼻子硬灌，应用小勺顺着嘴角喂入；不要给婴儿玩别针、纽扣、小球、硬币等物品，以免婴儿误吞；不要让婴儿吃整粒的花生米、葵花籽等不易嚼碎的食品；玩具上的细小零件，要检查是否牢固，以免被婴儿塞入口中、鼻中或耳朵里。

2. 处理

处理器官进异物的情况，一要小心仔细，二要动作轻柔，三要处理彻底。在家中不能解决的问题，需及时送医院处理。

① **眼进异物** 眼内常见的异物有沙子、尘土、小飞虫等。这些异物进入

眼中，会刺激眼泪分泌，可微闭上眼睛，让眼泪将异物冲出。如果眼泪冲不出来，可用眼药水或白开水冲洗，也可用干净的手绢角或消毒棉签轻轻擦去。藏在结膜内的异物，要翻开眼皮擦去。嵌入角膜的异物，应立即去医院取出，以免耽误时间后影响视力。

② **外耳道异物** 常见的外耳道异物有小石子、小纽扣、小豆子、小飞虫等。一旦有异物进入外耳道，容易引起耳鸣、耳痛，体积大的异物可引起听力障碍或反射性咳嗽。小虫飞入耳道，可在耳内滴入酒精或油类，把小虫杀死，再到医院取出。或用手电筒照射，小虫可能会向亮光处爬出。其他异物入耳内最好立即送医院取出。

③ **鼻腔异物** 婴儿由于好奇将异物塞入鼻腔，引起鼻塞。时间久了，异物对鼻粘膜产生慢性刺激，引起炎症，流出带血又有臭味的脓鼻涕。异物如系小纸片、棉花球，可用镊子轻轻取出。也可用棉签轻轻刺激婴儿的鼻粘膜，让婴儿打喷嚏，将异物喷出。也可按住无异物的鼻孔，让婴儿用力做擤鼻涕的动作，把异物从鼻腔里擤出。如上述方法无效，应立即送去医院。

④ **咽部异物** 多见于鱼刺嵌入咽喉。发生后让婴儿立即停止吃饭，让婴儿张开嘴，用匙柄压住舌头，用手电照看咽部，如果是浅表的骨刺，可用镊子轻轻取出。如果鱼刺较小，可立即给婴儿喝糖醋汁，冲击咽部鱼刺，使其脱出，或使鱼刺软化后吞食饭团或韭菜团将骨刺咽下。如果鱼刺较大不能取出，强行吞咽容易刺入食管发生危险，应立即送往医院。

[三] 中毒的预防和处理

中毒主要包括食物中毒、药物中毒、煤气中毒等三种情况。在日常生活中，要做到处处小心谨慎，防患于未然。一旦出现问题，要沉着冷静，积极采取措施救治。

1. 预防

预防中毒事件的发生，成人首先要具备一定的生活常识，其次凡事需要小心谨慎，谨防粗心大意。

① 婴儿吃的饭菜最好做到现做现吃，剩饭菜的时间不能太长，一定要热透再吃；冰箱里冷藏的食物时间不要过长；变质的食品不要再吃；肉类、果蔬类食品一定要清洗干净再食用；生熟食物的容器、刀具和案板要分开使用；保持厨房、厨具的卫生，厨房要经常通风。
② 家中常备药品应放置在婴儿拿不到的地方，药品上要贴上标签，有毒的药品不要随便更换药瓶，不要与食物放在一起。
③ 煤气中毒多在炉火不旺或炉火封着煤呈半燃烧状态时发生。用炉火取暖，炉子要符合质量标准，炉子安装要符合规格，烟筒接缝处要警防漏气，定期疏通烟筒内的积灰，定时开门窗通风换气。使用液化石油气，厨房要安装排风扇或抽油烟机，并经常检查有无漏气。使用时也要注意定时通风换气。

2. 处理

造成中毒的原因不同，处理的方法各有不同。

① **食物中毒**　可因食用腐烂变质的食物或有毒的食物引起。食物中毒的症状为：严重吐泻，并伴有头痛、头晕、抽搐等症状。对神志清醒的婴儿，可先给大量温开水喝，然后用手指或筷子刺激其咽喉部，让他呕吐，反复进行，直到呕吐物中没有食物为止。并及时送医院处理。

② **药物中毒**　婴儿发生药物中毒时，可采取以下急救方法：及时进行催吐。催吐的目的在于尽量排出胃内的毒物，减少其吸收。可先让他喝一杯清水，刺激咽部使他呕吐出来，再送医院。当婴儿已经昏迷，则立即送往医院。

注意：送婴儿去医院时，要将婴儿误食的药品、药瓶和婴儿的呕吐物一同带上。

③ **煤气中毒**　煤气中毒通常的表现是脑缺氧。如头晕、头痛、甚至昏迷。发现婴儿遭受煤气中毒，先要打开门窗通风换气，把患儿移到通风处。病情轻的，离开有毒场地，慢慢就能够恢复。病情重的，则应立即送往医院抢救。送往医院的途中若呼吸心跳已经微弱，应施人工呼吸及心脏按摩抢救生命。

[四] 其他意外伤害的处理和预防

其他意外伤害，诸如溺水、触电，要及时采取急救措施。

1. 溺水

婴儿溺水有几种情况，一种是在半岁前，当婴儿还不能独坐浴盆里，成人在给婴儿洗澡时，因故离开导致婴儿溺水；一种情况是婴儿9个月左右后，能够四处翻爬了，在没有成人在身边的情况下，出于好奇心把头伸进洗衣机、鱼缸、洗涤槽中，头倒进去导致溺水。还有一种情况就是会走路后，独自在河边、沟边行走，掉进里面导致溺水。

婴儿一旦遭遇溺水，可进行如下方式的急救：

迅速用手取出婴儿口腔和鼻腔内的分泌物，解开衣服，保持呼吸顺畅，检查呼吸和脉搏；按压婴儿的胸部，或保持头低脚高的位置，使其把水吐出；吐水后，把脸撇向一侧，让水容易流出；呼唤婴儿或拍打婴儿的足底，用耳朵仔细听一下是否还有呼吸存在。一旦发现婴儿意识不清，需立即进行人工呼吸；若婴儿已经昏迷，在吹气2～3次后，可跪在婴儿一侧，一只手的手掌根部放在婴儿的胸骨下方、剑突之上，垂直向下用力，挤压深度2.5～4厘米，按压速度每分钟120次左右，连续按压15次。

2. 触电

首先要切断电源，关掉电闸。一旦婴儿脱离电源，要立即检查他的神志、呼吸和心跳。如果神志清醒，呼吸正常，心跳也较好，可以就地休息并进行观察。如果已经停止呼吸，应立即进行口对口的人工呼吸。如果心跳已经停止，则要进行体外心脏挤压或者两者一起进行，一直坚持到呼吸及心脏恢复。

0～1岁婴儿家庭环境安全检核表

房间	药品	是否放在锁好的抽屉里（　）	是否贴有标签（　）		
	电源	电线是否完好（　）	插座是否安全（　）		
	家具	是否结实（　）	是否是圆角（　）		

浴室	地板	是否太滑（ ）	是否太脏（ ）	是否太乱（ ）	
	浴盆	是否有安全把手（ ）			
	窗户	有无窗户（ ）	有无护栏（ ）		
	门	从外面是否能打开（ ）	是否上锁（ ）		
	卫生	是否整洁	是否脏、乱	空气是否清新	
	马桶	是否随时盖上马桶盖			
厨房	地板	是否太滑（ ）	是否太脏（ ）	是否太乱（ ）	
	柜子	是否上锁（ ）			
	门	是否上锁（ ）			
	窗	是否有安全护栏（ ）			
卧室	电源	电线是否完好（ ）	插座是否安全（ ）		
	卫生	是否整洁（ ）	是否凌乱（ ）	是否清洁（ ）	空气是否清新（ ）
门厅、走廊	照明	照明设施良好（ ）	照明设施差（ ）	有无照明设施（ ）	
	楼道	拥挤（ ）	宽敞（ ）	干净（ ）	脏、乱（ ）
	楼梯	有防护栏（ ）	没有防护栏（ ）	高陡（ ）	低缓（ ）

注：请在相应的栏目划上"√"

思考与练习

1. 确保婴儿生活环境安全该做到哪些方面?

2. 为什么健康体检非常重要?

3. 为什么要按规定对婴儿进行计划免疫?

4. 感冒、肺炎、便秘、湿疹等常见疾病该如何预防?

5. 如何帮助婴儿建立健康的心理?

6. 骨折、脱臼、烫伤等外伤如何预防与处理?

第六节
潜能开发

婴儿的身体潜能开发，主要是大动作技能的开发。通过大动作技能训练，有助于增强婴儿的体质和体能，有助于婴儿的身体成长、智力发育和人格成长（提高社会行为能力），可以说是婴儿大脑成熟的"催化剂"，通过运动，将使人脑各有关部位的各神经联系更加丰富、精确。通过大运动技能训练，有助于培养婴儿的胆量、自信心以及与同伴交往的能力。

影响婴儿成长乃至成才的两大心理因素是智力因素和非智力因素。智力因素是婴儿在生活中解决各种问题时进行感知、注意、观察、记忆、思维、想象、言语活动能力的总和。非智力因素包括需要、欲望、动机、兴趣、情绪和情感、意志、自信心、性格、气质、习惯等。在婴儿成长过程中，智力因素每时每刻都在起作用，而非智力因素往往在关键时刻，起着决定性的影响。

潜能开发教育，包括身体潜能开发、智能潜能开发和人格潜能开发。婴儿一出生即具备接受教育的基础和条件。婴儿的动作技能、认知能力、语言、思维和社会行为都需要经过教育才能得到良好的开启和发展。婴儿从躺卧状态发展到翻身、爬行、直立、行走；从紧握双手到能够用双手摆弄、把玩自己熟悉的玩具；从只能用啼哭声表达自己的需求发展到用语言与别人交流，形成初步的社会意识和社会行为，这都是与周围的人与环境发生交往的结果。婴儿良好的发展是根据婴儿成长规律和个体差异进行教育的结果。

  以下所列游戏，可供早教老师根据婴儿个体发展能力及家庭条件选择应用。

续表

1岁内婴儿游戏活动一览表

类别	月龄	身体潜能开发	智慧潜能开发			人格潜能开发
			语言	精细	认知	
亲子游戏	1	俯卧抬头	悄悄话	握笔杆	铃儿响叮当	皮肤抚摩
	2	拉腕坐起	咿呀学语	触摸抓握	追声寻源	逗笑
	3	蹬蹬腿	亲子交谈	击打玩具	看大红球	"跳交际舞"
	4	翻翻身	看图片，听故事	斗斗飞	玩具王国	户外活动
	5	蹦蹦跳	模仿发音	伸手抓物	看灯灯	看电视
	6	翻身打滚	宝宝在哪里	传递积木	照镜子	捉迷藏
	7	打坐	拍手点头	指拨玩具	认物找物	洗澡玩水
	8	钻山洞	"谢谢"、"再见"	捏糖丸	指鼻眼	交朋友
	9	小鸟飞	宝宝真聪明	开抽屉	找宝宝	小小指挥家
	10	玩推车	"放进去、拿出来"	玩套环	区别1、2、3	玩打仗
	11	摇摆舞	学押韵	翻书	听声音指玩具	小小表演家
	12	独走取物	模仿动物叫	握笔涂鸦	认红色	逛公园

	7	学爬	游乐园	玩乐器	会动的玩具	最初的友谊
早教活动	8	跳跳跳	碰碰头	抓果果	看相册	跟妈妈再见
	9	学走路	学小狗叫	拉绳取物	聚沙成塔	享受大自然
	10	运积木	学唐诗	洗玩具	看挂图	关心他人
	11	捡花朵	听儿歌,学表演	整理玩具	魔术盒	高音低音
	12	扶栏跳	学动词	搭积木	家在哪里	学等待

一、身体潜能开发

婴儿的身体潜能开发，主要是大动作技能的开发。通过大动作技能训练，有助于增强婴儿的体质和体能，有助于婴儿的身体成长、智力发育和人格成长（提高社会行为能力），可以说是婴儿大脑成熟的"催化剂"，运动能使人脑各有关部位的神经联系更加丰富、精确。通过大运动技能训练，有助于培养婴儿的胆量、自信心以及与同伴交往的能力。

[一] 亲子游戏

活动名称：俯卧抬头

适合年龄：1个月

活动目标：锻炼颈部的稳定性

活动准备：准备婴儿喜欢玩的小摇铃

活动时间：每天2~4分钟

活动过程：婴儿空腹时，俯卧在床上，两手放在头两侧，呼喊婴儿的乳名，或用能摇响的玩具逗引，使其将头抬起片刻

延伸活动：婴儿空腹时，将他抱在你的面前，让他与你面对面，然后你慢慢躺或平卧在床上，此时，婴儿自然而然平卧在你的腹部。将婴儿的头部扶至正中，手放在头两侧，逗引抬头，反复几次

注意事项：婴儿每次只是做暂短抬头，时间不宜过长

活动名称：拉腕坐起

适合年龄：2个月

活动目标：锻炼头部力量和上肢力量

活动准备：婴儿觉醒时

活动时间：每天6～8次

活动过程：拉住婴儿的手腕把他提起，这个动作是婴儿先天就有的。当你把婴儿提起来时，他会紧紧抓住你的手指。做这个动作时婴儿的头部会有后仰的感觉

延伸活动：婴儿仰卧的时候，可以从仰卧位变成拉腕坐起，然后变成拉腕站立，最后是拉腕抱。可以提高宝宝的脑功能、上肢力量以及躯干的能力

注意事项：动作要轻柔舒缓，不要过于剧烈

活动名称：蹬蹬腿

适合年龄：3个月

活动目标：锻炼腿部力量，为站立做准备

活动准备：用一块35×30厘米的厚纸板，四角钻孔，用粗橡皮筋系在婴儿的睡床或摇篮柱上，婴儿伸脚可蹬到的位置。厚纸板上每天贴上不同图案。

活动时间：每天6～8次

活动过程：将婴儿的脚放在这块厚纸板上，一边说"蹬蹬腿"，一边将婴儿的腿放在厚纸板上，让他用脚踢蹬上面的彩色图案

延伸活动：婴儿仰卧，成人抓住婴儿的脚，做蹬自行车状

注意事项：在整个活动中，要同婴儿有眼神交流，对他所做的动作要表示赞许

活动名称：翻翻身

适合年龄：4个月

活动目标：在成人的帮助下，学习从仰卧翻身变成俯卧

活动准备：婴儿喜欢玩的小玩具

活动时间：每天6～8次

活动过程：婴儿仰卧时，在其一侧放一个玩具，逗引他翻身去取。可握住婴儿另一侧手臂，轻轻地把身体拉向玩具一侧，帮助他学习翻身

延伸活动：将抱着的婴儿放在床上时，伸直两手，轻轻将婴儿翻滚一圈，成仰卧位

注意事项：不要强行给婴儿翻身，要顺势而为

活动名称：蹦蹦跳

适合年龄：5个月

活动目标：发展下肢力量，为站立做准备

活动准备：婴儿觉醒时

活动时间：每次跳5～10分钟

活动过程：扶住婴儿的腋下，让他站在你的腿上，给他一点力量让他蹦蹦跳，嘴里要讲"跳呀跳"，慢慢地，就是不给婴儿力量，他也在跳

延伸活动：扶住婴儿的腋下，让他在地上蹦蹦跳，边跳边走

注意事项：要逐渐让婴儿听懂你的语言

活动名称：翻身打滚

适合年龄：6个月

活动目标：训练大动作的灵活性以及视听觉与头、颈、躯体、四肢肌肉活动的协调

活动准备：将地板或户外活动场所打扫干净，准备可以铺在上面的席子或被褥

活动时间：每天6～8次

活动过程：婴儿仰卧，用一件婴儿喜欢的颜色鲜艳、能发出声响的玩具吸引他的注意力，引导他从仰卧变成侧卧、俯卧，再从俯卧变成侧卧、仰卧

延伸活动：将婴儿放在大浴巾里，父母拉起浴巾的四角，让婴儿在浴巾里翻滚

注意事项：最好在干净的地板上或户外的地上铺席子和被褥，以确保婴儿的安全

活动名称：打坐
适合年龄：7个月
活动目标：锻炼独坐的能力
活动准备：准备婴儿的玩具百宝箱
活动时间：每次5～10分钟
活动过程：将婴儿的玩具百宝箱放在他的面前，让他独自坐着玩玩具
延伸活动：洗澡时让婴儿独自坐着玩水
注意事项：独坐时间不宜过长

活动名称：钻山洞
适合年龄：8个月
活动目标：锻炼爬行能力
活动准备：准备一个大纸箱，将它打通做成"山洞"
活动时间：每次5～10分钟
活动过程：在大纸箱前面摆放新的、婴儿喜欢的玩具，让他从纸箱的一头爬过去取玩具
延伸活动：成人双膝跪地，双手前撑，身体弯成山洞状，让婴儿从一侧钻进，爬向另一侧
注意事项：钻山洞时注意黑暗给婴儿带来的不适

活动名称：小鸟飞
适合年龄：9个月
活动目标：学习站立，锻炼身体、四肢的协调性
活动准备：婴儿喜欢听的音乐
活动时间：每次2～3分钟

活动过程：扶婴儿腋下让其站立，配合音乐的节拍，教婴儿拍手，按音乐的节奏张开双手做小鸟飞状，成人可将手松开片刻

延伸活动：婴儿靠墙站立，张开双臂做小鸟飞状

注意事项：每次松开手的时间不宜过长

活动名称：玩推车

适合年龄：10个月

活动目标：锻炼开步走的能力

活动准备：准备一个30×30×40厘米的结实的大纸箱，里面装上一些东西，使纸箱有一些重量

活动时间：每天3～4次

活动过程：在一个比较宽敞的地方（室内、室外均可），让婴儿推着大纸箱前进

延伸活动：可在纸箱上贴一些有趣易懂的彩色图画，既可以围着爬、扶着站、推着走，又能在这些过程中学到图画中的内容

注意事项：确保场地没有其他杂物，谨防婴儿摔倒

活动名称：摇摆舞

适合年龄：11个月

活动目标：锻炼大动作与平衡能力，培养节奏感

活动准备：录音机、节奏明快的音乐

活动时间：每天5～10分钟

活动过程：双手扶婴儿腋下，让他站立，并随音乐的节奏左右摆动。多次重复后，你逐渐松开手，让婴儿独自站立几秒钟，在他向一边倒时，你就轻轻碰他一下，让他站直。这样，他就像一个小不倒翁一样，左右摇摆而不倒。只要他能站直不倒，尽量让他独立站直摇晃

延伸活动：婴儿独立站直的能力增强后，可让婴儿扶着床沿，椅子的靠背随音乐摇摆

注意事项：在床上或平地上进行

活动名称：独走取物

适合年龄：12个月

活动目标：锻炼婴儿独立行走的能力

活动准备：婴儿喜欢的小玩具

活动时间：每天5～10分钟

活动过程：在婴儿会走2～3步后，你可在距离他4～5步远的地方，手里拿一个玩具逗引他，鼓励他走过来取玩具。等他快走到时，你再后退1～2步，直到他走不稳时再把他抱起来

延伸活动：取两根长短一样的小竹竿，父母各执一头。婴儿站在中间，双手扶着竹竿来回行走

注意事项：要用眼神和语言对婴儿进行鼓励和赞许

[二] 早教活动

活动名称：学爬

适合年龄：7个月

活动目标：锻炼爬行动作

活动准备：软垫圈、若干带响玩具（电动玩具等）

活动时间：每天3～4次

活动过程：教师用带响玩具逗引婴儿在软垫上随意爬行。观察该婴儿的动作发展水平。有的婴儿可能刚开始学会蠕爬，有的婴儿已经有了四肢着地向前爬行的倾向，有的婴儿开始能用手、脚支撑身体灵活爬行。教师应根据婴儿的不同发展水平，做出相应引导，帮助婴儿爬行

延伸活动：可根据婴儿的动作发展情况分成几个小组。如蠕爬的一组，四肢着地爬行的一组，会手足爬行的一组，各组分别进行比赛。凡是能完成爬行任务的都有奖品

注意事项：教师需要对每个婴儿的运动状况做好记录，并制定相应的教学计划

活动名称：跳跳跳

适合年龄：8个月

活动目标：锻炼婴儿腿部肌肉

活动准备：弹簧床

活动时间：10～15分钟

活动过程：把婴儿放在弹簧床上，教师扶住他的腋下，让他往上跳，越跳越高。教师说"跳，跳，跳"，越跳越高。可以几个婴儿一起跳，看谁跳得高

延伸活动：在活动室里，在婴儿跳起来伸手能够够取的地方拴上绳子，绳子上面挂满了彩带。扶婴儿腋下跳跃着够取彩带，尽量把彩带拿下来

注意事项：根据婴儿的体力决定扶跳的次数或时间。活动间歇让婴儿观看其他婴儿的活动

活动名称：学走路

适合年龄：9个月

活动目标：体验走路的感觉，学会迈步走路

活动准备：婴儿情绪饱满

活动时间：每次2～3分钟

活动过程：婴儿背靠教师，两脚踩在教师的脚面上，教师扶着婴儿的腋下，喊着"一、二、一"的口令，迈着适合婴儿的小步子带动婴儿向前走。可逐渐增加时间，使婴儿自然而然地学会迈步

延伸活动：让婴儿扶着长沙发学走路

注意事项：前面最好有人逗引，调动婴儿行走的积极性

活动名称：运积木

适合年龄：10个月

活动目标：锻炼迈步的能力

活动准备：四轮小车、积木

活动时间：15～20分钟

活动过程：给婴儿观看小车以引起兴趣。有的婴儿会无意识地推着小车迈步。教师要特别注意控制婴儿推车的速度，以免婴儿摔倒。对迈步时身体平衡较差的婴儿要多给予帮助。婴儿推车走稳定后，可以让他将车子推到堆有积木的地方，每次拿1～2块积木放在车上，运送到指定地方

延伸活动：也可以让婴儿推着小椅子迈步往前走

注意事项：警防婴儿在行走的过程中摔倒

活动名称：捡花朵

适合年龄：11个月

活动目标：锻炼行走、下蹲的能力

活动准备：小竹篮、各种颜色的纸花朵

活动时间：3～5分钟

活动过程：篮子里装满了各种颜色的纸花朵，教师先让婴儿看，让他们拿在手中玩，然后将花朵洒在地上，让婴儿下蹲弯身去捡，放入篮子中。捡完后，让婴儿任选一朵小花佩戴在胸前作为奖励

延伸活动：把婴儿爱玩的若干玩具放在地上不同的地方，让他依次捡起放入桌上的小筐中

注意事项：对走不稳的婴儿，可由教师牵着一只手完成

活动名称：扶栏跳

适合年龄：12个月

活动目标：练习跳的动作，发展大动作能力

活动准备：栏杆

活动时间：10～15分钟

活动过程：让婴儿双手扶栏杆站立，教师用玩具逗引他，并向他示范双脚轻轻跳动的动作，使婴儿借助双手支撑的力量，模仿用两脚跟连续踮动，有跳的意思

延伸活动：与婴儿面对面站立，双手牵着婴儿的双手向上提，让婴儿借助向上的力量双脚向上跳

注意事项：做该游戏时，教师要在旁边保护

二、智慧潜能开发

[一] 语言能力开发

1. 亲子游戏

活动名称：悄悄话

适合年龄：1个月

活动目标：感知语言信息，激发愉快情绪

活动准备：婴儿觉醒时

活动时间：每天至少2～3次，每次2～3分钟

活动过程：婴儿觉醒时，用柔和亲切的语调和婴儿讲"悄悄话"。比如："××（婴儿的乳名）醒了吗？睡梦中梦见妈妈了吗？""××真乖，真可爱"

延伸活动：不要做沉默寡言的妈妈。只要婴儿是觉醒的，一天中的任何时候，无论在给婴儿做任何事情，都可以用语言和他交流

注意事项：婴儿是先会听后会说的。最好用普通话和婴儿讲话，让婴儿贮存标准的语言信息，有利于发展语言

活动名称：咿呀学语

适合年龄：2个月

活动目标：促进语言理解，丰富情感交往

活动准备：婴儿觉醒时

活动时间：每天2～3次，每次2～3分钟

活动过程：经常用亲切温柔的声音与婴儿交谈，注意你的口型和面部表情，使婴儿能模仿发出a、o、e、u等元音，或能够应答发音，有时发出kuku声

延伸活动：经常让婴儿模仿做吐舌动作，做微笑、大笑、悲伤、愤怒等夸张表情

注意事项：婴儿学习发音有个过程，切不可操之过急

活动名称：亲子交谈

适合年龄：3个月

活动目标：学习控制发音器官，理解语言，促进亲子感情交往

活动准备：玩具、图片

活动时间：每天2～3次，每次5～6分钟

活动过程：用婴儿喜欢的玩具、图片逗引他发音，他一旦高兴就会手舞足蹈，嘴里发出"咿、呀、呃"的声音

延伸活动：家庭成员可轮流逗引婴儿，让婴儿发出愉快的笑声

注意事项：刺激婴儿发出更多的音

活动名称：看图片，听故事

适合年龄：4个月

活动目标：锻炼听觉和理解语言的能力，使婴儿养成爱说话的习惯

活动准备：各种照片、图片

活动时间：每天10～20分钟

活动过程：妈妈用亲切而柔和的声音、富于变化的语调给婴儿讲当前正在看的东西或正在做的事情。可以把婴儿成长过程中的照片、全家照、看过的脸谱等图片指给他看，边看边描述图片上的内容

延伸活动：带婴儿做一些户外活动，将看到的内容告诉他

注意事项：妈妈的话要简短，并且要经常重复

活动名称：模仿发音

适合年龄：5个月

活动目标：锻炼语言能力

活动准备：婴儿觉醒时

活动时间：每天2～3次，每次3～5分钟

活动过程：用愉快的声音和表情对着婴儿发出"啊"、"哦"、"呜"、"爸"、"妈"等重复音节，逗引婴儿注视你的口形，并跟随你发出相同的音

延伸活动：可抱着婴儿对着镜子模仿发音

注意事项：妈妈的口形要对，发音要准

活动名称：宝宝在哪里

适合年龄：6个月

活动目标：锻炼婴儿听懂语言的能力

活动准备：小摇铃、花铃棒等能摇响的玩具

活动时间：每天3～5次，每次3～5分钟

活动过程：摇响手中的小摇铃或花铃棒，并叫婴儿的乳名，婴儿听到玩具的响声会转头看，并发出微笑，重复数次，让婴儿将这个响声同他的名字联系起来

延伸活动：在日常生活中，凡是涉及婴儿的活动，都先叫他的名字。如"××，起床"、"××，吃饭"等，久而久之，让婴儿知道自己的乳名

注意事项：婴儿的乳名固定叫一个。切忌叫多个乳名，让婴儿难以形成记忆

活动名称：拍拍手

适合年龄：7个月

活动目标：训练理解语言与模仿能力

活动准备：婴儿情绪饱满时

活动时间：每天2～5次，每次2～5分钟

活动过程：抱婴儿坐在腿上，让婴儿与你面对面。握住他的两只小手对拍，说"拍拍手"，反复数次后，放开婴儿的手，让他模仿你拍手，并说

"拍拍手"

延伸活动：设置实际场景，妈妈回来了，让婴儿拍拍手表示欢迎。爸爸回来了，也是同样

注意事项：婴儿学习有个过程，不要操之过急，也不要和同龄孩子做比较

活动名称："谢谢"、"再见"

适合年龄：8个月

活动目标：理解语言，发展动作，培养文明习惯

活动准备：设置相关的场景

活动时间：每天1~2次

活动过程：爸爸给婴儿玩具或东西吃时，妈妈在一旁教婴儿说"谢谢"，并模仿做点头或鞠躬的动作。当家人出门时，妈妈教婴儿说"再见"，并挥挥手。久而久之，婴儿听到"谢谢"就会点头或鞠躬，听到"再见"就会挥挥手

延伸活动：一天中的问候语，如"早上好"、"晚安"等，都可以在固定的场景下教婴儿学会

注意事项：场景要明确固定，便于婴儿记忆

活动名称：宝宝真聪明

适合年龄：9个月

活动目标：强化婴儿学习语言的能力，激发他的学习兴趣

活动准备：婴儿情绪饱满时

活动时间：每天数次

活动过程：9个月的婴儿已经能听懂成人对他的赞扬话，听到妈妈的表扬，他会兴奋地重复原来的动作和语言。对婴儿取得的每一个小小的成绩，妈妈都要用高兴的语调、丰富的表情，并配合竖起的大拇指，对婴儿说："宝宝真聪明。"婴儿会更加积极学习语言和动作

延伸活动：一天中，还可配合如下的语言鼓励婴儿："宝宝真乖"、

"宝宝真棒"、"宝宝是妈妈的好孩子"等

注意事项：切不可大声呵斥婴儿

活动名称：宝宝真聪明

适合年龄：10个月

活动目标：理解语言，学会按指令使手眼协调地动作

活动准备：玩具百宝箱

活动时间：每天1~2次

活动过程：把5~6件不同样的玩具放在婴儿面前，让他看着你一件件把这些玩具放进百宝箱。边做边说"放进去"，然后再一件件"拿出来"。然后再让他模仿做

延伸活动：熟练以后，让婴儿知道这些玩具的名称，如把其中一件玩具拿出来给婴儿说"把小老虎放进去"，或"把小狗熊拿出来"

注意事项：先固定5~6样玩具，学会后再换其他几样

活动名称：学押韵

适合年龄：11个月

活动目标：发展语言能力

活动准备：录音机、儿歌

活动时间：每天1~2次

活动过程：选一首经常放给婴儿听的儿歌，这首儿歌的每句最后一个押韵的词都要容易发音。如念"小娃娃，甜嘴巴，喊爸爸，喊妈妈，喊得爷爷乐开花……"时，故意拖长发出最后一个押韵的字，让婴儿模仿着你的方式说出最后一个押韵的字。反复多次后，你故意不说出最后一个押韵的字，让他说出

延伸活动：婴儿念儿歌时，可配合动作表演，让婴儿在愉悦的氛围中增强记忆

注意事项：念儿歌时速度要慢，特别要注意节奏，如"小娃——娃，甜嘴——巴"，最后一个字要等宝宝接上来

活动名称：模仿动物叫

适合年龄：12个月

活动目标：锻炼发音能力，开发记忆力

活动准备：动物小卡片

活动时间：每天1~2次

活动过程：准备各种动物的卡片，如小鸡、小鸭、小狗、小猫、小鸟等，每出示一张图片给婴儿看，就发出图片上动物的叫声。并告诉他，这是小鸡、小鸭等。反复多次后，再问婴儿，小鸡怎么叫？小鸭怎么叫？等等，让他模仿发出小鸡、小鸭的叫声

延伸活动：可带婴儿去动物园游玩，认识其他动物，并学习它们的发音

注意事项：每次学习1~2种，学会后再学其他动物的发音

2. 早教活动

活动名称：游乐园

适合年龄：7个月

活动目标：激发对语言的兴趣

活动准备：木马摇椅、小飞船等游乐设施

活动时间：30分钟

活动过程：让婴儿坐在木马摇椅上，教师摇晃木马，嘴里念道："骑木马，呱哒哒，一跑跑到姥姥家，见了姥姥问声好，姥姥脸上乐开花。"让婴儿在愉快的游乐活动中学习语言

延伸活动：播放儿歌磁带，观察婴儿是否在注意听，是否试图模仿发音

注意事项：观察婴儿学习儿歌的兴趣，记录下他能发出的声音

活动名称：碰碰头

适合年龄：8个月

活动目标：促进语言和动作的联系

活动准备：婴儿情绪饱满

活动时间：3~5分钟

活动过程：与婴儿面对面坐着，教师用额头轻轻触及婴儿的额头，并亲切愉快地呼唤他的名字，说："碰碰头。"重复几次后，当教师的头稍向前倾时，他就会主动把头伸过来碰在教师的额头上

延伸活动：与婴儿面对面坐着，教师用鼻子轻轻触及婴儿的鼻子，并亲切愉快地呼唤他的名字，说："碰碰鼻。"重复几次后，当教师把鼻子前倾时，他就会主动把鼻子伸过来碰在教师的鼻子上

注意事项：要多次重复，婴儿才能将语言和动作结合

活动名称：小狗爱唱歌
适合年龄：9个月
活动目标：激发婴儿有意识地模仿语言的兴趣
活动准备：小狗头饰、小狗叫声的录音、图片
活动时间：15～30分钟
活动过程：教师为婴儿念《小狗爱唱歌》的儿歌："小狗爱唱歌，汪汪汪，汪汪汪，唱得真好听；小狗爱唱歌，汪汪汪，汪汪汪，唱得真高兴。"在念儿歌的时候，教师把小狗的头饰套在头上，模仿小狗的动作及叫声。然后把小狗的头饰套在婴儿头上，鼓励婴儿模仿小狗的动作和叫声

延伸活动：教师仿编一首《小猫爱唱歌》的儿歌念给婴儿听："小花猫爱唱歌，喵喵喵，喵喵喵，唱得真好听；小花猫爱唱歌，喵喵喵，喵喵喵，唱得真高兴。"念儿歌时，教师把小猫的头饰套在头上，模仿小猫的动作及叫声。然后把小猫的头饰套在婴儿头上，鼓励婴儿模仿小猫的动作和叫声

注意事项：让婴儿模仿的技巧是你说出词或做出动作后要停顿几秒钟，给婴儿模仿的时间

活动名称：鹅，鹅，鹅
适合年龄：10个月
活动目标：锻炼语言表达能力和理解能力
活动准备：与诗歌相应的挂图

活动时间：5～10分钟

活动过程：看图学诗歌，将诗歌的内容和画面联系起来。如"飞流直下三千尺，疑是银河落九天"这句诗，婴儿看到的是飞流的瀑布的画面；"鹅，鹅，鹅，曲项向天歌，白毛浮绿水，红掌拨清波"。婴儿看见的是水中悠游自在的白鹅

延伸活动：将婴儿学习过的诗的挂图挂在活动室里，鼓励婴儿看见挂图说相应的诗的名称："鹅"

注意事项：每天在固定时间和固定地点来学习。最好教师也是固定的

活动名称：学动词

适合年龄：11个月

活动目标：锻炼语言表达能力

活动准备：若干玩具和若干食品

活动时间：10～15分钟

活动过程：桌上摆放婴儿喜欢的若干玩具和食品。教师手拿布娃娃，问婴儿"要不要？"婴儿回答说"要"。教师手拿饼干，问婴儿"吃不吃？"婴儿回答说"吃"

延伸活动：教婴儿学会表达自己的需求。如"要""吃"等

注意事项：要形成一种习惯，让婴儿说出词来才满足要求。给婴儿充分的学习说话的机会

活动名称：听儿歌，学表演

适合年龄：12个月

活动目标：锻炼语言表达能力和理解能力

活动准备：录音机、儿歌磁带

活动时间：5～10分钟

活动过程：组织婴儿听儿歌，并把听到的内容表演出来。如"两只小老鼠，长着长尾巴，东瞅瞅，西望望，一起来把粮食偷；两只小老鼠，长着长

尾巴，唧唧唧，吱吱吱，老鼠夹夹住了长尾巴"。让婴儿在教师的指导下把听到的内容用动作表演出来。一段时间后，让婴儿边唱边表演

延伸活动：让婴儿把听到的词用动作表达出来，如双手合起来表示"谢谢"，竖起手指表示"1岁"，以及"蹦蹦跳跳"，"手舞足蹈"等

注意事项：每天用固定时间进行这个活动，不要间断。刚开始婴儿不会表演得很好，但只要有表演的意识就行

[二] 精细动作能力开发

1. 亲子游戏

活动名称：握笔杆

适合年龄：1个月

活动目标：锻炼手的抓握能力

活动准备：笔杆

活动时间：每天2～3次

活动过程：满月后婴儿的手已经可以张开，并抓住东西。用一只笔杆触及他的手心，他会张开手指把笔杆握住。当他抓住笔杆后，给他往外拿出，他的手会抓住，过2～3秒他抓笔杆的手会松，但你一动，他又会抓紧

延伸活动：给他一些玩具让他抓一抓，如小布条、小纸棒等，他会感觉到，有的玩具很软，有的玩具很硬。同时锻炼他的触觉

注意事项：经常对婴儿的手心、手背不断按摩，会增强婴儿皮肤对外界的感受能力

活动名称：触摸抓握

适合年龄：2个月

活动目标：发展手的技能和触觉

活动准备：布娃娃、花铃棒、小积木、小瓶盖、塑料小球、小红环、小海绵、绒布条等

活动时间：每天2～3次

活动过程：分别把不同质地的玩具放在婴儿的手中保留一会。有的玩具

过大婴儿不会抓握，可轻轻地从指根到指尖抚摸他的手背，使他紧握的小手自然张开。把玩具塞到他的手里，并握住他抓握玩具的手，帮助他抓握

延伸活动：把食指放在婴儿的手里让他抓握，并轻轻摇动他的手向他问好，引起婴儿的愉悦情绪。把手指从手心移到手掌边缘，看婴儿是否会抓握

注意事项：不要将带尖角的玩具塞给婴儿抓握

活动名称：击打玩具

适合年龄：3个月

活动目标：锻炼手眼协调能力，发展触觉

活动准备：色彩鲜艳、有响声的玩具

活动时间：每天5～6次

活动过程：把色彩鲜艳、有响声的玩具用衣架半固定在摇篮上方婴儿伸手能够抓到的地方，每次吊2～3个，隔天轮换。摇动或弄响玩具，引起婴儿的注意，抓住婴儿的手臂让他伸手够取、击打玩具，发出响声

延伸活动：让婴儿尝试着将击打的玩具抓在手里

注意事项：悬挂玩具的物品要结实，以免落下砸伤婴儿

活动名称：斗斗飞

适合年龄：4个月

活动目标：锻炼手指肌肉和手眼协调能力

活动准备：无

活动时间：每天2～3次

活动过程：婴儿背靠你的怀里坐着，你用两手分别抓住婴儿的双手，用食指和拇指抓住他的食指，教他把两只食指尖对拢又分开。对拢时念："斗、斗、斗、斗"，每对拢一次就念一下；分开时念"飞——"反复进行，让婴儿形成这样的条件反射：听到说"斗"字就把两手指尖对拢，听到说"飞"就把两手之间分开

延伸活动：可和婴儿做"捏拢—张开"游戏。说"捏拢"时，两手握

拳，说"张开"时，把手掌打开

注意事项：反复刺激，形成条件反射

活动名称：伸手抓物

适合年龄：5个月

活动目标：锻炼手眼协调的能力

活动准备：布娃娃、小皮球、小动物等各种玩具

活动时间：每天1~2次

活动过程：将布娃娃、小皮球、小动物等各种玩具放在婴儿能伸手够取的地方，让他伸手抓物，一手抓一个

延伸活动：让小皮球在桌上慢慢滚动着，让婴儿眼睛追踪滚动的皮球并伸手抓住

注意事项：不要用带尖角的玩具。玩具不宜过大

活动名称：传递积木

适合年龄：6个月

活动目标：锻炼双手协调能力

活动准备：5~6块积木

活动时间：每天1~2次

活动过程：递给婴儿一块积木，等他接住后，示意他传到另一只手里，然后再放进小盒子里。先右手传给左手，熟练后，再左手传给右手

延伸活动：教婴儿将两手传递过的积木摆放在桌上，玩接火车游戏。也可往高处摆放

注意事项：要有耐心，即使婴儿一时间学不会也不要放弃

活动名称：指拨玩具

适合年龄：7个月

活动目标：锻炼食指动作，促进小肌肉发育

活动准备：小算盘、小电话、小小遥控器等玩具

活动时间：每天1～2次

活动过程：让婴儿用食指拨小算盘上的珠子，用食指按小电话上的键盘，按小小遥控器上的按钮指挥遥控玩具，让婴儿感受到手指的作用

延伸活动：自制一个练习抠洞的硬纸盒，纸盒上贴上有趣的图画，或各种小动物的脸，在上面开一个个小洞，让婴儿用食指抠洞玩

注意事项：激发婴儿做游戏的兴趣

活动名称：捏糖丸

适合年龄：8个月

活动目标：锻炼拇—食指配合捏物的灵活性和手眼协调能力

活动准备：若干彩色糖丸

活动时间：每天1～2次

活动过程：盘子里放若干彩色糖丸，教婴儿用拇食指对捏拿住糖丸，然后放进一个有盖的透明玻璃杯里。重复数次，熟练后让他自己玩。装进玻璃杯后，盖上盖摇一摇，听听里面发出的响声

延伸活动：婴儿进餐时，教他用拇食指对捏拿着包子、饼干或小苹果丁等食物自己吃

注意事项：做游戏时，谨防婴儿将糖丸吞食

活动名称：开抽屉

适合年龄：9个月

活动目标：训练手臂动作，理解物品之间的关系

活动准备：玩具

活动时间：每天1～2次

活动过程：把一件婴儿喜欢的玩具当着他的面放进抽屉里，不要把抽屉关紧，让玩具露在外面一点，然后教他把抽屉打开拿出玩具。重复几次后，让他自己打开抽屉拿玩具

延伸活动：把婴儿的玩具放进带门的柜子里，让他学会拉开门把玩具拿出来

注意事项：不要用太难打开的抽屉

活动名称：玩套环

适合年龄：10个月

活动目标：训练手眼协调能力，培养数字的意识

活动准备：铅笔、橡皮泥、硬纸盒、3个直径为10厘米的套环

活动时间：每天1～2次

活动过程：把一支铅笔插进一块橡皮泥或一个一个纸盒里，用透明胶固定住，做成一个套环用的柱子。用铁丝拧3个直径为10厘米的套环，用不同颜色的布条缠上，用针线固定好。示范婴儿将套环套在轴上，边套边数"1、2、3"，套好后再取下来重套

延伸活动：从商店里购买套娃、套筒，让婴儿学着拧开，再套上

注意事项：套环一定要用布条缠上，谨防戳伤婴儿

活动名称：翻书

适合年龄：11个月

活动目标：锻炼精细动作能力，培养读书的兴趣

活动准备：画报

活动时间：每天1～2次

活动过程：打开一本适合婴儿看的《婴儿画报》，先打开书让他认识一种他喜欢的小动物，然后把书合上，说："小花猫藏起来了，让我们一起找出来吧。"于是示范婴儿一页一页地翻书。一旦翻到，立即显出兴奋的样子，告诉婴儿说："瞧，小花猫在这里呢，我们找到了。"然后再合上书，让婴儿模仿你的动作，找小花猫。这样，一次他就能翻好几页书。用同样的方法，让他从书中找到小花狗、小鸭子等等

延伸活动：挑选印有各种小动物、小娃娃、水果、日常用品、交通工

具等各种图案的小手拍，分类订在一起，做成一本"布书"，和婴儿一起翻看，学习上面的内容

注意事项：给婴儿看的书要薄一些，让婴儿一次性翻完

活动名称：握笔涂鸦

适合年龄：12个月

活动目标：锻炼手的灵活性，培养对色彩、涂画的兴趣

活动准备：白纸、小蜡笔

活动时间：每天1~2次

活动过程：给婴儿白纸和小蜡笔，让他用各种不同的颜色，按照自己的想象，在白纸上随意涂涂点点，不管他涂成什么样子，都要夸他。并且尽可能把他涂上的东西看成相关的东西。如，他画一个点，就告诉他这是小鸡吃的粮食；他画一条波浪线，就说这是河流

延伸活动：用蜡笔在白纸上画上太阳、月亮、高山、河流、大树、娃娃的形状，让婴儿给这些画涂颜色

注意事项：婴儿在涂鸦时，让他随意发挥，不要对他加以限制

2. 早教活动

活动名称：玩乐器

适合年龄：7个月

活动目标：锻炼食指动作，促进小肌肉发育

活动准备：钢琴、扬琴等儿童玩具

活动时间：10~15分钟

活动过程：把婴儿的手放在钢琴上，手指向下按，弹出响声；给婴儿一根小棍，让他敲击扬琴，敲出响声

延伸活动：准备大小一样的7个碗，里面放的水依次递增，按水的多少摆放好7个碗，给婴儿一根小棍，让他依次敲击7个碗，发出"哆唻咪发嗦"等7个音

注意事项：让婴儿随意按压、敲击，只要发出声音就行

活动名称：拉绳取物

适合年龄：9个月

活动目标：锻炼动手能力，理解事物之间的逻辑关系

活动准备：婴儿经常玩的玩具、绳子

活动时间：5～8分钟

活动过程：让婴儿坐在桌子旁边的小椅子上，桌子放着一个他喜欢的布娃娃，但他伸手够不着。教师把一根绳子系在布娃娃身上，把绳子的另一端放在婴儿的面前，看他是否知道拉绳子取玩具。多次重复这个游戏。并经常更换绳子的颜色和玩具

延伸活动：把婴儿喜欢的玩具放在桌子底下婴儿伸手够不着的地方，递给婴儿一根小棍，看他是否知道用小棍去够取玩具

注意事项：婴儿如果实在不知道该怎样做，要启发他

活动名称：洗玩具

适合年龄：10个月

活动目标：锻炼动手能力

活动准备：小盆、塑料玩具

活动时间：每次10～20分钟

活动过程：取小盆接一盆水，把婴儿的塑料玩具投入水中，告诉婴儿，这些塑料小玩具脏了，用水可以洗干净，让婴儿用布擦洗，洗完后擦干。在清洗玩具的过程中，让婴儿观察玩具在水中的漂浮状态

延伸活动：把一些鹅卵石投入水中，教婴儿把它们从盆地捞起，用布洗净后擦干，并思考：鹅卵石为什么沉在水底？

注意事项：该活动宜在夏天进行，不宜在冬天，以免婴儿打湿衣服受凉

活动名称：整理玩具

适合年龄：11个月

活动目标：锻炼手的灵活性和想象力

活动准备：若干玩具、小筐

活动时间：20～30分钟

活动过程：把一堆玩具放在小桌子上，教婴儿把这些玩具整理后放进小筐里，可以将小的玩具装进大的玩具里，比如把小盒子装进大盒子里，把小桶套进大桶里，把小勺放进小碗里，把积木放进盒子里，把小球放进小杯子里，把布娃娃放进小汽车里等等

延伸活动：教婴儿把大的玩具放进小桶里，小的玩具放技能小筐里，小绒布、小石子等更小的玩具放进小盒子里

注意事项：该游戏主要是启发婴儿的思维，让他自己动手把玩具整理好

活动名称：搭积木

适合年龄：12个月

活动目标：锻炼小肌肉动作和想象力

活动准备：3～4块积木

活动时间：15～30分钟

活动过程：给婴儿3～4块积木，教师先给婴儿示范，往高处或往远处搭建出不同形状的物体。然后让婴儿自己搭建，可以模仿教师搭，也可以按自己的想象搭。总之是要激发婴儿的兴趣，启发他的思维能力和动手能力。

延伸活动：教师和婴儿一起摆弄积木，或几个婴儿一起摆弄积木，反复做这个游戏，让婴儿喜欢玩积木

注意事项：让婴儿循序渐进，不要操之过急

[三] 认知能力开发

1. 亲子游戏

活动名称：铃儿响叮当

适合年龄：1个月

活动目标：检查听力，发展视听觉

活动准备：小摇铃或花铃棒

活动时间：每天2～3次

活动过程：婴儿觉醒时，在他的耳边有节奏地摇铃，音量时强时弱，边摇边说"铃儿响叮当"，观察婴儿听到铃声的反应

延伸活动：婴儿稍大些时，可变化摇铃的位置，让婴儿根据铃声用眼睛寻找声源

注意事项：铃声不要过大，以免变成噪音

活动名称：追声寻源

适合年龄：2个月

活动目标：锻炼听觉

活动准备：花铃棒、八音盒、小钟表、小杯、小勺、可以捏响的娃娃

活动时间：每天2～3次

活动过程：将各种发音的玩具在婴儿的视线内摇响，并告诉他名称，等他注意后，再慢慢移开，让婴儿追寻声音找玩具。可从不同的方位发出响声

延伸活动：当婴儿听到日常生活中发出的响声，如洗衣机的声音、电视机的声音、打雷的声音、下雨的声音、门碰响的声音等，告诉他们这些声音的来源

注意事项：每次学一种声音，听熟后再学下一种

活动名称：看大红球

适合年龄：3个月

活动目标：锻炼视觉

活动准备：大红球

活动时间：每天2～3次

活动过程：婴儿觉醒时，让红球上下左右来回在他的眼前晃动，吸引他的眼睛随着大红球移动。让他的眼睛向上、向下、向左、向右地追视大红球

延伸活动：也可给婴儿看色彩鲜艳的大图片，并告诉他图片上物品的名称

注意事项：大红球的位置一般距离婴儿1尺左右

活动名称：玩具王国

适合年龄：4个月

活动目标：发展触觉，训练手的抓握能力和手眼协调能力

活动准备：各种质地的玩具，如小摇铃、金属盒、小药瓶、不倒翁、乒乓球、小积木等

活动时间：每天2～3次

活动过程：把不同玩具放在桌上，让婴儿伸手抓握，体会不同玩具抓在手里的感受，并认识这些抓在手里的玩具

延伸活动：体会日常生活中的物品抓在手里的感觉，如衣服和毛巾是柔软的，桌子和椅子是硬的等

注意事项：每次体会1～2种物品，反复学习

活动名称：看灯灯

适合年龄：5个月

活动目标：发展认知能力

活动准备：灯

活动时间：每天5～6次

活动过程：按开关使灯一明一暗，引起婴儿的注意，同时告诉他说这叫"灯"，反复练习，直到你一说"灯"，他就会转头用眼睛去找灯

延伸活动：认识彩电、冰箱、洗衣机等家用物品，当提到这些东西的名称时，就会转头去寻找

注意事项：任何一种物品只有一个名称，这个名称必须是规范的。切不可一种物品叫几种名称，扰乱婴儿的记忆。也不可叫不规范的名称，如把电灯称为"亮亮"、把洗衣机称为"轰轰"

活动名称：照镜子

适合年龄：6个月

活动目标：发展认知能力。通过镜子认识自己和自己的五官

活动准备：镜子

活动时间：每天3~5次

活动过程：把婴儿抱在镜子前，让他用手去拍打镜子中的人，用手指着他的脸反复叫他的乳名。再指着他的五官（不要指镜中的五官），以及头发、小手、小脚，让他逐一认识。熟悉后可问他：鼻子在哪里？嘴巴在哪里？小手在哪里？

延伸活动：和婴儿一起照镜子，通过镜子让婴儿分清自己和妈妈，并按照上面的方法认识妈妈的五官、妈妈的手和脚

注意事项：认识事物有一个过程，切不可操之过急，对婴儿失去耐心

活动名称：认物找物

适合年龄：7个月

活动目标：认识物品，锻炼记忆力

活动准备：一个大的纸箱或塑料桶，10~20个大小不同、形状不一的小东西（如乒乓球、小圆盒、小娃娃等）

活动时间：每天1~2次

活动过程：把婴儿熟悉的乒乓球、小圆盒、小布娃娃等玩具摆放在桌子上，先说出玩具的名称，让婴儿看或摸，然后放进大纸箱或塑料桶里。放完后，再边说边把玩具一件件从篮子里拿出来。反复数次后，说出其中的一件物品的名称，看他是否能准确抓到这件物品

延伸活动：采用这种方式让婴儿认识一些日常用品，如吃饭的小碗、小勺、小盘，自己坐的小板凳、小椅子等

注意事项：挑选的玩具必须是婴儿经常玩的

活动名称：指鼻眼

适合年龄：8个月

活动目标：锻炼手眼协调能力

活动准备：无

活动时间：每天2～3次

活动过程：让婴儿坐在身上，同婴儿面对面。问："鼻子呢？"让他指出自己的鼻子，同样的方法让他指出自己的眼睛、嘴巴、耳朵等。指对了就亲他一下，并夸奖他："××真聪明。"用同样的方法让婴儿指出妈妈的五官

延伸活动：对照图片或实物让他指出小狗的五官、小猫咪的五官等

注意事项：活动前最好给婴儿把手洗干净

活动名称：找宝宝

适合年龄：9个月

活动目标：培养认知能力，自我意识

活动准备：小毛巾或小毯子

活动时间：每天1～2次

活动过程：将小毛巾或小毯子盖在婴儿头上，故作惊慌地到处寻找并高喊："宝宝在哪里？"几秒钟后，把婴儿头上的小毛巾或小毯子拿开，惊喜地抱着婴儿说："噢，原来宝宝在这里！"等他熟悉这个游戏后，把找的时间持续长一些，他可能会主动拿开盖在自己头上的布，表明自己在这里

延伸活动：婴儿熟悉这个找宝宝的游戏后，可以和他玩找妈妈的游戏，即把小毛巾或小毯子盖在妈妈的头上，让妈妈在宝宝面前消失，看婴儿是否知道把妈妈头上的小毛巾或小毯子拿开

注意事项：不要用太厚或太大块的毛巾或毯子，以免捂住婴儿

活动名称：区别1、2、3

适合年龄：10个月

活动目标：发展注意力、记忆力和手的技巧，形成简单数概念的萌芽

活动准备：16开的纸若干、糖果4块

活动时间：每天1～2次

活动过程：在宝宝的注视下，用一张16开的纸包上1块糖果，打开，再包上，鼓励他打开纸把糖果找出来。当他打开后，您就说："1块"，把糖

果给他作为奖励。当着宝宝的面另取4只一样的糖果,边说"这是1块;这是3块",边用2张纸分别包上1块和3块,再打开让他注视两边的糖果各5秒钟后包上(两包的位置不要变),要求他把两包糖都打开,看他要哪一包。反复玩后,如果他总是要3个的一包,说明他能区别"1"与"3",然后,您再包上2块和3块,看他是否还要3块,即能区别"2"与"3"

延伸活动:也可用积木或水果等婴儿感兴趣的物品进行练习

注意事项:婴儿有记忆能力区别出不同数量的物品,但还不是真正理解数概念

活动名称:找玩具

适合年龄:11个月

活动目标:培养认知能力和记忆力

活动准备:小布娃娃、小积木、小狗熊等3~4件玩具

活动时间:每天1~2次

活动过程:当着婴儿的面,把婴儿平时最喜欢玩的3~4件玩具藏起来,可藏在枕头下、被子里、抽屉里、盒子里等,说出这些玩具的名称,让他一件件找出来

延伸活动:用小摇铃或音乐盒等带响的玩具逗引,让婴儿的眼睛一直追视玩具,然后走出房间,把玩具放在另一间房间的桌子上,空手回来。问:"摇铃呢?"然后抱着婴儿去找。让婴儿四处寻找摇铃,发现摇铃就在桌子上

注意事项:每次藏的玩具不宜过多,也不要藏得过于隐蔽

活动名称:认红色

适合年龄:12个月

活动目标:锻炼认知能力

活动准备:所有红色的玩具

活动时间:每天2~3次

活动过程:取一件婴儿喜欢的红色玩具,如红色积木,反复告诉他:

"这是红色的。"然后问他："你的红色呢？"如果他能从其他颜色的玩具中找出这块红色积木，就称赞他。再把红色瓶盖、红色布娃娃、红色小推车等从其他玩具中挑出来，告诉他，这些都是"红色"的。把所有红色的玩具混在其他玩具中，让他把红色玩具挑出来

延伸活动：买一束五颜六色的花，让婴儿把其中的红花挑出来

注意事项：在学习"红色"这个名称时，不要出现"黄色"、"白色"等其他名称

2. 早教活动

活动名称：会动的玩具

适合年龄：7个月

活动目标：发展感知觉，培养持续注意

活动准备：若干电动玩具、发条玩具

活动时间：每次10～20分钟

活动过程：教师逐一出示各种发条玩具或电动玩具给婴儿看，并讲述各种玩具名称、形容玩具发出来的声音，如"小鸭子，嘎嘎嘎，游到东，游到西"，"小火车，跑得快，呜呜呜，呜呜呜"，引起婴儿对象声词的反应，发展婴儿持续注意力。有的婴儿可能会盯着玩具看，有的婴儿可能会伸手去拿，有的可能会身体前倾爬过去拿。观察婴儿注视的水平

延伸活动：仿真树上挂着许多红色气球，教师抱着婴儿鼓励他们伸手拍打，观察他们拍打气球的兴趣

注意事项：将婴儿的不同反应记录下来，根据不同的情况制定相应的教学计划

活动名称：看相册

适合年龄：8个月

活动目标：锻炼认知能力

活动准备：早教机构相册

活动时间：15～20分钟

活动过程：把早教机构的老师和小朋友的照片汇集成册，让婴儿认识上面的人物。并把照片上的人和本人对照起来让婴儿认

延伸活动：把早教机构的相片汇集成册，让婴儿翻着看，看照片上的地方是不是他熟悉的环境

注意事项：要用图像清晰的放大照片

活动名称：聚沙成塔

适合年龄：9个月

活动目标：锻炼感觉能力，记忆力

活动准备：沙子

活动时间：15～20分钟

活动过程：教师给婴儿一些洗干净的沙子，让婴儿体会沙握在手里的感觉，让细小的沙子从手指缝中流淌出来，感受沙粒的细小。将细小的沙子堆积成小山，教师把手埋入沙中，问"我的手呢？"让婴儿扒开沙子找教师的手；婴儿把自己的手埋入沙中，找找自己的手；也可把一些玩具埋进沙里，让婴儿找出来

延伸活动：把沙子抹平，教婴儿在沙子上画画、写字

注意事项：最好在室内进行，以免室外风大，沙子吹进婴儿眼里。不要让婴儿用玩沙子的手揉眼睛

活动名称：看挂图

适合年龄：10个月

活动目标：学会认识日常生活中的一些物品

活动准备：大挂图

活动时间：15～20分钟

活动过程：教师可自己动手制作或购买画有各类物品的大挂图，把它们挂在黑板上，教婴儿逐一认识

延伸活动：在挂图上面相应的物品上贴上字，让婴儿在认识这些物品的

同时，认识相应的字

  注意事项：经常反复，直到婴儿学会为止

  活动名称：魔术盒
  适合年龄：11个月
  活动目标：训练认知能力、记忆力和形象思维能力
  活动准备：若干方形的六面空纸盒
  活动时间：15～20分钟
  活动过程：在方形的六面空纸盒上贴上颜色鲜艳的图片。可按类别贴，如动物类、水果类、花草类等。在动物类的小纸盒上贴上小鸡、小鸭等，在水果类的小纸盒上贴上苹果、橘子等。让婴儿拿起一个小纸盒，任意转动、欣赏。教师可告诉他这些图片的名称
  延伸活动：可以把这个纸盒做得很大、很结实，婴儿能够扶着他站立，推着它走路
  注意事项：婴儿学完一个纸盒上的内容后，再换另一个纸盒

  活动名称：家在哪里
  适合年龄：12个月
  活动目标：发展记忆能力
  活动准备：纸、笔
  活动时间：15～20分钟
  活动过程：带婴儿做找回家的路的游戏，画一个圈是婴儿的家，画一些方框表示建筑物，再画上树木、电线杆等。告诉婴儿从家里到早教机构走过的路线和经过的标志性建筑物，让婴儿记住往返路程。通过这个游戏，让婴儿产生认路的概念
  延伸活动：可让婴儿和其他婴儿一起做这样的游戏
  注意事项：反复做这样的游戏，直至婴儿熟记回家的路线为止

三、人格潜能开发

影响婴儿成长乃至成才的两大心理因素是智力因素和非智力因素。智力因素是婴儿在生活中解决各种问题时进行感知、注意、观察、记忆、思维、想象、言语活动能力的总和。而非智力因素包括需要、欲望、动机、兴趣、情绪和情感、意志、自信心、性格、气质、习惯等。在婴儿成长过程中，智力因素每时每刻都在起作用，而非智力因素往往在关键时刻，起着决定性的影响

[一] 亲子游戏

活动名称：皮肤抚摩

适合年龄：1个月

活动目标：发展触觉，促进生长，传递亲子之情

活动准备：婴儿觉醒时

活动时间：每天至少5～6次，每次3～5分钟，即每天至少15分钟以上

活动过程：在婴儿觉醒时或同婴儿讲悄悄话时，配以轻轻的皮肤抚摩。抚摩的部位可以是头发、四肢、腿、腹部、背部、足背、手背、手指等

注意事项：每天洗澡后一定要做这项抚摩游戏。抚摩婴儿之前要洗手、剪指甲、摘下手表、戒指等金属物。可隔着一层衣服或柔软的毛巾轻轻抚摩，以防擦伤皮肤

活动名称：逗笑

适合年龄：2个月

活动目标：激发愉快的情绪

活动准备：婴儿觉醒时

活动时间：每天数次

活动过程：每天多给婴儿一些爱抚和搂抱，并轻柔地呼唤和逗引他，婴儿会挥手蹬足，对此报以微笑。越早逗笑的婴儿越聪明，因此，只要婴儿乐意，每天尽可能让婴儿充分享受到你的爱抚和无微不至的照料

延伸活动：每天可用温柔的声音和婴儿说话、念儿歌、哼小曲，并轻轻呼唤他的乳名

注意事项：逗笑固然重要，但对婴儿的啼哭也不可不闻不问。婴儿啼哭时，可能是饿了、病了或尿湿了，一定要及时查明原因并做处理

活动名称："跳交际舞"
适合年龄：3个月
活动目标：激发愉悦情绪，发展听觉、动觉和节奏感
活动准备：录音机、交谊舞曲
活动时间：每天1～2次
活动过程：选择一曲轻柔而节奏舒缓的音乐，如一曲华尔兹或一首民谣。左手搂抱着婴儿的背部，右手抓住婴儿的手，温柔而欢快地随着音乐上前、后退或旋转。在这个过程中，让婴儿充分感受到来自你温暖怀抱的爱抚，内心会感到踏实和愉悦，这是婴儿成长的营养素，这样你就会和婴儿一起度过令人神往的几分钟
延伸活动：把婴儿放在床上或腿上，双手紧扶婴儿，牵引着他随着音乐的旋律左右摆动
注意事项：不要选用节奏感强的迪斯科舞曲

活动名称：户外活动
适合年龄：4个月
活动目标：激发愉悦情绪，发展语言能力
活动准备：无
活动时间：每天1～2次
活动过程：天气好时，带婴儿做户外活动，看蓝色的天、洁白的云、高高的树和绿油油的树叶，还有路上奔驰的车子。把看到的内容和婴儿进行"交谈"，婴儿会显得非常高兴，并积极地发出"哦，哦"的声音作为应答
延伸活动：带婴儿去儿童游乐园，感受那里的欢乐气氛
注意事项：应选择空气清新的环境，而不要去嘈杂、脏乱的环境

活动名称：看电视

适合年龄：5个月

活动目标：防止怯生，发展感知能力，培养注意力

活动准备：电视

活动时间：每次不超过2～10分钟

活动过程：选择婴儿喜欢看的电视节目，如动画片《喜羊羊与灰太狼》《小羊肖恩》等，使婴儿在欢快的音乐声和优美的画面中获得情感上的愉悦

延伸活动：带婴儿去熟人家玩，家中有同龄小朋友的更好，让他从小接触父母之外的人

注意事项：观看电视时，离电视机的距离至少2米

活动名称：捉迷藏

适合年龄：6个月

活动目标：增进亲子感情，培养婴儿快乐情绪

活动准备：婴儿情绪饱满时

活动时间：每天1～2次

活动过程：婴儿坐在妈妈身上，与妈妈面对面。爸爸在妈妈的背后，伸出一只手抓住婴儿的手，叫"宝宝"，当婴儿转过头来看时，爸爸却从另一边冒出头来，伸手拉婴儿的手，亲热地叫"宝宝"，当婴儿转过头来找到爸爸时，会高兴地"咯咯"笑起来

延伸活动：在与婴儿做游戏时，拿一块手巾遮住自己的脸，问婴儿："宝宝，妈妈呢？"婴儿就会到处寻找，妈妈突然拿开脸上的手巾，露出笑脸，并叫一声"喵儿"，婴儿看到妈妈的脸会非常开心

注意事项：妈妈要托好婴儿的后背，以防婴儿高兴时过度后仰受伤

活动名称：洗澡玩水

适合年龄：7个月

活动目标：培养愉快情绪，发展感知能力

活动准备：浴盆、小鸭子、小红球、小船等能漂浮的玩具

活动时间：每天至少1次

活动过程：婴儿洗澡时，可以让他在水中自由自在地玩耍，获得身心的愉悦。让他一边洗，一边扑打水，感知水给他带来的愉悦。可以把小鸭子、小红球等能够漂浮的玩具放在浴盆里，让婴儿伸手扑打或够取这些玩具

延伸活动：有条件的话，可以带婴儿到儿童游泳池游泳，感受水的浮力带来的愉快

注意事项：注意安全保护，警防婴儿滑落水中溺水

活动名称：交朋友

适合年龄：8个月

活动目标：锻炼社会交往能力

活动准备：婴儿情绪饱满时

活动时间：每天1～2次

活动过程：户外活动时，可抱着婴儿和其他妈妈抱着的同龄婴儿接触，让他们相互看一看，摸一摸，交换一下玩具，或相互表演一下各自的本领

延伸活动：在地上铺一张席子，让婴儿和其他同龄婴儿在上面玩耍

注意事项：如果婴儿去抓别的婴儿的脸，或去抢别的婴儿的玩具要及时制止

活动名称：小小指挥家

适合年龄：9个月

活动目标：激发愉悦情绪，训练节奏感

活动准备：录音机，节奏鲜明的乐曲

活动时间：每天1～2次

活动过程：选择一首节奏鲜明、有强弱变化的音乐播放。让婴儿坐在你的腿上，你从他的背后握住他的前臂，说"指挥"，然后合着音乐的节奏打拍子，并随着音乐的强弱，变化手臂动作幅度的大小。当乐曲停止时，指挥的动作同时停止，逐渐使音乐能配合你的动作节奏。以后每当放音乐时，你一说"指挥"，他就有节奏地挥动手臂

延伸活动：将相同质地的7个碗按顺序由少到多装上水，让婴儿用筷子依次敲打，发现这7个碗发出的声音各不相同

注意事项：选择适合婴儿的曲子，不要选节奏强劲的迪斯科舞曲

活动名称：玩打仗

适合年龄：10个月

活动目标：激发愉悦情绪，达到亲子同乐的目的，训练爬行技能

活动准备：玩具、大纸箱

活动时间：每天1～2次

活动过程：把婴儿喜欢的玩具放在一个距离很远的地方，这中间设置很多障碍物，比如放一个大纸箱，让他从里面钻过去，这叫"钻山洞"；让他从沙发垫上爬过去，叫穿越"丘陵"；从爸爸的身体上爬过去，叫"突破封锁线"，最终让婴儿"攻占山头"，拿到玩具

延伸活动：把婴儿取到的玩具放进小盆里清洗、玩耍，让婴儿体会玩水的愉悦

注意事项：该游戏最好在成人的保护下进行

活动名称：小小表演家

适合年龄：11个月

活动目标：激发愉悦情绪

活动准备：录音机、磁带，以及各种玩具

活动时间：每次20～30分钟

活动过程：开个家庭晚会，让婴儿当主角，爸爸妈妈配合他，同他一起表演他学会的东西，比如：唱儿歌、跳舞、搭积木、藏猫猫等

延伸活动：由爸爸妈妈带着去熟人家，同熟人家的同龄小孩一起玩耍，表演自己学会的东西

注意事项：婴儿在自己熟悉的环境和熟悉的人面前表现得放松和愉悦。但在陌生的环境里，即使见到很熟悉的人，婴儿都会有认生现象。在陌生的

环境里，一定不要第一时间让刚见面的人把婴儿抱过去。如果一见到陌生人就让他抱婴儿，婴儿因为害怕和紧张可能会大声哭闹，这会使婴儿以后见到陌生人都会产生恐惧心理

活动名称：逛公园

适合年龄：12个月

活动目标：激发愉悦情绪，发展认知能力

活动准备：无

活动时间：每次20～30分钟

活动过程：晴朗的天气，带婴儿去公园游玩。看公园里的各种植物花卉，闻一下花香，看各种动物，模仿它们的叫声等等。总之，让婴儿开阔视野，感受一下外面五彩缤纷的世界

延伸活动：也可带婴儿去儿童游乐场，带他去划船、骑马、坐飞机、坐小汽车等，感受那里的热闹氛围

注意事项：户外活动安全第一

[二] 早教活动

活动名称：跟妈妈再见

适合年龄：7个月

活动目标：克服怕分离的焦虑情绪

活动准备：无

活动时间：每次5～10分钟

活动过程：婴儿8个月时，会认生并且怯生，会担心爸爸妈妈离开自己，会产生分离后的焦虑情绪。尤其是送早教机构的婴儿，刚开始更是不适应。每天妈妈送婴儿到早教机构时，教师在从妈妈手里接婴儿时，可让妈妈尽量和婴儿多呆一会，让妈妈亲热地和婴儿碰碰头，临走时向婴儿说再见，也要求婴儿向妈妈挥手再见

延伸活动：可以和婴儿玩过家家游戏，让婴儿扮演布娃娃的妈妈，当他把布娃娃送给早教机构教师时，要亲吻一下布娃娃，并和布娃娃说再见

注意事项：教师每天在接婴儿时，切不可不顾婴儿情绪强行从妈妈手里接过来

活动名称：最初的友谊

适合年龄：8个月

活动目标：锻炼社交能力

活动准备：若干玩具

活动时间：每天2~3次

活动过程：对刚入园的婴儿，经常让他和其他小朋友交换一下玩具，互相推拉一下，带他观看其他小朋友在一起做游戏的场景，让他产生与人交往的愿望

延伸活动：让新入院的婴儿同稍大一些的婴儿一起做传递积木的游戏。教师在一旁敲鼓，大家围在一起传递积木，鼓声停止时积木传在谁的手里，谁就要站出来表演节目。婴儿虽然不会表演节目，但可让他感受一下大家一起玩游戏的气氛

注意事项：不要强求婴儿刚入园时就能和其他小朋友在一起玩，教师要慢慢引导，循序渐进

活动名称：享受大自然

适合年龄：9个月

活动目标：开阔眼界，培养对大自然的热爱

活动准备：婴儿情绪饱满时

活动时间：20~30分钟

活动过程：到婴儿到户外参观，引导他们观看大自然，如天上的飞鸟、地上的家禽、路旁的花草等。教师还可以用路旁的野花给婴儿编草帽带上，编小花篮给婴儿拿在手里，让他们感受大自然的丰富和有趣

延伸活动：教师还可以从大自然中捉一些昆虫回来装在瓶子里，让婴儿看

注意事项：确保婴儿不要遭蚊叮虫咬

活动名称：关心他人

适合年龄：10个月

活动目标：锻炼社会交往能力

活动准备：布娃娃、小手帕、小碗、小勺、小杯等

活动时间：15～20分钟

活动过程：教师把上述玩具交给婴儿。给婴儿说："娃娃困了，要睡了。"教他把被子盖在娃娃的身上，然后拍一拍，让娃娃睡觉。过一会儿，告诉婴儿说："宝宝饿了，要吃饭。"然后把娃娃抱起来，示意婴儿拿小碗、小勺给布娃娃喂饭。教师又说："娃娃口渴了，要喝水。"示意婴儿拿杯子给娃娃喂水

延伸活动：和其他婴儿一起玩过家家游戏。一个婴儿扮演爸爸，一个扮演妈妈，一个扮演娃娃。爸爸妈妈给娃娃做好饭后，要喂娃娃吃饭；娃娃口渴了，要给娃娃喂水；娃娃睡觉时，要给娃娃盖好被子

注意事项：教师可先给婴儿做示范，婴儿学会后，让他们自由发挥

活动名称：高音低音

适合年龄：11个月

活动目标：培养愉悦情绪，培养对音乐的感受能力

活动准备：录音机，音乐磁带

活动时间：15～20分钟

活动过程：播放高低音起伏较大的曲子。让婴儿认真听音乐，当听到高音时，就让婴儿踮起脚站立，说"高起来，高起来，宝宝也高起来了"，当听到低音时，让婴儿蹲下说"低了，低了，宝宝也低了"，让婴儿在活动中感到十分高兴，并能结合自己身体的高低去体会音乐的高低，增强对音乐的感受能力

延伸活动：带婴儿看音乐喷泉，随着音乐的高低起伏，喷泉的高低也会相应发生变化，让婴儿在观看中获得愉悦感

注意事项：不要用迪斯科舞曲等节奏感过强的音乐

活动名称：学等待

适合年龄：12个月

活动目标：训练耐心，克服急躁的情绪

活动准备：无

活动时间：每日1～2次

活动过程：玩坐滑梯游戏时，告诉婴儿要耐心排队，因为小朋友很多，而滑梯只有一个；吃饭前，告诉婴儿要有耐心，因为饭菜都很烫，让婴儿知道着急吃会被烫伤；表演节目时，告诉婴儿要耐心等待，因为要表演节目的小朋友很多

延伸活动：和布娃娃玩过家家游戏。婴儿假扮布娃娃的妈妈，带布娃娃去医院看病，医院里看病的人很多，只有带布娃娃耐心等待

注意事项：教师要循序渐进帮助婴儿克服急躁脾气

思考与练习

1. 怎样按月龄开发婴儿的大运动技能？

2. 怎样按月龄开发婴儿的语言能力？

3. 怎样按月龄开发婴儿的精细动作能力？

4. 怎样按月龄开发婴儿的认知能力？

5. 怎样按月龄开发婴儿的社会交往能力？

第七节
家庭微环境创设

> 儿童总是在适宜的环境中汲取成长的力量,在探索世界中激发好奇心、启迪智慧、发展能力、形成个性的。这种适宜的微环境,本质上是一种"个性化"的营养保健与教育。具体而言,强调优化儿童发展的个性化的微环境,是在尊重儿童发展的一般规律的基础上,强调尊重儿童发展的特殊规律的体现,以避免在保健和教育实施过程中的"一刀切"现象,真正做到因人施养、因材施教。

每一个正常的婴儿都具有惊人的学习能力。成人可跟随婴儿探索的兴趣,创设丰富的环境,启发婴儿自主学习能力。通过视觉、听觉、触觉、前庭平衡等方面的训练,可以大大提高婴儿大脑的感觉统合功能。优化家庭微环境的目的是为了满足婴儿潜能的发展。我们常说"身教重于言教",婴儿发展的方向、速度、水平取决于谁带他、怎样带,也就是说家庭微环境的潜移默化的影响是非常重要的。在对婴儿进行早教的过程中,既要通过开展各种活动积极开启婴儿的智能发展水平,同时也要针对婴儿的具体情况进行。

一、什么样的家庭微环境是最优的

适合儿童发展的家庭微环境,应当是适宜的、互动的微环境。其中,儿童并不是被动地接受微环境的影响,而是具有主动选择环境的能力和倾向。

仅仅为儿童创设丰富的教育环境还是不够的，还必须找到适宜的环境刺激，才能打开儿童心灵的窗口，使其接受环境的影响，才能使儿童与环境之间产生互动，进而促进儿童发展。

儿童总是在适宜的环境中汲取成长的力量，在探索世界中激发好奇心、启迪智慧、发展能力、形成个性的。这种适宜的微环境，本质上是一种"个性化"的营养保健与教育。具体而言，强调优化儿童发展的个性化的微环境，是在尊重儿童发展的一般规律的基础上，强调尊重儿童发展的特殊规律的体现，以避免在保健和教育实施过程中的"一刀切"现象，真正做到因人施养、因材施教。

儿童发展的微环境优化，主要涉及以下三个要素：

- **发展目标的*最优化*。**每个儿童都有自己独特的发展时间表。优化的发展目标应是适宜于这些独特的时间表的，体现对每个儿童自身发展需要的尊重。而发展目标或发展需要的确定，是使每个儿童都能从他的现实水平出发，朝着"跳一跳才能摘到果子"目标获得适宜的发展。
- **发展过程的*最优化*。**优化的儿童发展过程，应有儿童发展专业人员的不断参与和跟踪指导。对每个发展目标实施小步骤的训练或教学方法，在儿童、家长和专业人员之间形成"评估—指导—发展—评估"这样一种循环互动的个性化儿童发展模式。在有儿童发展专业人员介入并指导儿童发展的环境中，存在着由"儿童发展专业人员—家长—儿童"三者组成的关系链。专业人员通过"结构性家访或门诊"，对儿童发展的微环境进行评估，从而制订个别发展方案，又通过家长或主要抚养人作用于儿童，改变着儿童发展的方向、速度和水平。而儿童的发展，反过来又使家长和专业人员不断调整他们的思维和行为方式，进而又影响儿童的发展。因此，"专业人员—家长—儿童"关系链，是一种相互作用的或者说"互动式"的关系链，这是个性化儿童发展的基本模式，也是实现发展最优化的基本途径。
- **发展结果的*最优化*。**目标与过程的优化，必将带来发展结果的最优化。

二、创设家庭微环境（1~12个月）

[一] 大动作技能开发微环境

迪士尼乐园是一个位于美国加州的主题乐园，里面汇集了许多富有趣味的游乐场和游乐馆。这里我们借用这个名字，是说在婴儿居住的地方创建一些好玩的游戏和活动，使婴儿的每日活动变得丰富多彩，使婴儿在娱乐活动中获得身心健康，体能、智能得到有效锻炼。

摇花船：糊一个大纸船，套在婴儿身上，伴随着音乐，模拟划船的情景。

坐火车：小板凳摆放一排做火车状，婴儿坐在"火车头"，随着"呜"的一声，火车"轰隆隆"地向前开了。

坐飞机：婴儿趴在床上俯卧抬头，成人一手托住婴儿的胸部，一手托握住婴儿双脚，将婴儿托起来。①成人双脚前后站立，使婴儿像飞机起飞那样，从下向斜上方摆动，动作从慢到快。②成人双脚平行站立，以腰为轴左右摆动，速度从慢到快，动作幅度从小到大。③成人双脚前后站立，使婴儿飞机降落那样，从上向斜下方摆动。

坐飞船：成人双手扶婴儿腋下，将他向上举过头顶。快慢高低根据婴儿的情况掌握。适宜了以后，还可松手将婴儿上抛，下落时接住。

跳跳床：婴儿站在弹簧床上，成人拉着他的双手，尽量往高处跳。

攀岩：把被子一层层地往高处摆放，堆积成小山头，引导婴儿从底下往上爬。

坐滑梯：婴儿坐在成人的膝盖上，往下滑至脚背处。上下颠动后，让婴儿攀上膝盖再滑下来。

玩打仗：可以给婴儿设计各种有趣的爬行游戏，如"钻山洞"，让婴儿从大纸箱底下爬过去；"越盆地"，让他从大澡盆上爬进来，爬出去；"突破封锁线"，让他从堆积高的被子上爬过去；"追击目标"，让他去抓取往前滚动的小球。

[二] 语言技能开发微环境

发展婴儿的语言技能，可给婴儿创设一个听、看、动、说一体的微环境。

听：即让婴儿听你讲故事、念儿歌和说话。睡前讲故事、念歌谣应是婴儿每天的"必修课"。每个故事至少要讲1～2周，儿歌也要固定几首，最好是"三字儿歌"，短小易记，朗朗上口。经过多次重复，婴儿的大脑就会建立起一个加工系统，使故事和儿歌变成他的内部语言，他虽然还不太会说，但如果你故意念错，他会表示不满。然后你应当尝试让他"接话"，或者接儿歌中最后一个押韵的字。

看：即看物说话、看图说话。这种方法是很重要的，要采用"有问有答式"。首先要"你问他指"：如"熊妈妈在哪儿？""熊宝宝呢？"他可以用手指出你说的动物来。而当他熟悉了这些词汇以及词所代表的事物之间的关系后，你就必须改变问法，"你问他说"，如"这是谁呀"此时还用手指作回答就不灵了，必须说出"熊妈妈"、"熊宝宝"的词来才行。

动：即做动作学说话。7个月以后，婴儿的运动能力增强，独立生活能力也在增强。做动作学说话一般要经历三个阶段：一是你要用准确的语言"翻译"他正在做的动作；二是他听你的指令做动作；三是边说边做动作，即做说并行。

说：每天要有意识地在日常生活情境中和婴儿说话、对话，语言要简短、明确、正规，不要说娃娃语，想让他说出的字要读重音或多重复几遍。要启发他说话的愿望，在他会说几个词之后，要形成一种规矩：只有说出自己的要求，才能得到他要的东西；而不要事先替他说出他的愿望。如果他只用一个手势、一个眼神就能得到自己想要的东西，他就懒得开口说话了。最重要的，是使婴儿经常保持愉快的情绪和学话的气氛。不要打压婴儿的学习积极性，也不要嘲笑婴儿犯的错误。要用轻松的、游戏似的、纯属娱乐性的方法和在充满爱的气氛中教婴儿说话，因为孩子只有感到有人爱他的情况下，他的言语才会得到充分的发展。

[三] 精细动作开发微环境

在0~3个月时，可以和婴儿一起做一些触摸抓握的游戏。准备不同质地、形状的东西，如硬的小块积木、小电池、塑料小球、小瓶盖和小摇铃，软的海绵条、绒毛动物、橡皮娃娃、吹气玩具、衣领被角、干净的树叶、小草、芹菜根等，以丰富他的触觉经验，锻炼手的抓握本领。

3~6个月时，在距婴儿的手约2~3厘米远的地方准备一些便于抓握的玩具，如哗铃棒、塑料钥匙等；同时将填充了海绵或布条的成人的手套、塑料小球或会翻跟斗的小熊悬吊在距离婴儿1尺的上方，便于婴儿伸手击打。

7~9个月时，进餐时可给婴儿准备一些诸如小馒头、苹果丁、小饼干之类的食品，让婴儿学习用拇食指对捏拿物品。熟练后再准备一些诸如葡萄干、维生素C之类的稍小的物品让他练习。

9~10个月，可以给他一些干净的纸，上面先撕一些小口子，让他练习撕纸。还可准备积木、套环之类的玩具，让他通过搭积木和玩套环锻炼手眼协调能力。

1岁左右，可以让婴儿练习捏起小丸如乳酶生药片放进直径约3厘米的透明玻璃内，以训练他熟练地捏起小丸并准确地、有意识地放入瓶中的技巧。也可准备纸和笔，让他掌握握住笔在纸上戳出点或画出笔道的技巧。

[四] 认知能力开发微环境

周岁内婴儿生活的主要内容就是快乐地玩，让他们在快乐的玩耍中发现自己的天赋。为了满足婴儿在玩耍中学习的需求，可在婴儿居住的地方，开辟"功能角"：

音乐角：在室内一个角落，摆放一个收录机以及婴儿爱听的音乐、儿歌、故事等磁带，每天播放3~4次，每次播放5~10分钟，并和婴儿一起打拍子、唱歌、随着音乐节奏蹦跳。

"创意"角：为提高宝宝的想象力，可摆放一些积木，让婴儿随意搭建和摆放。

"艺术"角：开辟一个角落，给他纸和蜡笔，让他随意涂抹自己想画的东西。

运动角：开辟一个运动场地，场地里摆放婴儿喜欢玩的小皮球、小沙包等，提高他的运动能力。

悦读角：摆放一些婴儿喜欢看的画册，每天抽出一定的时间同婴儿一起阅读、翻看。

[五] 人格潜能开发微环境

多做户外活动。多晒太阳，预防佝偻病，固然是户外活动的一个目的，为宝宝提供与同伴交往的机会则应是户外活动的一个重要目标。因为在外晒太阳时，会有许多年龄相仿的孩子，这正是锻炼宝宝社交能力的大好机会。几个月的婴儿最简单的社交行为就是对视、相互注意。彼此逐渐熟悉后，就可以教他主动和小伙伴握握手、摸摸脚、互相亲亲脸蛋等。稍大一些，还可以用一些手势来表示，如拍手欢迎、点头同意、挥手再见等。

选择一个"搭档"。婴儿两两在一起活动比许多儿童在一起活动更有利于社交行为的发展。因此，成人需要仔细观察婴儿的社交活动，帮他选择一个他最喜欢的小伙伴经常在一起玩，也可在许多友好的小伙伴中经常两两在一起游戏，进行较深入的交往。

和大孩子在一起玩。让婴儿与比他稍大一些的孩子在一起玩有许多益处。一个2岁多的孩子，最容易理解比他小1岁的婴儿在交往情境中发出的1～2个字音的意思，小婴儿也往往能听懂小孩子的吩咐，也喜欢模仿大孩子的语言，这对婴儿的语言发展十分有益。

三、创设早教机构微环境（7～12个月）

[一] 大动作技能开发微环境

1. 练习爬行的环境

婴儿能够独坐以后，就可以送往早教机构了。7个月的婴儿经过蠕爬之后，开始要学习手膝爬行了。也就是说，这个时期送早教机构的婴儿，其大运动技能开发的内容就是做爬行游戏：

① **跟踪追击游戏**　可以开设出一块比较大的空地，上面铺上干净的地

毯，上面放一些可移动的玩具，如皮球、小汽车等，让婴儿爬向缓慢移动的玩具，跟踪"追击"。

② **跨越障碍游戏** 在地毯上每隔一定距离摆放一个类似枕头的比较柔软的物品当障碍物，让婴儿爬过障碍。

③ **钻山洞** 在地毯上每隔一定距离摆放一个两头打开的大纸箱，让婴儿逐一穿过去。

④ **爬高楼** 在活动室的楼梯上铺一块地毯，让婴儿在教师的保护下爬上高楼。

2. 练习行走的环境

8~9个月的婴儿就要开始迈步行走了。可给婴儿开辟一块干净、平整的空地练习行走。

① 准备一个30×30×40厘米的大纸箱，让婴儿扶着纸箱练习站立，推着纸箱练习行走。或准备一辆大汽车，让婴儿推着大汽车行走。

② 在沙发上放婴儿喜欢玩的游戏，让婴儿在距离沙发1~2步远的地方站稳，然后逗引他独自迈步走向沙发。

③ 准备两根长短相当的竹竿，两位教师手执一端，各站一头，婴儿扶着竹竿站立或行走。

3. 练习独走自如的环境

1岁左右的婴儿不仅要练习走得稳，还要开始练习一些较难的行走动作技能：

① **学会倒着走、侧身走、转弯走、跨越障碍物走**。在距离婴儿较远的地方摆放婴儿喜欢的玩具，在去取玩具的路途中摆放一些障碍物，让婴儿必须完成以上较难的行走，才能拿到玩具。

② **走斜坡、走马路沿**。走早教机构室外的小斜坡或花园的边沿。也可用木板在室内搭建斜坡和马路沿，让婴儿在教师的保护下在上面行走。

③ **走羊肠小道**。用粉笔在地上画出一条较窄的小路，让婴儿沿着粉笔的画线行走。

④ **过河**。把画出的羊肠小道当成河流，在上面每隔1步远的地方画上1~2个圆圈，作为河面上的石头，让婴儿踩着石头过河。

[二] 语言技能开发微环境

1. 用动作表示语言

婴儿从7个月起到1岁半前后都喜欢用动作表示语言。如拍手表示"欢迎"或"好",挥手表示"再见"或"不要",拱手表示"谢谢"或问候,点头表示"要",摇头表示"不要"。在日常活动中,多对婴儿做这方面的练习。

2. 学习称呼

婴儿9~10个月时能够将见到的人和称呼对应起来。如见到父亲叫"爸爸",见到母亲叫"妈妈"。可通过图片多锻炼婴儿这方面的能力。

3. 表达自己的意愿

教婴儿学会用动词"抱"、"要"、"吃"等来表达自己的意愿。

4. 听故事

从小就听故事长大的婴儿,在6~7个月的时候,就可以在学认图片时讲一两句有关图片的故事。入园后教师仍需按有图的故事书多给婴儿讲故事,锻炼婴儿的语言表达能力和语言理解能力。最初婴儿会指图回答故事中的问题,如在问到:"小猫去哪里呀?"他会指河边。再问:"它干什么呀?"他会指鱼竿表示钓鱼。婴儿会一面听一面把故事记在心里。听故事能使婴儿默默记住许多句子,等他开口说话时许多句子都是来自心里背诵的故事。听故事还能启发婴儿的想象力,也能使婴儿懂得许多道理。

5. 听儿歌

听儿歌有如下几个作用:儿歌的押韵和朗朗上口有助于刺激婴儿开口说话;复述背诵儿歌有助于锻炼语言表达能力;听儿歌学表演有助于锻炼语言理解能力;常听儿歌有助于激发婴儿的愉悦情绪。

[三] 精细动作开发微环境

7个月的婴儿在精细动作方面已经有了相当的发展,入园后可进一步发展精细动作技能。

1. 拇食指对捏

当婴儿能够用拇指和其余四指抓取物品时,就可以做拇食指对捏的游戏。

假如婴儿总是用拇指和其余几个手指配合抓东西，而不是单独使用拇食指配合对捏，可以用手将婴儿的中指、无名指及小指握在手里，让他只能用拇食指对捏。最自然的办法就是，给婴儿饼干或烤馒头片，让他用拇食指对捏拿着食物吃。

2. 撕纸

6～9个月的婴儿开始喜欢玩撕纸游戏，可以给他一些干净的纸，上面先撕一些小口子，让他一条条撕开。撕纸发出的嘶嘶声，以及纸由大到小的变化，都能极大地激发他的兴趣。

3. 投小丸入瓶

1岁左右，可以让婴儿练习捏起小丸如维生素C、乳酶生片等投入直径约3厘米的透明玻璃瓶内。

4. 信笔涂鸦

1岁左右的婴儿能够用整个手掌握住笔在纸上戳出点或画出笔道。给婴儿准备一些旧挂历和各种绘画笔，让他任意涂抹，锻炼握笔的能力和运笔的能力。

[四] 认知能力开发微环境

1岁内主要教婴儿认识日常事物的名称。教婴儿认识事物要注意如下几点：

· 挑选婴儿当前最感兴趣的东西教。

· 要一件一件地教，避免混淆。

· 要多重复。认一件东西至少要重复十几遍甚至几十遍才有效。

· 可让婴儿先认识自己再扩大到他人和其他物品。

· 要认识正规语言，如汽车要说"车"，而不说"滴滴"；"电灯"要说"灯"，而不说"亮亮"。

· 对同一样东西要逐步扩大学习的范围，如"灯"有吊灯、台灯、壁灯、路灯等；"车"有自行车、三轮车、汽车、火车等。

· 可采用图片和具体实物相结合的方式。

[五] 人格潜能开发微环境

· 为婴儿设计一个丰富而适宜的智力刺激环境。如向婴儿提供一个有实物、图案、色彩、符号、音乐、儿歌、故事，能动手操作实践的环境，满足婴儿的好奇心和求知欲。
- 为婴儿设计一个便于探索活动的环境。开辟一个安全而富于探索的"运动场"，任他摸爬滚打，而不要限制他的探索活动。
- 为婴儿设计一个富于想象力的空间，让他根据自己的想象创造出惊人的"作品"。
- 为婴儿设计一个与人合作的环境。提供许多与他人一起做游戏的机会，从而拓宽婴儿的接触面。
- 为婴儿设计一个室内、室外活动相结合的环境。提供许多户外实习的机会，从而拓宽婴儿的知识面。
- 为婴儿设计一个有和谐氛围的环境。在这里婴儿每取得一个小小的进步都会得到赞美和鼓励，婴儿每一个方面的能力都会得到相应提高。

思考与练习

1. 什么样的微环境是最优化的微环境？

2. 家庭微环境有什么要求？

3. 早教机构微环境有什么要求？

4. 怎样给周岁内的婴儿创设社会交往的微环境？

5. 碰到坐不住、就是不喜欢学习的婴儿该怎么办？

第八节
发展测评与指导（高级）

最重要的，是要找到一种好的模式，将个性化潜能开发的实用知识和技能直接传递给家长，形成"评估—指导—发展（EGD）"循环互动的测评指导模式，使儿童获得高质量的可持续发展。

测评，就是为了找到孩子成长阶梯上的新起点，使宝宝的每一步都从他的最佳起点出发，从容跨过一个个成长的里程碑。

一、1岁内婴儿身体发育阶段测评

体重：3个月时体重约为出生时的2倍，1周岁时约为出生时的3倍。

身长：1周岁时平均增长25～26厘米，约为出生时的1.5倍。

视觉：3～5周能看清距离1～1.5米的物体，满3个月时能达4～7米，6个月起能注视远距离的物体，如飞鸟、月亮等，出生便有颜色视觉。

听觉：出生后听到响声就有反应，4～5个月能分辨熟悉或不熟悉的声音，1周岁能和成人一样分辨声源。

二、1岁内婴儿智能发展测评

对婴儿各项能力的发展水平及其发展速度进行科学评价，有助于对婴儿个体特征及发展需要进行全面、深入、客观的了解，这是早教机构和家庭制定个别化教学计划的基础和前提。

1岁内儿童在大运动、精细动作、言语、认知能力以及情绪与社会行为方面的平均发展水平如下表：

表 1岁内婴儿智能发展的主要指标

月龄	大运动能力	精细动作能力	语言能力	认知能力	情绪与社会行为
1个月	俯卧抬头2秒	紧握拳	发细小喉音	逗引时会微笑	眼随人走
2个月	俯卧抬头45度	把手放进嘴里	发"a、o、e"的音	眼睛随摇铃移动	逗引有反应
3个月	头能竖直且平稳	手握玩具半分钟	笑出声	眼睛随红球转移180度	眼睛跟踪走动的人
4个月	俯卧抬头90度	摇动并注视手中玩具	独自一人咿呀作语	头随声源转动	会大笑、会辨认亲人
5个月	从一侧翻身向另一侧	抓住近处玩具	对人或物发声	抓住悬挂的玩具	扭头注意发出声音的人
6个月	在轻微支持下坐起	撕纸，手握2块积木	叫名字转头	会用手抓去蒙在脸上的手帕	伸手要求抱
7个月	独坐10分钟以上	大拇指和食指分开抓去物品	发ba-ba，ma-ma等音，但无所指	两手传递积木	找当面藏起来的玩具
8个月	坐稳	拇食指对捏小丸	听懂简单词汇	懂得成人面部表情	害怕亲人离开自己
9个月	会爬	开抽屉取玩具	听懂常用词汇或短语	照镜子能认识自我	会拍手表示"欢迎"，挥手表示"再见"
10个月	扶栏站起	拇-食指熟练捏起小丸	模仿发1~2个字音	从盒子里取物放物	会听指令找常见的人或物品

281

11个月	扶栏走3步以上	一手扶支持物，一手拾物	常常说一串含混不清但其中可能也包含着有意义的字眼	开始学认五官	用手指向感兴趣的物品
12个月	独站10秒以上或独走几步	用蜡笔在纸上戳出点	有意识地叫"爸爸""妈妈"	搭积木1～2块	穿衣知配合

思考与练习

1. 为什么婴儿发展测评非常重要？

2. 怎样在大运动技能、精细动作能力、语言能力、认知能力和社会行为培养五个方面对婴儿进行发展测评？

问题与讨论

1. 有的婴儿某一方面的技能力特别强,如语言能力,某一方面的技能力特别弱则有待提高,如大运动能力,对这种婴儿如何制定相应的教学计划?

2. 家庭和早教机构微环境创设有哪些要求?婴儿早期表现得特别聪明的,成年后会不会反而不如同龄人?

3. 怎样科学评价婴儿的发展水平和特点? 家庭和早教机构微环境创设有哪些要求?

4. 怎样正确认识对婴儿的早期潜能开发?怎样评价婴儿的发展状况?

5. 为什么说"教子有方,但无定法,贵在得法"?你怎样认识对婴儿的早期潜能开发?